世界品牌研究课题组
WORLD BRAND RESEARCH LABORATORY

奢侈品

张玉斌　叶轻舟　李　鹏／编著

LUXURY GOODS

仅为真正的生活鉴赏家所呈现的华贵艺术

哈尔滨出版社
HARBIN PUBLISHING HOUSE

出版缘起

PUBLISHER'S NOTE

穿梭于时光隧道，形形色色的奢侈品在历史的舞台上渐次登场，走过了一个又一个繁华时代。它们血脉纯净，就像爵位、姓氏、族徽等曾经是贵族阶层的符号一样，给予拥有者一种别样的荣耀。它们的历史和每一处微妙的细节，都萦绕着奢华的光环。

奢侈品的真正追随者是那些对完美顶礼膜拜的人。

真正的奢侈品是有灵魂的，那些世界顶级品牌无一不经历了历史的酝酿和时代的洗礼，每一处设计都体现出一种理念：不因时间流逝而蒙尘，也不随时尚轮回而善变，更不需要刻意宣扬，已然迷倒众生。

在这个物质相对丰盈的世界里，每一件奢侈品无一不是工艺精湛、品质卓越。如有“机械表专家”之称的万国表，每只腕表都要经历 28 次独立测试；绝对伏特加要经过独一无二的“连续蒸馏”技术；爱马仕的镇牌之宝凯莉包需要一个技艺纯熟的匠师精心缝制 18 个小时；宾利车的内饰需要超过 200 个小时才能制作完成；每件香奈尔外套都由 22 块独立的面料镶拼而成，每块面料又由重磅丝线仔细缝合……如果你想彰显自己的独特风格和非凡品位，那么这些世界顶级品牌就是你必然的选择。

从汽车到游艇，从服饰到香水，从雪茄到腕表……奢侈品高居完美生活必需品的名单之首，多数人梦寐以求，却注定只有少数人才能拥有。如被许多女人视为毕生追求的爱马仕铂金手袋，总是位于“热门求购”的榜首位置，假使你足够幸运至少也要在订购两年后才能拿到手，但是无论何时当你决定卖掉你的铂金手袋时，你会发现自己几乎能够收回几年前的全部“投资”。一件经典款式的奢侈品几乎已经成为投资保值的同义词，这是那些毫无名气的商品所永远无法达到的。

如果说奢侈在物质上是一种享受，那么在精神上就是一种慰藉，它给予我们诸多美好感受，也使我们生活得更有品位。每一款奢侈品都价格不菲，然而它的真正内涵有时并不能用金钱来衡量，因为它集合了人类对于美最大限度的理解和模仿，暗示我们什么才是时尚，什么才是品位。

从商业角度来讲，奢侈品可以刺激消费；对个人来说，奢侈品代表的则是一种生活态度、生活方式。假如把奢侈品所蕴涵的精致优雅的生活情趣过滤得干干净净，那么服装只为御寒遮体，珠宝只是一种点缀，钟表只为计算时间，汽车也不过是代步工具而已。事实上，就像节俭不是吝啬一样，奢侈并非意味着浪费，它宠爱着我们的每一寸生活，它会在暗处不断地刺激着我们的每一根神经，让我们不得安宁。

什么是当今最具魅力的奢侈品品牌？它们又因何在这个华贵的殿堂占据了一席之地？很多媒体和权威机构对奢侈品品牌做过排行，但以美国《福布斯》杂志评出的“顶级奢侈品品牌排行榜”和世界品牌实验室（WBL）公布的“世界奢侈品前100名的排行榜单”最具影响。随着奢侈品市场变化，该榜单每年都会重新排名，有鉴于此，应广大读者要求，世界品牌研究课题组经过三年的深入研究，重新出版本书。修订版涵盖品牌范围更加广泛，增加了黑金信用卡、豪华酒店、高级订制服装、顶级咖啡等方面的内容，印制也更加精美。

奢侈品对我们的影响是潜移默化的，当一部分人需要奢华、优雅以及一切能够与他们的身份相符合的物品时，独具魅力的奢侈品会让其他的选择黯然失色。那些顶级品牌弥漫着岁月的沉香，成为优雅精致生活的曼妙化身，一经融入平和的现实，便让我们在心底升腾起饕餮奢华的梦想，让我们对高品质的生活充满向往。

目录
CONTENTS

目录

CONTENTS

目录
CONTENTS

目录
CONTENTS

目录
CONTENTS

目录
CONTENTS

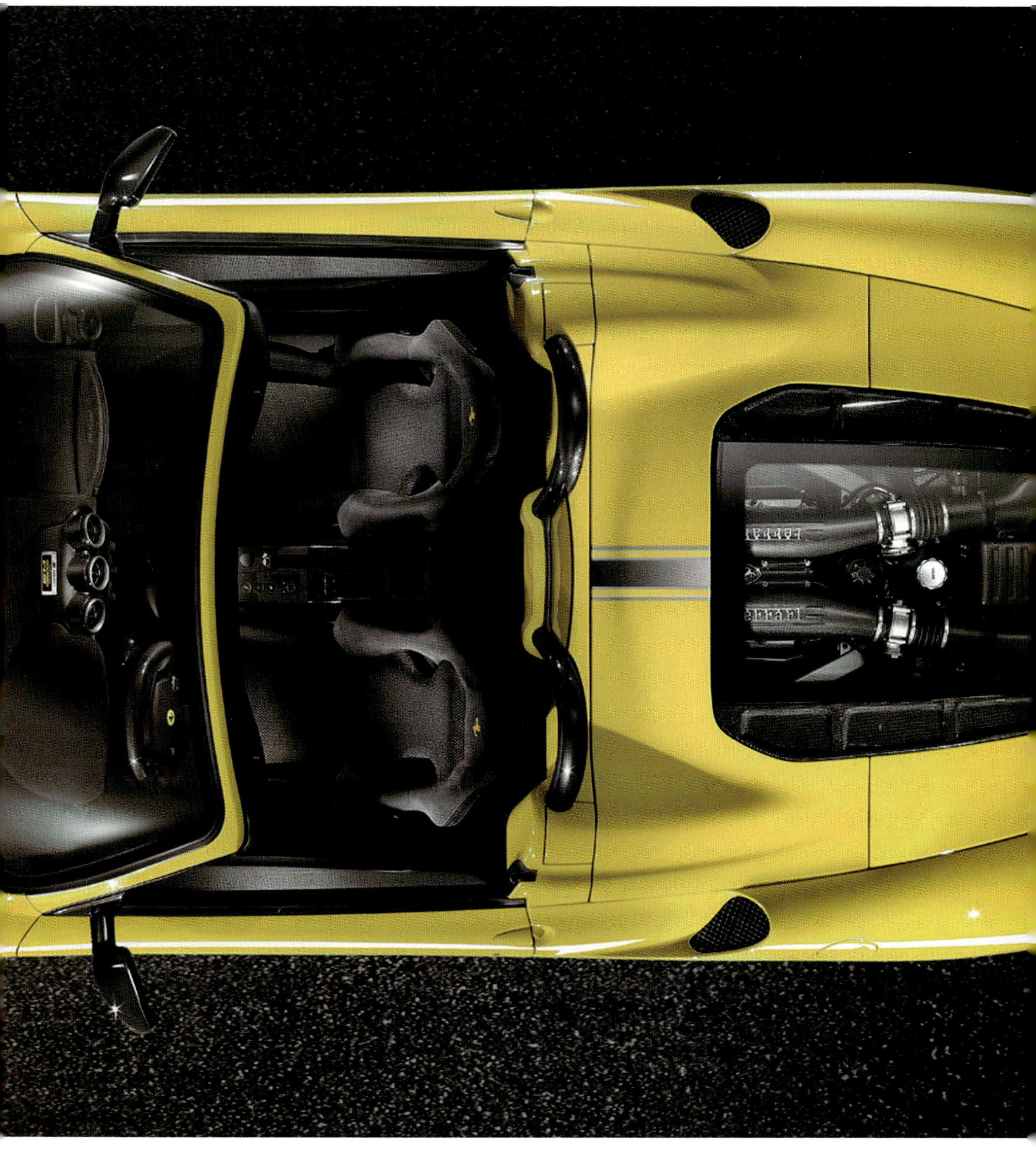

目录
CONTENTS

目录
CONTENTS

GRAND SPORT

目录
CONTENTS

目录
CONTENTS

目录
CONTENTS

目录
CONTENTS

目录
CONTENTS

创始人：路易·威登
创始时间：1854 年　创始地：法国·巴黎

LOUIS VUITTON

穿越百年的奢华至尊

历经了世纪的交替、时尚的革新、社会的进步，路易威登创造了一个奢华传奇。从这个品牌的产品中，我们可以感受到一种与皇室同享注目、与贵族共显魅力的殊荣。

路易威登

路易威登的历史起源于 19 世纪。那一年，出生于法国东部的路易·威登先生满怀希望地阔别家园，前往巴黎。在那个陌生的地方，他受到幸运之神的眷顾，遇上一位装货箱的工匠，由此成为一名捆工学徒，专门替当时的贵族捆扎运送用于长途旅行的行李。由于当时的交通工具以马车和轮船为主，一趟旅程需花费很长时间，而贵族们在度假期间往往要参加晚宴、野餐、运动等活动，因此需要携带的服饰配件众多，而捆工就是负责将这些行李安全送到目的地的人，他们通常具备非常专业的捆扎技术。路易·威登天资聪颖，很快就掌握了这项技术。他的工作看起来不起眼，然而那一件件在旅行中依然保持平整的衣服，却证明了他的不平凡之处。由于他的手艺一流，受到拿破仑三世的妻子欧仁妮皇后的青睐，他从此成为皇室的专任捆工和御用皮革师。

1854 年，在上流社会已经具有一定知名度的路易·威登先生在巴黎成立了一家皮具店，并以自己的名字命名（简称 LV），一个时尚界的神话就此拉开了序幕。1858 年，路易·威登推出了首款附有铁制镶边和木板条的平面行李箱，采用灰色条子帆布做面层，内部设有精心安排的间隔。这款行李箱轻巧耐用、结实防水，再加上出色的设计和精细的手工，很快便成为当时巴黎上流社会的贵族们出行时的首选装备。

由于 LV 的箱包推出后大受欢迎，因而广被不法分子仿造。为防假冒，早在 1888 年路易·威登先生就想把品牌名称放在皮包上，而其长子乔治·威登于 1896 年将之付诸实施。当时欧洲大陆盛行重装饰和实用的先知画派，乔治·威登便将这两种风格精髓融合，他利用啡褐色作为底色，并加以小花、钻石图案以及父亲名字的缩写“LV”作配衬，粗帆布上印有交织字母的 Monogram 图案就此出现。Monogram 在字典上的意思是字母组合，LV 发明的这一字母和图案的组合不同于以往那些很容易被复制的简单条纹和格纹，因而成为这一品牌的象征性标志，即使在 LV 产品多样化发展的今天，它仍然具有不可取代的历史地位。

►不可思议的 LV CUT 钻石，以路易威登品牌花卉形状作为钻石切割的灵感，切割面多达 77 面，反射层次增加令钻石更加抢眼夺目，镶嵌采用了最新技术，爪托镶嵌在钻石底部，从而突出钻石本身的闪亮度，LV CUT 融合了划时代的设计理念及珠宝镶嵌技巧，创造出了极具品牌精髓的艺术珍品。

奢侈品中的奢侈品，经典中的经典，时尚中的时尚。路易威登问世了 150 多年，在奢侈品界领跑了 150 多年，也被模仿了 150 多年。

很多人可能都听说过两个关于 LV 箱包的传说：1912 年泰坦尼克号沉没后，船上的一只 LV 硬型皮箱从海底打捞上岸时，人们发现箱子里面竟然没有渗进半滴海水；有个 LV 的顾客家中失火，其衣物大多付之一炬，唯独一只 LV 箱子仅仅外表被熏黑变形，内里物品却完好无缺。这两个传说足以表现出 LV 质量所受的推崇，现在最古旧的 LV 行李箱因经历风霜的洗礼尽管布满折痕，却显现出古典精品的光泽和魅力。因此，对于真正讲究生活品味的人来说，创立了 150 多年的 LV 的产品并不仅仅是精品，而是已经进化成为收藏品。让-弗朗索瓦·巴多内是位生活无忧无虑的法国富翁，他对 LV 的皮箱、钱包痴迷至极，甚至连眼镜盒都不放过，他曾经说过："通过花钱，你可以融入路易威登的梦幻世界，我们是这个品牌团体的一部分，而且它们把产品的价格抬得越高，我们就买得越多，而且心甘情愿。"的确，很多人愿意为 LV 慷慨解囊，比如 1927 年完成飞越大西洋这一创举的飞行家查尔斯·林德伯格，曾向 LV 定制了很多行李箱，以便他回程时存放纪念品；1962 年，为了收藏一些纯银餐具，埃及王子向 LV 定做了郊游用的野餐盒；美国流行乐坛教父艾尔顿·约翰每次巡回演唱时都会带着 40 多件 LV 行李箱过海关，以展示个人气派……

如果说名牌也有等级之分，那么路易威登绝对是名牌中的至尊，它居于国际奢侈品行业的翘楚地位，拥有一个半世纪的辉煌历史，其代表符号——LV 早已成为世人心目中的尊贵象征。2009 年 4 月，国际著名传媒集团 WPP 旗下品牌研究机构 Willward Brown Optimor，联合《金融时报》及数据分析机构 Datamonitor 共同研究发布了"BrandZ 全球十大奢侈品品牌排行榜"，而路易威登位居榜首。

100 多年来，世界经历了很多变化，人们的追求和审美观念也随之而改变，但 LV 的声誉却始终未减，以

出色的防水、耐火性而闻名于世，它不脱线、不变形、密闭性极高也是公认的事实。据说 LV 的每一款新的皮包面世之前都会装满重物，在巴黎总店地下室的测验室中，被机械手臂反复举起丢下达 4 天之久，以测试其耐用度。LV 还有专门检测拉链开合的测试机，箱包的拉链被拉开关闭次数有时甚至达 5000 次之多。正因为对品质的严格要求，对工艺的精益求精，使得 LV 的皮包不易磨损，历久弥新。

高标准的要求必然带来高品质的产品，而高品质的产品必然会成为很多人的梦想之物，到 LV 购物需要排队，这在奢侈品界恐怕是绝无仅有的了。还有最重要的一点，LV 它价格昂贵，但从来不打折。毋庸置疑，LV 有足够的理由如此高调，因为它与生俱来的宫廷印记能让消费者享有贵族般的生活品质。著名指挥家列奥

波尔德·斯托科夫斯基定制的LV“微型办公室”行李箱，打开后可以变成一张书桌，可以放书本和乐谱；女高音莉莉·庞斯旅行时喜欢带着的一款LV行李箱，里面可以放36双高跟鞋……无数社会名流热衷于LV，正因为这一品牌回馈给其忠实客户的永远是最好的、最贴心的产品。

1987年，路易威登和酩悦香槟公司、轩尼诗公司共同组成LVHM集团。两年后，法国阿雷诺家族开始掌管这个世界上最大的奢侈品集团。离开威登家族的路易威登已经拥有了品牌生命力，其经营者们也逐渐培养起独到的眼光和洞察力。1997年，公司董事会决定聘请马克·雅各布加盟。这位著名的纽约设计师出任集团设计总监后，于第二年为从未生产过服装的LV开创了新的时代。他提出了“从零开始”的极简哲学，并结合LV古典的形象，将传统字母组合图案印压在糖果色漆皮皮具上，配以简约的服装系列，为LV这个传统的品牌注入了新的活力，并获得了全球时装界的一致喝彩。

▲史蒂芬·斯普鲁斯是首批将涂鸦、朋克元素与流行时尚结合起来的美国设计师之一。2009年，在他去世五周年之际，LV重新推出了以其“史蒂芬·斯普鲁斯”命名的涂鸦系列，以表纪念。该系列产品不但有这位设计师著名的涂鸦作品，更有其在20世纪70年代中期创作的抽象玫瑰图案，将LV最经典的手袋演绎出惊人的全新风格，此外在同系列的时装、鞋履、配饰甚至珠宝上，这种涂鸦的艺术风格也散发出自己的独特魅力。

从法国宫廷的御用的箱包制作者，到工业革命时期被资产阶级新贵们追捧的身份标志，再到现代的奢侈品帝国的建立，如今LV的产品线正在不断延伸，然而不论是主打的皮具产品，还是服饰、珠宝、腕表等，都是以该品牌100多年来崇尚的精致、品质、舒适的“旅行哲学”作为设计基础。

所以，只要是热爱生活的人，那么不管你拥有的第一件LV产品是什么，你都会由此爱上LV，并且会坚信，无论自己的要求有多苛刻，都能在LV产品中得到满足。

创始人：蒂埃利·爱马仕
创始时间：1837 年　创始地：法国·巴黎

HERMÈS
PARIS

为所有热爱美好生活的人而诞生

170 多年的时间可以诞生许多奇迹，但想让一个奇迹永远地散发耀眼的光芒却不是那么容易做到的，不过爱马仕做到了。

爱马仕

如果说法国巴黎是世界上艺术气息最浓郁的城市，那么爱马仕无疑是这座艺术之苑里最具魅力的品牌之一。艺术浇铸了爱马仕这个百年品牌，而爱马仕则让世人的生活更有诗意。

1837 年，蒂埃利·爱马仕先生在巴黎创立了以自己姓氏命名的马具品牌，由于其手艺出众，很快就声名远播，当时在巴黎城内最漂亮的四轮马车上都可以看到爱马仕马具的踪影。蒂埃利·爱马仕的儿子查理·爱马仕是一个具有商业头脑的人，1879 年他将爱马仕总店迁往巴黎最著名的福宝大道 24 号，这一地区距离贵族居住区很近。随着爱马仕的名气越来越大，上流社会的贵族们频频光顾，这使得爱马仕福宝大道 24 号的专卖店门庭若市，其产品也随之拓展到世界各地。之后，在爱马仕第三代掌门人埃米尔·爱马仕的努力下，爱马仕开始走进欧洲各国的皇宫，成为御用珍品。1920 年，爱马仕为威尔士王子设计的拉链式高尔夫夹克衫成为 20 世纪皮革服装中最早的经典作品，曾经轰动一时。

埃米尔去世后，1951 年起，爱马仕由其女婿罗伯特·迪马接掌。罗伯特具备建筑师的专业资格，更拥有卓越的绘画天分，他使爱马仕的皮包、珠宝以及其他饰物系列很快成为经典名作，特别是丝巾更获得了举世称赞。

1978 年，爱马仕家族第五代的传人让-路易·迪马就任集团主席兼行政总裁，他开发了腕表等新商品，赋予了爱马仕新的气息。之后，爱马仕不断将优秀的灵感付诸现实，产品也越来越多元化，成为横跨全方位生活的奢侈产品代表。

对于爱马仕来说，创意高于一切，它从不刻意地去迎合市场，却能在急剧多变的时尚世界中屹立不倒，向世人展示着它低调却又让人无法忽略的奢华。

一个仅凭出售马具起家的品牌如何能兴盛百年而不倒？一个从不转让商标生产许可证的工厂如何傲然屹立于奢侈品王国？一个坚持所有产品纯手工制作的跨国公司面对机械化的批量生产是否依旧能保持微笑？一个从来不请明星代言的品牌为何能让众多明星趋之若鹜？170 多年来，从在巴黎用手工制造第一件马具开始，爱马仕这一具有浓郁法国传统的家族式企业的家族成员都已经在潜意识里打上了这样一个深刻的烙印：“眼睛应该接触优雅，

除了箱包之外，爱马仕的其他皮具产品也同样口碑一流。2008 年爱马仕与欧洲直升机公司一起设计了 EC135 直升飞机，这款被称为“爱马仕设计直升机”整个外观和机舱内部都融合了爱马仕的设计；2009 年顶级跑车品牌布加迪与爱马仕联合推出了威航·爱马仕特别版，售价高达 4000 多万元；梅赛德斯-奔驰的 Smart 汽车推出 10 周年特别版时也邀请爱马仕为其制作车内饰，爱马仕的非凡魅力由此可见。

爱马仕的柏金包是以法国女星简·柏金来命名的，兼具优雅与实用于一身，充分展现出现代女性的能力与自信。此外，由于柏金包的容量大、易于放置文件，也有许多追求高品位的职业女性把它当做公文包使用。柏金包在任何爱马仕专卖店都可以订购，从价值 5 万元人民币的基本款式，到价值 30 万元的珍贵皮质款式，顾客可选择的范围很广。只不过由于每只包都是师傅手工制作的，所以通常在订购后要 6 个月到 1 年后才能到达顾客的手中。

鼻子应该体味馨香，皮肤应该和最感性的物料轻抚拥抱。”在这一理念指导下的爱马仕，与其说是在销售最精致、最豪华、最奢侈的产品，不如说它是在创造、推广和经销“梦想”，一个关于美好生活的梦想，每一款爱马仕产品都是独一无二的杰作，它并不局限于某些阶层、某种身份、某种年龄的消费者，而是为所有热爱美好生活的人而诞生。

在爱马仕所有的产品中，无论是璀璨夺目的珠宝、线条优美的太阳镜，还是精致昂贵的腕表，都能给女人带来无限光芒，然而这些永远无法代替一方爱马仕丝巾的华贵，一条简单舒适的爱马仕丝巾足以让它们都黯淡无光。

自 1937 年为纪念 100 周年店庆推出第一款丝巾以来，已经有超过 900 款爱马仕丝巾呈现在世人眼前。一条爱马仕丝巾从设计到制作完成需费时 18 个月，必须经过主题概念确立至图案定稿、图案刻画和颜色分析及造网、颜色组合、印刷着色、润饰加工、手工收边、品质检查与包装这严谨的七道工序，可谓通过层层关卡，汇集了无数精美绝伦的工艺。著名影星伊丽莎白·泰勒认为不系丝巾的女人最没有前途，而 1986 年伊丽莎白二世 60 岁生日的纪念邮票上，女王所系的丝巾就是爱马仕的杰作。

▲爱马仕将丝巾化为女士身上浪漫精致的上衣与优雅飘逸的长裙，甚至成为头巾、发饰与腰带，更可巧妙地系成手提袋和腰包，或是作为帽子与皮包的装饰，此外，不少室内设计师会购买爱马仕的丝巾当做壁画悬挂，因为爱马仕丝巾汇集了无数精美绝伦的工艺，不仅能把不同形象的女人衬托得更为完美，而且还是值得收藏的艺术品，随着时间的流逝也会增值。

靓丽的色彩、丝滑的质感、独特的花纹、传奇的故事、精细的制作、多样的变化，有谁能抵御爱马仕丝巾的诱惑呢？爱马仕的丝巾只有 90 厘米见方这一种规格，每条重量只有 75 克，却动辄就要上万元人民币，这不是一般普通大众所能欣然接受的，但是一条爱马仕丝巾却足以让任何一件平庸的服装变得惊艳无比，这就是其得以经久不衰地风行于世的最好理由。

▼爱马仕1928年开始涉足腕表领域，是初只是制造腕表皮带。1996年，爱马仕的设计师菲利普·莫奎特先生设计的H-our腕表将爱马仕的象征图腾幻化成具体的时间机器，创造了爱马仕专属的时光。此后，睿智灵巧的白金镶钻Passe-passe腕表、售价280万元人民币的Cape Cod 1928方钻腕表等的相继出现，证明了爱马仕在腕表领域同样出手不凡，堪称为精湛技术与典雅设计的融合。

如何恰到好处地游刃于低调与奢华之间？爱马仕为世人做出典范。对憧憬爱马仕的时尚迷而言，爱马仕不仅是品位的象征，更可以当成艺术品。

在爱马仕的产品阵线中，皮具与丝巾是分庭抗礼的主打产品。据说有一位百万富翁破产后身无分文，有人劝他卖掉爱马仕皮箱，因为这个皮箱即使以最低的售价出售也足够他宽绰地生活上大半年了，但是这位老绅士却拒绝了，他不愿意和他的爱马仕皮箱分开，理由是：“只要我能看到这个皮箱，我就觉得我还是个有钱人。”爱马仕这个品牌的魅力由此可见一斑。

爱马仕的箱包手袋动辄用六位数来计算，可谓顶级奢侈品。凯莉包是爱马仕皮具系列中最古老的“常青树”，最初是为狩猎者设计的“马鞍袋”，1930年爱马仕为了迎合女士们的品位，保持了这款包的原来款式，只把尺码作适量调整，让女士们平常上街时也可以使用。1956年，好莱坞超级巨星格丽丝·凯莉与摩纳哥王子雷尼尔婚后，为了保持完美形象，这位怀有身孕的王妃特意向爱马仕定制了一个大尺寸的鳄鱼皮方形包，用以遮掩微微隆起的腹部。之后，美国《生活》杂志的封面刊登了一张照片，照片上格丽丝·凯莉拎着大尺码的爱马仕手袋，半掩着她已怀孕的身体，流露出妩媚的女性美。这张给人印象深刻的封面照使这款爱马仕包也随之成为焦点，于是爱马仕公司灵机一动，在征得摩纳哥王室的同意后，将这款包正式以格丽丝王妃婚前的姓氏命名为凯莉包。

注定要与王室结缘的凯莉包是爱马仕众多经典产品里的翘楚，不过要定制一个凯莉包往往需要等上几年时间，而且售价都奇高，新品均在5000美元以上，一只二手凯莉包也要3000美元

左右，然而许多名品爱好者毕生最大的愿望仍是拥有一个凯莉包，这是爱马仕留给人类的传奇。

对于喜爱爱马仕产品的人来说，爱马仕丝巾可以当做艺术品，爱马仕的凯莉包是品位的象征，在香水领域爱马仕同样秉承了品牌尊重传统、追求创意的精神。早在20世纪50年代，爱马仕就成立了香水部门。作为如今少数拥有调香师的公司，爱马仕香水的品质自然与众不同，1961年爱马仕推出的首款女性香水——“凯来诗(Caleche，来自捷克语，意为动作)”是其招牌产品，香味清新自然，每盎司需要170美元，有“液体钻石”之称，名列世界10大名贵香水之一。

时至今日，爱马仕已经成功上市了14个系列的香水，每款香水的香调与瓶身设计都充分体现出独一无二的爱马仕风格，而且均选用最上乘的高级原料制成，而其香水瓶美到可以让人不在乎瓶子里面香水味道的地步，而这一在香水界独一无二的现象足以证明爱马仕品牌的至尊地位。

让所有的产品至精至美、无可挑剔，是爱马仕的一贯宗旨。多年来爱马仕一直以公司标志——奔跑的马匹和字母H为主线，不断丰富着产品的内容和种类。这个以马具制造起家的集团，在历经五代传承之后，至今仍坚持将一流的制作工艺、耐久实用的性能与简洁优雅相结合，凭借其完美的产品在奢侈品王国里屹立不倒。

在全球最大的综合性品牌咨询公司INTERBRAND发布的“INTERBRAND全球15大领先奢侈品品牌排行榜”中，爱马仕仅次于路易威登，屈居第二。

1987年，爱马仕值品牌成立150周年之际，在塞纳河畔举办烟火之夜庆祝大会，由当年的主题“烟火之年”开始，此后爱马仕每年都会确定一个主题，展现品牌所提倡的生活态度，并作为当年设计的灵感与方向。2009年，爱马仕将最新产品的主题定为“美丽的逃逸”，宣扬“挣脱现实束缚”，以自由之风席卷时尚界。

创始人：安东尼·百达　简·翡丽
创始时间：1839 年　创始地：瑞士·日内瓦

PATEK PHILIPPE

腕表中的蓝血贵族

尽管时下各种版本的名表排行榜取舍不同，但是百达翡丽总是稳居第一，堪称钟表界独一无二的“天皇巨星”。百达翡丽会让你明白，恒久的不是爱情和钻石，而是时间。

百达翡丽

训练一名百达翡丽制表师需要 10 年时间，创制一只复杂的百达翡丽表从设计到出厂至少要经过五六年时间，如果量身定做则要七八年时间，这其中包括四年的设计、将近一年的制作以及三个月的质量监控。这样的精心制作换来的是什么样的品质？换来的是百达翡丽是唯一一个可以保证所有机械表完全符合日内瓦印记标准的制造商，它的平均零售价达 13000 美元至 20000 美元，一只 19 世纪的百达翡丽表至今仍然精准无误，全球拍卖会上成交价最高的 20 只腕表都属于这个品牌，而一只生产于 20 世纪 30 年代的百达翡丽怀表以 1100 万美元天价创出全球最昂贵钟表的拍卖成交纪录。

▲Star Caliber 2000 是百达翡丽为人类及钟表制造业献上的“千禧之礼”。这款经过 8 年的研究设计于 2000 年推出的精品，以 1118 枚部件实现了 21 项复杂功能，曾荣获 6 项专利。其正面备有与时间及日历相关的显示，背面则有天体图，可以显示星空、月亮轨道及月相盈亏。它所凝聚的超凡出众的计时功能在百达翡丽工艺怀表中是前所未有的，在世界上也是独一无二的。

世界瞬息万变，而在百达翡丽的保密车间中，传统与创新、纯熟与精密的模式依旧，仿佛时光永远静止在日内瓦的1839年。1839年，百达翡丽的创始人安东尼·百达开设了百达钟表公司。百达出生于波兰的一个小村庄，长大后由于波兰局势动荡，不得不逃亡到瑞士日内瓦，师从瑞士著名的风景画家亚历山大·卡拉米。在学画的同时，他洞悉到钟表业的无限前途，于是决定成立自己的钟表公司，并力邀同样来自波兰的钟表匠弗朗西斯科·卡兹派科加入创业联盟。百达力主重质不重量，每年只生产200只表，并竭力创新，而卡兹派科却甘于平庸，缺乏创新精神，对表厂的生意漠不关心，因此公司创业之路充满艰辛。

1844年，百达携带产品参加巴黎钟表博览会时，与钟表师简·翡丽相识。翡丽由于发明了无钥匙上链技术，获得这届博览会的金奖。在仔细研究翡丽的发明之后，百达捕捉到商机，当即便萌发了与翡丽合作的念头。一年后，卡兹派科自立门户，百达与翡丽开始联手，并于1851年创立百达翡丽公司。也正是在这一年，英国女王维多利亚向百达翡丽公司购买了一只珐琅金表，这只表的表盖上饰以钻石镶成的玫瑰，旋柄上有一根镶有13颗钻石的18K金别针，璀璨艳丽，名贵至极，她的丈夫艾伯特亲王也购买了

▼百达翡丽高级女装珠宝腕表，采用18K黄金材质，石英机芯，珍珠母贝面盘，蓝宝石水晶镜面，售价高达120万美金。百达翡丽除了选用顶级宝石之外，宝石的切割与镶嵌工艺都有极高水准，散发出让人难以抗拒的魅力。

▲2009 年，每年一届的 Only Watch 慈善拍卖会在法国摩纳哥举办，全球大约有 34 个腕表业界中的翘楚会为此项活动特制一只腕表用以拍卖，全部所得都将捐献出去，用以资助医学研究。在这次慈善拍卖会上，百达翡丽用该品牌最引以为傲的复杂技术为 Only Watch 抛出一记重磅作品——5106R。该款表采用模仿星空图的蓝色表盘样式设计，除了基本的时间和日期显示外，还将月相盈亏、月球运行轨迹、行星轨迹，以及月球通过子午线的时间轨迹等天象学的功能设置在表盘上。这款独一无二的 5106R，最后以将近五百万的价格拍出。

一只名贵的百达翡丽猎表。在获得这两位皇室贵族的青睐后，百达翡丽手表为自身的定位就是“贵族的标志”。

百达翡丽建厂之初，主要制造复杂功能机械怀表，1925 年制成第一只万年历腕表，从表壳、表盘、指针、表带、机芯的设计到功能的完备，都堪称经典，之后其一直在腕表领域独领风骚，特别是 1985 年百达翡丽的首款超薄万年历表 Ref.3940 正式投产，标志着钟表行业从此进入到超级复杂功能表的崭新时代。

170 多年来，百达翡丽不断创造出经典产品，而每一只百达翡丽表都能确保百年内不会误差 0.02 秒的精确度。数百个轮盘、齿轮、凸轮及杠杆协和运作，宛若演奏着生动的芭蕾舞曲，百达翡丽用最精美的腕表记录着时间的点滴历程。

经过 170 多年的不懈努力，百达翡丽早已成为钟表业的翘楚，以高贵的艺术境界与昂贵的制作材料为整个钟表行业设定了技术和审美标准的上限。

在钟表王国，论历史，建于 1839 年的百达翡丽比宝玑、江诗丹顿年轻得多；论销量，百达翡丽不敌天美时与精工；论张扬，百达翡丽又比劳力士低调，LOGO 甚至很少出现在表盘上，但它一直以来却被誉为世界十大名表之首，最低档一款售价约 8 万元人民币，而那些价值数百万以上的精品，每一款均需要特别定做。

任何极品都是不计代价、忽视成本的，百达翡丽之所以价格昂贵，不仅是因为其限

PATEK PHILIPPE GENEVE
TOURBILLON

2008 年巴塞尔国际钟表珠宝展上，百达翡丽揭开了 Ref.5131 “世界时间（World Time）”系列豪华腕表的神秘面纱。这款表采用 18K 黄金表壳，中央是掐丝珐琅的世界地图的手工制作表盘，四个凸起的黄金刻度与珐琅表盘浑然一体，全新斜体字母的黑色城市盘片，24 小时盘片上用颜色区分显示的昼 / 夜和太阳 / 月亮(白昼数字为银底蓝字，夜晚数字为蓝底白字)，永久显示全球 24 个时区的时间，自动上链机芯，动力储备可达 48 小时，蓝宝石水晶玻璃镜面及后底盖，防水深度达 30 米，鳄鱼皮表带附 18K 黄金折叠扣。

量生产，在钟表技术上百达翡丽也一直处于领先地位，拥有多项专利。“日内瓦 7 种传统制表工艺”，意即综合了设计师、钟表师、金匠、表链匠、雕刻家、瓷画家及宝石匠的传统工艺，目前百达翡丽仍是全球唯一采用这种传统制造手法的品牌。此外，自 1839 年以来，每一只出厂的百达翡丽表都有自己的名字，所有从正规渠道购买百达翡丽表的购买者的资料都会登记在日内瓦的钟表档案馆内，当腕表的拥有者发生变化，如赠予、继承等，档案也会随之更改。

对完美品质的不懈追求，对传统制表理念的秉承坚守，对创新技术的无限探索，造就了百达翡丽今日在世界钟表业的非凡地位。尽管价格昂贵，但是百达翡丽并不以华丽的外观见长，甚至在其男装表的外壳上很少镶嵌钻石，它仿佛天生就具有一种儒雅内敛的贵族气质，让人不敢怠慢。170 多年的光阴流逝，这个浑身上下流淌着贵族血液的品牌，它的客户名单中曾经有过 100 名国王、54 名王后以及爱因斯坦、居里夫人、柴可夫斯基等显赫人士，而现在每年都会有名流不断加入，使这份名单变得更加让人瞩目。

▲百达翡丽的标志由骑士的剑和牧师的十字架组合而成，也被称为“卡勒多拉巴十字架”，自 1857 年开始使用。它的由来是：1185 年，西班牙一个叫卡勒多拉巴的城市受到摩尔人的侵略，勇敢的牧师雷蒙德和骑士迪哥·贝拉斯凯斯率领民众进行殊死抗战，最终把摩尔人驱走。牧师的十字架和骑士的剑合在一起成为庄严与勇敢的象征，同时代表着安东尼·百达与简·翡丽的伟大合作。

虽然百达翡丽拥有众多身份显赫的客户，但是该品牌却舍弃明星效应，而是请知名的摄影师记录下普通母子或父子相守的温馨时刻，借以触动人类迷恋时间、关爱后代的天性，表达自身产品的永久性。它以最朴素的语言表达了一个寰宇皆通的意念——“没人能拥有百达翡丽，只不过为下一代保管而已”。因此，在钟表鉴赏家们看来，百达翡丽的价值是“持久的价值”，不能以单纯的金钱来衡量。这其中包含着超凡的美丽、传奇的工艺与卓越的可信度，以及对现在与未来的主人的忠诚。拥有一只百达翡丽表，已经成为真正爱表者的标志，因为生命的意义由后代血脉相传，而百达翡丽可以传至下一代手中，继续与下一代一起守望时间。

创始人：查尔斯·斯图瓦尔特·劳斯　弗雷德里克·亨利·莱斯
创始时间：1904 年　创始地：英国·曼彻斯特

车中贵族，四轮皇者

劳斯莱斯，从诞生之日起就注定拥有高人一等的血统。对于这一世界上最好的汽车品牌来说，平庸是不能接受的，落后是不可原谅的，瑕疵是不该出现的……

劳斯莱斯

劳斯莱斯，从诞生之日起就注定拥有高人一等的血统。对于这一世界上最好的汽车品牌来说，平庸是不能接受的，落后是不可原谅的，瑕疵是不该出现的……

香槟中的“劳斯莱斯”、手表中的“劳斯莱斯”……当某一产品标榜自己的龙头地位时，通常都会选择与“劳斯莱斯”相提并论。劳斯莱斯，仿佛生来就是仅供世人仰慕的标杆。在上流社会一直有这样一种说法，对于社会各界精英来说，用以说明身份的最好方式莫过于私人飞机、豪华游艇以及劳斯莱斯，不过前两者并不能总是陪伴人左

▶劳斯莱斯的 Sliver Ghost 曾经被直译为“银色魔鬼”，又被称为“银魅”，因其几乎全银色的外表和行驶时如鬼魅般无声无息而得名。这款 1907 年生产的高级汽车产量稀少，如今存世的已成为全球最贵的老爷车之一。1994 年英国汽车收藏家尼古拉斯·哈利愿意出 1.066 亿英镑收藏此车，就此“银色魔鬼”价值超过 1 亿英镑之说不胫而走。1914 年出产的这款“银魅”据说是专门为埃及王子设计，所以驾驶员一侧装饰着一条金蛇喇叭。

右，劳斯莱斯则不然，它是许多名流日常出行所必备的座驾，堪称最好的陆上交通工具。

劳斯莱斯的创始人查尔斯·斯图瓦尔特·劳斯1877年出生于一个英国贵族世家，他是英国最早的汽车爱好者，也是最早的赛车运动推进者之一。从剑桥大学毕业后，劳斯选择了从事商业，他创立的CS劳斯有限公司在20世纪初的英国可以说是最有实力的汽车经销商之一，但是他一直希望能够找到一种英国本土生产的汽车，其质量与自己销售的外国汽车一样好。

1904年5月4日，劳斯与弗雷德里克·亨利·莱斯在曼彻斯特的米德兰宾馆相识。莱斯1863年出生于英国的彼得伯勒，因父亲病逝，他从小就开始工作，并自学了代数、外语以及机械原理等知识，19岁时到了伦敦，在一家电灯公司做工程师。劳斯与莱斯最初相识时，他们当时谁也没想到，两个人改写了世界汽车发展史的宏伟版图。让自己的名字能够与高质量的汽车联系在一起的共同愿望使劳斯与莱斯达成共识，莱斯负

劳斯莱斯车标的外框为长方形，中间分上中下三格，上下两格由创始人的名字组成，字母“ROLLS”、“ROYCE”粗壮有力，突出醒目。除了双R之外，劳斯莱斯还有一个立体车标，即众所周知的“欢乐女神”，由汽车艺术品大师查尔斯·塞克斯于1911年2月设计完成。

▲在 2009 年上海车展上，劳斯莱斯公司正式公布了此前代号 RR4 的全新系列车型的名称，该款新车将被命名为“古思特(Ghost)”，它采用与劳斯莱斯旗舰车型“幻影”同品质的漆面、木质内饰和皮革材料制成。车型的定位将高于宝马 7 系，采用更高端平台制造，并装备了最大马力达到 500 匹的 V8 双涡轮增压发动机，已于 2009 年年末投产。

责汽车研制，劳斯负责汽车销售，二人同心协力创造了世界上最好的汽车品牌——劳斯莱斯，两个家境截然不同的杰出人物携手创造出一个车坛神话。

1907 年，劳斯莱斯的第一辆传奇之作——“银色魔鬼（Silver Ghost)”诞生。这款车首次在巴黎汽车博览会上露面，就以银色车身、金色钟顶形散热器以及考究的制作工艺、卓越的技术性能为劳斯莱斯打响了知名度。

最高级材料提供者劳斯，最高技术应用者莱斯，创造了世界上最好的汽车，劳斯莱斯这一无懈可击的活动工艺品则将劳斯与莱斯推载至车坛不朽的巅峰。然而，当劳斯莱斯公司逐渐走上成功之路时，1910 年劳斯先生在驾驶“莱特飞行者”号飞机时遇难。两年后莱斯也因常年过度劳累半身不遂，不得不卧床

休息，后于1933年辞世。联手打造劳斯莱斯的两位伟人就这样相继离开了人世，他们却留下了一个永恒的传奇。第一次世界大战以后，在所有公开性能审察会上，“世界第一汽车”的殊荣非“劳斯莱斯”莫属。“圣之道，至善至美；不为至善至美，创之造之”，这是莱斯先生留下的理念，直到今天劳斯莱斯的制造者仍在为之努力，在保持纯正血统的基础上，推出一代代新型汽车，不断地重新注释着“车轮上的移动宫殿”的新定义。

劳斯莱斯是汽车王国雍容高贵的标志。无论它的款式如何老旧，造价如何高昂，至今依然没有挑战者，各国政要名流更是它的拥趸。

从1904年劳斯莱斯这一品牌创立到2002年宝马集团接手劳斯莱斯，从1907年第一辆真正的传奇之作“银色幽灵”面世到现在，100多年来劳斯莱斯生产了“幻影（Phantom）”、“银色幽灵（Silver Wraith）”、“银色黎明（Silver Dawn）”、“银色云彩（Sil-

▼劳斯莱斯“幻影LWB（元首级）”具备了市面上人们所能看到的车所能配备的一切装备，车顶内部有可调式星光顶饰，隔板中央还装有19寸可升降电视屏幕等超豪华装备。车内空间十分宽敞，四个两两对坐的可调式后排独立坐椅让乘坐者无论是面对生意伙伴还是政府官员，都游刃有余。由于这款车的产量有限，还可以根据车主喜好自由选择配置，因此售价高达1800多万元人民币。

ver Cloud)”、“银色阴影（Silver Shadow）”、“险路（Corniche）”、“银色精灵（Silver Spirit）”等不同车系。虽然在这100多年里，劳斯莱斯经历了品牌的数次转手，设计风格也有所变化，但是不论其谱系如何扩展，其整体风格历经世纪风雨的洗礼仍然尊贵典雅。

为了保持品牌的含金量，从成立那天起，劳斯莱斯公司一直坚持手工生产，主要采用客户定制的方式销售自己的产品，并且能够在最大范围内满足客户个性化的需求，顾客可以根据自己的喜好来精心挑选车身颜色、质地、层板和设备。劳斯莱斯对奢华的理解和追求已经到了不加外物的境界，所以人们不会在这一品牌的车内见到夸张的镶钻或者黄金脚凳等物件，这种不加雕琢的气质反倒使劳斯莱斯成为首屈一指的奢华象征。

高档车必须有一流的质量，从1904年至今，劳斯莱斯汽车公司始终坚持“完美无缺”的经营方针，每一辆车都要经过5000公里测试，否则绝不会交付给消费者使用，而以100公里时速行驶的劳斯莱斯车内安静得可以听到钟表的滴答声；高档车必须有高

档服务，劳斯莱斯的售后服务无人可敌。据说有一次一对美国夫妇驾驶劳斯莱斯车到欧洲旅行，中途后车轴忽然折断。车主只好直接打电话到设在伦敦的劳斯莱斯公司。几小时后，劳斯莱斯公司的工人搭乘飞机赶来，把车子修得跟新的一样。高档车必然是讲究高品位生活的人所拥有，劳斯莱斯的主人很少坐在前排开车，他们一掷千金，仿佛就是为了买下后座，来享受高人一等的尊贵。在劳斯莱斯的车主档案里，可以找到英国女王伊丽莎白二世、美国前总统威尔逊、希腊船王奥纳西斯、美国作家海明威、电影艺术大师卓别林等一连串最显赫的名字。

世界汽车中可称为贵族的，唯有劳斯莱斯。可以说，正是缘于其不惜成本打造豪华车、限量生产及其对购买者的限定，才使劳斯莱斯成为全世界公认的贵族品牌，占据着世界顶级汽车中的一席之地，就连现存的劳斯莱斯老爷车都已成为收藏家梦寐以求的收藏极品。这个百年品牌的“RR”标志始终居于汽车工业的金字塔顶，以“车中贵族，四轮皇者”的尊贵身份傲立于世间。

创始人：弗兰科斯·卡地亚
创始时间：1847 年　创始地：法国·巴黎

Cartier
奢华、高贵的代名词

卡地亚，一个名字即为一个世界。国王的王冠上凝聚着它的辉煌，名流的手腕颈间闪烁着它的光芒，贵族的手指间翻转着它的精巧，它是气宇轩昂的王者，是奢华、优雅与绝对权威的象征。

卡地亚

有人说，回顾卡地亚的历史就是回顾现代珠宝百年变迁的历史，的确，提到珠宝，人们就一定会想到卡地亚，但是提到卡地亚的时候，人们想到的一定不仅仅是珠宝。

1847 年，29 岁的弗兰科斯·卡地亚从师傅阿道夫·皮尔卡手中盘下了位于巴黎蒙道尔街 29 号的珠宝店。这个立志在珠宝界有一番大作为的年轻人以自己名字的首字母“L”和“C”组成的一个菱形标志，注册了卡地亚公司。之后，为了自己的事业能在家族中世代相传，他将手艺传给了长子路易·弗兰科斯·阿尔弗雷德·卡地亚。经过父子相传两代，卡地亚成为世界上最著名的珠宝商，曾经为法国欧仁妮皇后制作银质茶具，为比利时伊丽莎白皇后制作冠冕，而英王爱德华七世则赞誉卡地亚为“皇帝的珠宝商，珠宝商的皇帝”，并在加冕典礼时订购了 27 座冠冕，两年后还将英国王室第一纸的王室珠宝供应委任状颁赠给卡地亚，而西班牙、葡萄牙、罗马尼亚、埃及等皇室也都曾委任卡地亚为皇家首饰商。

卡地亚第三代传人路易·弗朗索瓦·阿尔弗雷德·卡地亚的长子路易·约瑟夫·卡地亚，是一个具备高品味与商业头脑的天才设计家，他经过多年苦心研究后掌握了将钻石与铂金结合的珠宝技术，使铂金正式成为不可替代的珍贵金属之一。而他的两个兄弟则不

在胡润百富“2008 至尚优品——中国千万富豪品牌倾向调查报告”中，卡地亚荣获“最受富豪青睐的珠宝品牌”奖项，这一殊荣充分印证了卡地亚这位不同凡响的珠宝大师在世界顶级珠宝王国中的地位。2009 年，卡地亚推出的全新的高级珠宝腕表系列堪称全球独一无二的旷世之作，每一件都宛若翩翩起舞的精灵，引领人们进入到亦真亦幻瑰丽的魔幻世界。

▲温莎公爵夫人佩戴的卡地亚于 1947 年制造的绿松石和紫水晶项链

断游历世界各地，搜珍猎奇，并不断扩展卡地亚的市场。

在兄弟三人的带领下，卡地亚步入了新的纪元。从英王的赞许到公爵的青睐，从名媛贵妇的心仪到全世界的美誉，在珠宝的殿堂中，卡地亚始终与王室名流紧密相连。温莎公爵为了向爱妻表达爱意，曾经从卡地亚公司订购了“猎豹”胸针、“BIB”项链、“老虎”长柄眼镜和“鸭子头”胸针。这四款卡地亚首饰成了这两位传奇人物的订情物，其闪耀的光芒见证了一段旷世之恋。20 世纪 60 年代末，“爱与和平”的主题在世界范围内广为传颂。卡地亚于 1969 年设计出可以表达爱意的“Love”手镯，伊丽莎白·泰勒、索菲亚·罗兰等都对这款象征着忠贞不渝的爱情信念的手镯情有独钟，成为其忠实拥护者。

卡地亚面世的每一件璀璨杰作，其价值不仅来自世间最稀有的宝石及全球最精湛的工艺，更来自作品本身不落窠臼的独特创意，这些创意赋予了卡地亚独树一帜的风格，从而使其超越了珠宝的概念，升华成为真正永恒的艺术品。

卡地亚仿佛掌握了摆脱时间羁绊的魔法，能自如地游走在古典和现代之间，将钟表铸造工艺推上了顶峰。

早在1904年以皇室珠宝商起家的卡地亚就已经开始进军钟表产业，这一年，路易·弗兰科斯·卡地亚的孙子路易·约瑟夫·卡地亚，应他的好友阿尔贝特·桑托斯·杜蒙特之邀，为这位当时著名的飞行家设计了一款可佩戴在手腕上的表，使他从此能在驾驶飞机的同时也能轻易读取时间。这款以“桑托斯”命名的表成为了世界上第一只真正的腕表，而卡地亚的钟表产业也从此起步，屡创辉煌。

1917年，路易斯·卡地亚设计的“坦克（Tank）”腕表诞生，它的出现使卡地亚在腕表的功能、技术以及美学领域都到达了最高峰，令当时所有竞争对手的作品都黯然失色。1938年，伊丽莎白女王佩戴着卡地亚为其设计的手镯式“坦克”腕表出现在全世界面前，从此，卡地亚腕表声名远播，为上流社会的王室贵族们所青睐。

作为世界上最大的珠宝公司，卡地亚一些传世的珠宝价格都在千万元以上，而卡地亚表自然继承了其家族的高贵血统，以精湛的制表工艺和独特的设计让其变得神奇而珍贵，给人们带来对于时间的不同体验。

一个多世纪以来，卡地亚一直是奢华高贵、卓越品质的代名词，也是身份和品位的象征，在奢侈品领域一直保持着垄断地位。

100多年的历史与深厚的文化积累，使卡地亚的珠宝已经成为了艺术珍品，而“最佳珠宝计时系列”奖项的获得更是实至名归。如果人们把配饰比喻为让生活更美味的“调料”，那么卡地亚则像一位技艺炉火纯青的烹饪大师，自1847年以来，其一直孜孜不断地钻研着润色美味生活的独特“配方”，在卡地亚的“菜单”中，除了高级珠宝、贵重腕表这样的“主菜”外，那无数精美的甜品——香水、眼镜、墨水笔、打火机等也都款款色香味俱全，无不

CARTIER
SWISS MADE

体现出其不凡功力。

珠宝和香水有许多共通之处，它们皆可穿戴在身，且同样令人心荡神驰。卡地亚自19世纪末期开始为显贵皇室奉献做工精美的香水瓶，由此开启了卡地亚香水的传奇故事。卡地亚香水分为女士、男士以及中性香水，其创作灵感均源自本品牌珠宝作品和最具代表性的主题设计。

眼镜一直是卡地亚备受世人追捧的产品系列之一。早在1887年，卡地亚就首次为艾斯林公主制成一款以淡玳瑁镶钻的长柄眼镜，旋即被贵族名流争相订购。之后，卡地亚一直致力于将创制珠宝及钟表的技艺应用于眼镜上，令一副副运用珠宝钻石雕琢成的眼镜璀璨华丽，可与珠宝首饰相提并论，也让佩戴者的一举一动都闪烁着十足的贵气。

卡地亚的眼镜让女人痴迷，卡地亚打火机那简洁又不失高贵的设计则成为男士身份与财富的象征。1950年，卡地亚曾专门为罗马尼亚皇室设计过一款打火机，其机身全部用黄金打造，并镶嵌了弧面形的蓝宝石、红宝石、祖母绿和明亮的钻石，如今这款打火机和其相应配套的香烟盒一同被罗马尼亚博物馆收藏。从卡地亚生产第一款打火机以来，其外观一直没有太大的变化，但设计上总能令人耳目一新，无论是在色彩上还是材质上都有极大的不同，宛如一件件巧夺天工的艺术品，值得人一生拥有并珍藏。

如今的卡地亚拥有200多家精品店和独一无二的经销网络，除主营珠宝、钟表外，其旗下的各种精美配饰同样独树一帜。卡地亚的产品使那些寻求优雅生活的人美梦成真，而卡地亚商业帝国的建立也使更多的人得以在这个梦中游弋。推开卡地亚的艺术宝库，就意味着你和王公贵族同处一室，让你不由得不沉迷在无边无尽的奢华氛围之中。

▼1912年，卡地亚的魅幻时钟面世，轰动一时。“门廊（Portico）”是卡地亚最为人们所熟知的一款魅幻时钟，以中国风格的门廊为灵感，造型错落有致，色彩优雅和谐，宛如一件完美的雕塑作品。这款时钟上的钟表指针看起来像是悬浮在空中，肉眼看不到任何与机械装置有关的连接。事实上，时钟的指针固定在锯齿的水晶圆盘上，由隐藏在侧面的机械系统带动，而这款时钟的制作技术至今仍是卡地亚不肯透露的独门绝技。

创始人：维吉家族
创始时间：约 12 世纪　创始地：法国·勃艮第

ROMANÉE-CONTI
百万富翁之酒，亿万富翁专享

在全世界热爱红葡萄酒的人们心中，罗曼尼-康帝宛如一个不朽的传说。尽管价格昂贵，但是一杯罗曼尼-康帝最好的年份酒在手，轻品一口，那种帝王般的感觉是永远无法用金钱来衡量的。

罗曼尼-康帝

罗曼尼-康帝酒庄（Domaine de la Romanée-Conti，简称 DRC）的历史可以追溯到 12 世纪，当时归维吉家族所有，最初只是一个没有名字的葡萄园，但其在葡萄种植和酿酒方面已享有一定声誉。1232 年，维吉家族的艾利克丝德·维吉女公爵将所属的一块领地捐赠给附近的圣维旺·德·维吉修道院，其中就包括了这个葡萄园。此后 400 年间，这个葡萄园一直为天主教的产业，1631 年归克伦堡家族所有后，被命名为罗曼尼酒庄。

1760 年，因为家族债务问题，克伦堡家族决定将罗曼尼酒庄出售。对于这个整个勃艮第地区最著名的酒庄，想要拥有它的人自然不在少数。当时竞争酒庄的有两方强劲势力，一方是法国国王路易十五的堂弟康帝亲王，另一位则是国王宠爱的情妇蓬巴杜夫人。这两位权倾朝野的人物对罗曼尼酒庄都志在必得，而且二者之间一直积怨颇深，所以这次竞买最后成为他们处心积虑的一场斗争。

激烈的角逐致使罗曼尼酒庄的价格一路飞升，1760 年 7 月 18 日康帝亲王最终获胜。虽然花费甚高，但是康帝亲王十分满意自己的胜利，对酒庄寄予厚望，并钦命其流传至今的名号——罗曼尼-康帝，而该酒庄至高无上的地位也由此开始确立。

1789 年法国大革命到来后，由于康帝

家族被逐，罗曼尼-康帝酒庄也被强制充公，之后又被多次转手。1869年，葡萄酒领域的翘楚人物雅克·玛利·迪沃·布洛谢以26万法郎的高价购得罗曼尼-康帝，自此该酒庄虽因继承人的缘故多次拆分，但却再未被转卖。1942年7月，雷洛家族购进其一半产权，由两家族共同经营，并在1974年成立董事会统筹酒庄的运作，从而使罗曼尼-康帝酒庄逃过了被分割的命运。

如今的罗曼尼-康帝已成为世界上最富盛名的葡萄酒制造者，旗下的七个葡萄园全部是Grand Cru（法国官方认可的顶级佳酿产地），其中蒙哈榭为DRC家族唯一的白葡萄酒产区，罗曼尼-康帝、拉塔希、丽奇堡、罗曼尼-圣维旺、大埃切索、埃切索为红葡萄酒产区，各区出产的葡萄酒均以所产地命名。

近乎苛求的工艺、承载的深远历史和稀少的产量造就了罗曼尼-康帝在葡萄酒世界中的至高地位，同时也造就了其高昂的价格。即便是一瓶1998年的罗曼尼-康帝酒也要2500美元以上，经过几年陈放的要在3000美元到5000美元之间，而那些稀世珍酿只有在大型的葡萄酒拍卖会上才有可能见到身影，一般的零售店里根本难觅其踪。如果你确实想一尝罗曼尼-康帝的醇香，那就只好到苏富比、佳士得之类的拍卖行了。不过世界著名酒评家罗伯特·帕克曾经说过：“罗曼尼-康帝是百万富翁喝的酒，但只有亿万富翁才喝得到。”因为罗曼尼-康帝的年产量在最好的年份也只有6000瓶左右，往往百万富翁还没有来得及出手，它们早已是亿万富翁名下的“期酒”了。

2008年，在苏富比拍卖行举行的伦敦葡萄酒拍卖会上，一瓶1991年份的罗曼尼-康帝以8625英镑这一令人惊叹的天价成交。这瓶容量为750毫升的红葡萄酒创下每毫升11.5英镑的纪录，甚至超过了当时伦敦外汇市场的黄金价格。在当时，这瓶罗曼尼-康帝葡萄酒的价钱在伦敦差不多可以买一辆奔驰新款轿车，只不过一辆奔驰车可以开好多年，而一瓶罗曼尼-康帝酒最多只能享受一两个小时。

创始人：克莱夫·基斯汀
创始时间：1999年　创始地：英国·伦敦

Clive Christian

香水界的终极诱惑

高标准的品质要求使得克莱夫基斯汀旗下的香水成为极品，带着非常鲜明的奢侈印记，无形、无色、无属性，却比声音和景象更能触动世人的心弦。

克莱夫基斯汀

如果你有100万，你会买楼、买车，还是买钻石，你会用100多万元人民币去买一瓶香水吗？2006年，著名财经杂志《福布斯》曾对全球顶级香水产品进行过一次评选，最后克莱夫基斯汀生产的“皇家尊严（Imperial Majesty）”以21.5万美元的价格成为世界上最贵的香水。

克莱夫基斯汀起源于王冠香料店。1872年，威廉·斯巴克斯·汤姆逊在英国伦敦成立了王冠香料店，专门为当时英国的上流社会阶层服务。由于他曾特别为维多利亚女王研制了一款高贵的香水，受到女王的好评，特许其在标志上使用王冠图案，此后这一品牌成为英国皇室御用香水制造商。直到20世纪末，王冠共生产了大约50款不同的香水，但由于经营不善导致亏损，1999年这一品牌被英国的贵族克莱夫·基斯汀收购。

克莱夫·基斯汀于1978年成立了一家家具公司，主要销售高级厨房设备和负责室内装潢。克莱夫的女儿维多利亚四五岁的时候，全家搬到了一所建于18世纪的旧房子中，维多利亚在玩耍时无意间在所住的房间的木地板缝隙中发现了一个王冠的香水瓶。看到这个精致的香水瓶后，克莱夫开始对香水业产生了兴趣。之后，他收购了王冠这一品牌，并对其进行了一番调整，创立了克莱夫基斯汀品牌香水公司，并生产了一系列优雅精致的香水。

现在克莱夫基斯汀品牌旗下主要生产“X”、“1872”和“克莱夫基斯汀1号（No.1）”三个系列，其中以“克莱夫基斯汀1号”最为知名。这款极品香水于2001年一面世就受到名流和富豪们的青睐。“皇家尊严”香水是“克莱夫基斯汀1号”号香水的限量版，由白色檀香、印度茉莉、德国玫瑰等共170种花精心提炼而成，其中一部分原料的价值甚至超过了黄金。此外，这款香水的香水瓶由水晶世家巴卡拉制作，瓶口镶嵌了以18K黄金打造的金项圈，并装饰有5克拉的白钻，光彩夺目。

尽管现在有很多人认为克莱夫基斯汀旗下的香水已经脱离了王冠这一原始产业的创意和精神，但是不可否认的是这一品牌如今在时尚领域中已成为名符其实的王者。这个品牌只在英国哈罗斯、纽约第五大道等地的专门出售奢侈品的百货公司贩卖，其镶嵌着珠宝的香水瓶让人目眩神迷，香水则采用最上乘的原料制成，而且每年只推出1000瓶左右的产量，注定只能被少数人拥有。

创始人：爱德华多·里贝拉
创始时间：1966 年　创始地：古巴·哈瓦那

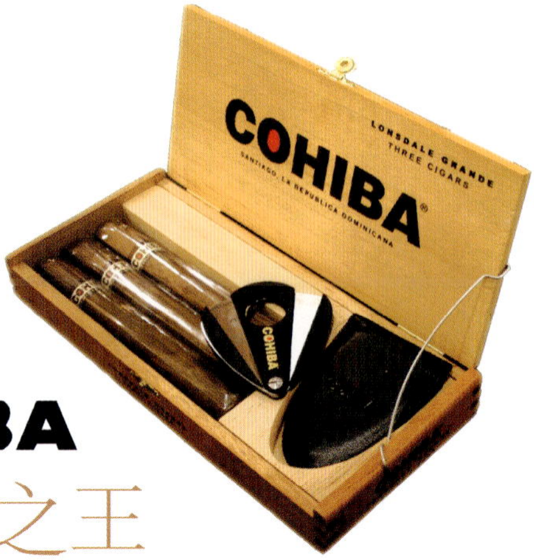

COHIBA
古巴雪茄之王

当你的指间夹着一支燃烧的科伊巴，它不仅会成为贵族气质的象征，更会是你精神力量的源泉，它包容了男人对财富和权力的所有想象。

科伊巴

如果你了解科伊巴雪茄的历史，那么你心中必定会对它怀有一种朝拜的心理。1966 年，古巴领袖卡斯特罗无意间从他的贴身保镖那儿抽到一种非常清香、口感醇厚的散装手卷雪茄烟，于是便把制作这种雪茄的工匠聘请为自己的专职雪茄卷制师，他就是爱德华多·里贝拉。爱德华多为卡斯特罗量身卷制的雪茄主要有“长矛手(Lancero)”、“特制皇冠 (Coronas Especiales)”以及“巴内得拉斯 (Panetelas)”这三种规格，每支雪茄都精雕细琢，味道香醇。然而，这一特供给卡斯特罗的极品雪茄一直都没有名字，直至 1968 年阿韦利诺·拉腊接了爱德华多的班后，才将该雪茄命名为“科伊巴”，由此，这个风靡全球的雪茄品牌正式创立。

阿韦利诺·拉腊是位顶尖的雪茄卷制师，在他的领导下，科伊巴雪茄开始具有自己独特的风格，其拥有厚实的茄衣、顺滑的口感

奥斯瓦尔多·瓜亚萨明是厄瓜多尔著名的艺术大师，20 世纪末，他想在基多海拔 3000 米的高地上创作一个伟人神殿，但是由于缺乏足够的资金而进度缓慢。后来他访问古巴时，卡斯特罗提议他在科伊巴雪茄烟盒上设计一幅装饰作品，并公开义卖这些科伊巴雪茄烟，瓜亚萨明欣然同意。这批特供的科伊巴雪茄烟仅生产 30 盒，而且附有卡斯特罗和瓜亚萨明的亲笔签名。这 30 盒科伊巴雪茄烟为伟人神殿的建造募集到一大笔钱，使瓜亚萨明建造伟人神殿的梦想成为现实。

OHIBA
Cuba
Limitada
2006

和层层荡漾开来的烟雾，再加上卡斯特罗这位伟大领袖的青睐，使它有着与生俱来的王者风范，令全世界的雪茄迷都为之魂牵梦绕。

科伊巴雪茄诞生后，卡斯特罗便一直将它作为国礼送给各国首脑和政要。因此，科伊巴不仅是古巴政府间馈赠佳品的首选，更成为古巴雪茄的标志，风靡世界。从1982年起，科伊巴逐渐减少供应西班牙皇室及其他国家的王公贵族的份额，开始面向大众市场出售，但是仍然需要经过授权才能购买。科伊巴最初提供给大众的雪茄主要有“长矛手”、“特制皇冠”及“巴内得拉斯”三种，1989年之后又相继增加了“光芒万丈（Esplendidos）”、“硬汉（Robustos）”和“幽雅（Exquisitos）”等种类。

古巴是世界上最好的烟叶和最著名的雪茄的盛产地，科伊巴就孕育生长在这片土壤中，优良的选材与精湛的工艺使其拥有着

作为雪茄界中的奢侈品头牌，据说人们只有在“最难忘的时刻”才该拿出珍贵的科伊巴雪茄，而在科伊巴家族中，“倍宜可（Behike）”号称全世界最贵的雪茄，迄今为止只有极少数人知道这款尊贵的雪茄到底什么味道。“Behike”这个名字来源于西印度群岛泰诺人部落的一位巫医，传说他用烟草来执行神圣的仪式。“倍宜可”只整盒出售，每盒40支，在西班牙的售价为每盒18860美元，相当于一辆中档汽车。

完美的品质。2006 年，为纪念品牌创立40 周年，科伊巴在古巴国际雪茄节上推出了“倍宜可（Behike）”雪茄，其选用的烟叶均是经过千挑万选的，整个制作过程要经历 3 年时间、80 余道工序，就连其设计美观的雪茄盒都是由雪松木等珍贵材料制成，具有一定的收藏价值。

无论是哪一种类型的科伊巴雪茄，其生产都要经过上百道工序，从选料、种植、管理、收获到晒干、加工、制作、包装，每一道程序都很严格，正是这种精益求精的态度，奠定了科伊巴“雪茄之王”的基础，而产量的稀少使其更显珍贵。

创始人：恩佐·法拉利

创始时间：1929 年　创始地：意大利·摩德纳

Ferrari

最具艺术气质的奢华跑车

法拉利的血脉中流淌着对速度的激情、对华贵的崇拜，以及对完美的追求。在世界众多顶级汽车品牌中，将奢华风范与艺术气质结合得最到位的首推法拉利。

法拉利

历史造就了文化，岁月凝结成价值，法拉利诞生在意大利也许就是历史的安排。恺撒铁骑席卷欧洲，成为王者的信念绵延千年，澎湃于历代意大利人的血脉中；本着对艺术最至纯的追求的米开朗琪罗，用生命的燃烧换来耀眼的“大卫”；还有马可·波罗这位探寻未知世界的先驱，鲜花广场前用鲜血涂写真理的布鲁诺……这样的一方土地，这样的一个民族，最有资格缔造法拉利。

1920 年，22 岁的恩佐·法拉利开始在阿尔法·罗密欧汽车公司从事跑车设计工作，初露锋芒。不久，由他领导的法拉利跑车设计小组便扬名于汽车业。1942 年，退出了阿尔法·罗密欧汽车公司的恩佐·法拉利回到其出生地摩德纳，开始独立创业。在经历第二次世界大战的磨难之后，1947 年，第一辆以法拉利名字命名的赛车终于闪亮登场，法拉利王国从此便开始了永不没落的征程。

1969 年，原本只生产赛车的法拉利开始生产跑车，并为每一辆法拉利跑车都配置了一个赛车的发动机，其转速每分钟可达

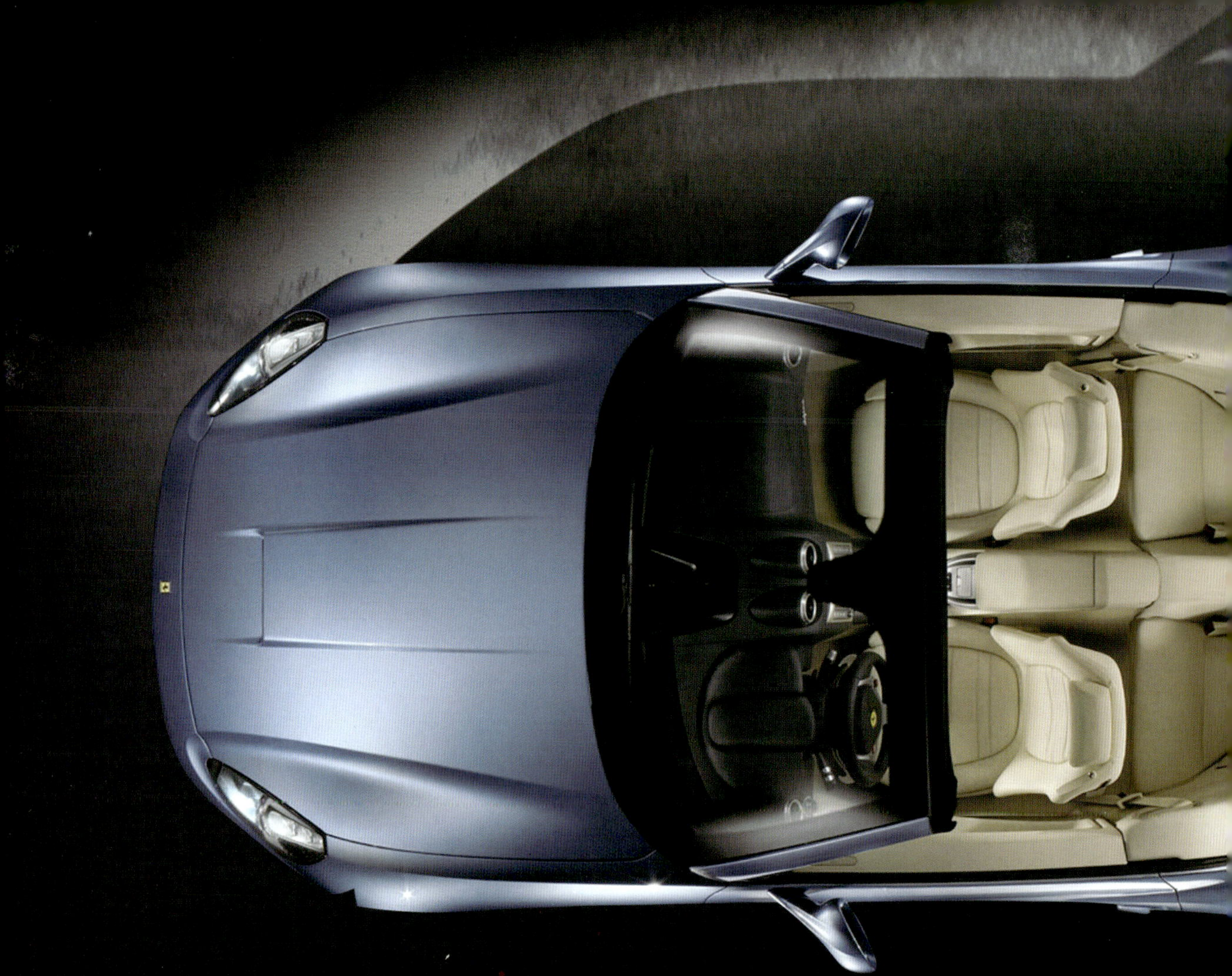

9000转，最大马力超过500匹。这种原本只面向赛车比赛的跑车，却意外地收到了普通消费者雪片般的订单。然而，由于法拉利一直坚持“一辆赛车，一件艺术品”战略，因此这种手工制造的法拉利跑车一年最多只向市场投放3400辆，以至诸多法拉利的爱好者只能望车兴叹。而在赛车场上，法拉利车队在1975年到1983年间共夺得6届年度车队冠军，成为名副其实的车坛霸主。

1988年8月，恩佐·法拉利在摩德纳的家中去世。“意大利最伟大的跑车制造者及赛车手”应该是这位世界车坛传奇人物最贴切的墓志铭，而他的辞世则直接导致被赛车手和赛车迷交口称赞的法拉利失去了精气神。直到1991年，当新任CEO——卢卡·迪·蒙特兹莫洛走马上任后，在他的全力整改和大胆开拓下，法拉利公司才终于又迎来了产销两旺的好年景。

对于那些渴望拥有一辆自己钟爱的法拉利超级跑车者，卢卡·迪·蒙特兹莫洛总是想方设法为其提供尽善尽美的超一流服务，他

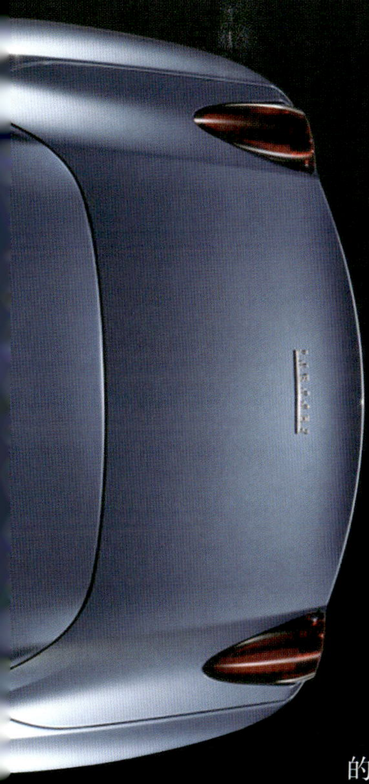

◀2009 年 5 月，法拉利发布了全新一代的经典跑车——“加利福尼亚（California）”，这款与美国加利福尼亚州同名的跑车的寓意是象征着休闲富足的、舒适的生活，有着特殊的魅力，在售价尚未公布前，2010 年的订单就已订满。该车搭载了法拉利全新的 4.3L 燃油直喷 V8 发动机，最大输出功率 460 马力，最高车速可以达到 310 公里/小时，而在燃油经济性上也是可圈可点。

不仅主张开放公司自备的试车跑道，让每位购车者在具体操作中领悟赛车技巧，进而详尽了解法拉利超级跑车的各项性能，还为每位购车者专门提供度身定造服务，只要你能想到的车型，法拉利公司都会为你精心设计制造出来，让你拥有一辆凸现个性的梦幻之车。对于那些难以买得起法拉利超级跑车的车迷，卢卡·迪·蒙特兹莫洛则千方百计为他们推出各种独具特色的纪念品——法拉利超级跑车钥匙串、T 恤衫、腕表、帽子等，以充分满足法拉利车迷们的各种需求。

有人说，世界上任何一种汽车，都无法与法拉利相提并论，因为它已经超越了交通工具的范畴。的确，每辆法拉利都是一件“不忍看它碰碎的艺术品”，高贵得没有几个人能够拥有得起，就算是其附属产品，也已经成为许多车迷的最爱。特别是法拉利的香水，以及与彪马合作的波鞋系列都吸引了那些喜欢冒险、喜欢挑战的男士。在他们看来，法拉利的产品代表着无畏，充满激情，而且优雅，是讲究生活品位的最好象征。

性感、惊艳、速度、活力、贵族、钢铁元素、原始手工、红色火焰般的热情，法拉利集技术性、艺术性于一体，对于大多数人来说，它就是一个神话。

在全球汽车品牌，即使是在为数不多的超级豪华跑车品牌中，法拉利是唯一一个不用做广告的品牌，因为赛车就是最好的广告！据不完全统计，自 1947 年法拉利真正进入赛道开始，一直到 2004 年底，法拉利共获得了 5000 次赛事的胜利。

法拉利这一名字第一次被公开、正式使用时就是一支参赛车队的名字，尽管这支车队很长一段时间都是代表阿尔法·罗密欧参

CRUISE
RECALL
ENGINE START
AIRBAG

BOSE
AUTO

赛，但凭借恩佐·法拉利在赛场上的杰出表现及其所设计开发的赛车的卓越性能，早在法拉利汽车公司成立之前，法拉利实际上已作为赛车运动的代名词响彻意大利的天空了。

1947 年法拉利汽车公司的成立，标志着赛车运动史上一个新时代的到来。1947 年，“法拉利 125 Sport”一参赛即在当年的罗马大奖赛中获胜。而 1951 年“法拉利 375”赢得 F1（一级方程式赛车）英国站的冠军，更是成为法拉利赛车运动史上的“黄金起点”。自此，法拉利在赛车运动场上的捷报一路频传。

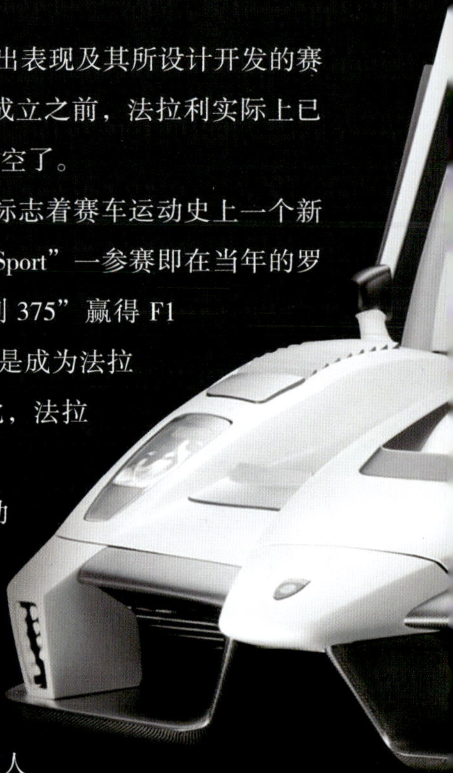

20 世纪 90 年代初，为了将航空动力学技术应用于法拉利超级跑车上，卢卡·迪·蒙特兹莫洛花重金邀请到“世界车坛发动机三剑客”——精通发动机全套技术的意大利人劳迪奥·隆巴迪、擅长发动机设计和研制的日本人后藤、熟谙利用风洞完善发动机空气动力设计的奥地利人古斯塔夫·布伦纳。三位世界车坛奇才联手攻关，终于研制出了 12 缸发动机的改进型——043 型发动机，这不仅把法拉利超级跑车送上了摘金夺银的成功之路，而且打破了公司创始人——恩佐·法拉利的一句断言——一部好的超级跑车发动机，就应该是在冲过终点后 1 米之内熄火转不动了。正是在这帮自诩为“车坛疯子”的能工巧

在法拉利庞大的汽车帝国中，珍品众多，但如果人们将那些让法拉利汽车收藏家着迷的车汇集在一起，在法拉利所生产的数百款经典赛车和运动型跑车中，有 5 款车型将构成他们穷竭一生追逐的目标：1954 年生产的 375 MM 轿跑车，1967 年生产的 275 GTS，1963 年生产的 250 LM，1967 年生产的 P4 和“Enzo Ferrari”。对于很多人来说，能够亲眼看一看、触摸一下这些车便是一大幸事。

匠的努力下，法拉利超级跑车先是在 1994 年的“德国霍根海姆汽车大奖赛”上一举夺魁，此后在各种汽车大奖赛上也是所向披靡。

法拉利与赛车运动其实就是一体的，在千万法拉利车迷心中，法拉利就是 F1 的象征，它是唯一一家自 F1 创始就参与其中的赛车制造商，而 F1 所强调的速度与精确也成为法拉利的精髓与基因。事实上，法拉利不仅在竞争残酷的专业赛场上屡创佳绩，还是世界上唯一一家将 F1 技术应用到量产新车上的公司。现在的法拉利的跑车按缸数分为 12 缸和 8 缸两种，均具有超强的动能、高超的空气动力特性表现以及专业设计的无与伦比的优美线条。此外，法拉利始终保持着最“原始”的汽车制造方式——大部分由手工制作而成，并坚守着创始人恩佐·法拉利当年定下的“日产 17 辆新车”的规矩，即使供不应求，也绝不增产。凭借这一信念，维系“技术和艺术均衡”的造车哲学，法拉利这匹“红鬃烈马”在赛道之外，成为了被成功人士认可的奢华象征。

创始人：古奇欧·古驰
创始时间：1923 年　创始地：意大利·佛罗伦萨

GUCCI

财富的身份标签

任何人在面对古驰时，那多年引以为傲的知性、自以为已经修炼得不错的从容，都斗不过它所引起的购买欲。这种效果是古驰数代大师几十年来辛苦经营造就的，他们使尽手段就是要向世人证明：在古驰面前，人人不平等。

古驰

早在 1898 年，年轻的古奇欧·古驰怀抱着梦想来到伦敦，并在一家旅馆谋得一职，虽然那不是他最满意的工作，但他却因此而了解了当时上流社会的人们的喜好。几年后，古奇欧回到意大利佛罗伦萨，并在那里开了一家专门出售行李配件和马具的小店。1921 年，古奇欧开始尝试把自己的名字印在他所出售的商品上，没想到这一印记竟然成为时尚界最著名的标志之一。

古驰创业之初，一直走的是贵族化路线，作风奢华且略带硬朗的男子气概。1937 年，古驰首次推出系着马匹的马术链，以表达其对 20 世纪初意大利马术时代的缅怀，问市后大受欢迎。至今，古驰镶有马术链的麂皮休闲鞋仍是鞋类历史上的一个典范，在美国大都会博物馆就收藏有这样一双鞋。1938 年，古奇欧·古驰在罗马开设了一家分店，第二年他的儿子也加入到家族生意中。1947 年古驰竹制手柄的竹节包问世，接着，带有创办人名字缩写的经典双 G 标志、衬以红绿饰带的帆布包和相关皮件商品也陆续问世，古驰的声誉逐渐如日中天，和路易威登并列成为世界上最常被仿冒的品牌。

是什么让古驰成为顶级消费品站在物欲社会的巅峰，接受从王孙首脑到凡夫俗子的顶礼膜拜？那就是古驰对完美的追求。古驰的创始人古奇欧·古驰早就发现，上流社会的精英名流都是十分坚持完美的。因而在展

示设计上的体贴入微和品质坚持上，是丝毫不可松懈的，这样的“坚持”成了古驰享有世界声誉的金字招牌。1953年，古驰公司的纽约分店开张，它标志着古驰开始向全球市场出击。20世纪60年代，随着古驰在伦敦、巴黎和佛罗里达棕榈滩分店的成立，这个代表时尚与品位的意大利名牌在世界上最主要的市场站稳了脚跟，到20世纪60年代末，“双G”正式成为古驰的品牌标志，并且在奥黛丽·赫本等明星的帮助下进入了好莱坞市场，并风靡一时。

无论性感妖娆，还是颓废不羁，古驰一直都在展示它最奢华的一面，在别人都在讲究单纯的物质奢华的时候，它已经先人一步走上了文化奢华的T台。

在20世纪五六十年代之间，古驰已成为财富与奢华的象征。不幸的是，1953年古奇欧·古驰离开人世后，从律师宣读他遗嘱的那一刻起，古驰家族就开始了漫长的分裂之路。由于古奇欧·古驰的子女在分配公司遗产时纷争不断，而古驰也因授权过度泛滥而沦为大众化品牌，社会地位每况愈下。1994年，风光一时的古驰集团濒临破产，幸运的是美国投资集团将其收购，并任命才华横溢的设计师汤姆·福特出任创意总监。

如果说一个设计师可以挽救濒临死亡的品牌是一个神话，那么当汤姆·福特接管古驰之时就是这一神话成真之时。这个介乎商人和设计师之间的传奇人物，大胆推翻古驰原有的市场定位，而用颓废和感性取而代之，既适应了社会潮流，也巧妙地把古驰家族的恩怨情仇变为了品牌个性的一部分。在他大刀阔斧的改革下，古驰重新焕发出生机，并逐渐成为年轻一族喜爱的时尚品牌。

古驰以皮具起家，其于1961年推出的一款包以米色帆布为主体，搭配棕色的猪皮镶边以及管状弹簧锁，面世后十分畅销，甚至受到了希腊船王的妻子贾桂琳·肯尼迪·欧纳西斯的喜爱。因为贾桂琳·肯尼迪·欧纳西斯的小名是贾姬，所以这款包后被称为贾姬包。1996年，汤姆·福特赋予了贾姬包以新的生命，他将包面与背带细节翻新，让这款经典皮包重新受到时尚女子的青睐。

汤姆·福特在任职古驰创意总监期间曾多次引领时尚界潮流，他曾经创造性地采用优质高科技面料设计古驰时装，领导了时装界对布料要求的新方向，也令古驰这一品牌与时尚画上等号。如1995年古驰秋冬时装秀上，名模凯特·莫斯在T台上以一身古驰天鹅绒低腰裤及丝质衬衫，配衬粗黑眼线的妆容，迅速成为国际明星名人模仿的对象。

提到古驰的香水，很多人最先想起的一定是它那款最著名的“嫉妒”，几乎在所有古驰专柜，盛装在巨大而简洁的长方形瓶中的“嫉妒”都高傲地矗立着，十分引人注目。顾名思义，"嫉妒"这款香水就是令人对擦上它的女性既羡且妒，其以葡萄花为主要香味材料，再加上风信子、木兰花、铃兰、茉莉、紫罗兰及麝香等精华制成，虽然盛放于简洁的方柱形瓶子中，却在幽香缭绕中散发出无尽的魅惑。

古驰的规模在1995年只是LV的四分之一，到1999年双方已经平分秋色。汤姆·福特这个来自美国得克萨斯的奇才为古驰设计了许多性感时尚、大胆前卫的粉红色系列时装，坡跟橘纹平口鞋、低腰天鹅绒牛仔裤、露出肚脐的丝绸衬衣等都是他轰动世界的佳作。经过10年的努力改造，他终令古驰起死回生，重新成为时尚界的佼佼者。

怎样的基因保证古驰血脉的纯净？哪些要素是塑造古驰品牌形象的核心？觥筹交错的名利场中，什么才是古驰通行的法则？

作为一个成功的设计师，深谙市场走向的汤姆·福特深知古驰要卖的并不仅仅是服饰，更是一种氛围，他不仅成功地将古驰的服饰改变为崭新的摩登形象，并且于1997年成功地推出了一款著名的香水——“嫉妒（Envy）”，这使古驰在香水领域也占有了重要的一席之地。古驰的时装和皮具一向以豪华、性感而闻名于世，而古驰香水则散发着无穷的魅力，营造了一个温暖、感性的世界，无论是传统的“嫉妒”、“狂爱（Rush）”，还是近年来推出的“忘情巴黎（Accenti）”女香、“贵族（Nobile）”男香，古驰的香水设计师们用一款款神奇的香水制造出不同时期的流行潮，诱惑着世人一同沉醉其中。

首席执行官多米尼克·索勒与创意总监汤姆·福特这对“梦幻组合”不仅让昔日濒临破产的古驰重新焕发光彩，而且稳稳占据全球第三大奢侈品集团之位。2004年4月，这对最佳搭档的离开，在很多人看来，是古驰又一个危机时代的来临，然而，事实证明，原本不被看好的古驰新掌门人罗伯特·波雷特却创造了一个新的神话。在他的一系列的改革之后，该品牌又得以飞速发展。

如今的古驰集团已经成为意大利最大的时尚奢侈品品牌集团，旗下拥有皮具、时装、腕表、饰品、香水、配饰等多种产品，被时尚界称为“奢华巨兽”。在奢侈品界，古驰这一品牌有着永难取代的尊贵地位，麦当娜、伊丽莎白·泰勒、布拉德·皮特等许多时尚名流都是其忠实拥护者。

从意大利的高级皮革店到在香水界独放异彩，从家族纠纷声势一落千丈到再度崛起，古驰从云端到谷底，再从谷底到云端的历史如同一段传奇。不管时尚如何变迁，似乎没有人纠缠于还要不要买古驰的问题，因为这个传承了100多年的名字早已成为新世纪的流行指标。

古驰这个品牌的服饰一直以简单设计为主，尤其是男装，时尚之余不失高雅，一向被商界人士垂青。烟管裤是古驰的一款主要单品，借由纤细的下半身线条来反衬上半身的服装，颜色方面则采用黑色、棕色、森林绿、暗红、柠檬黄和大红色等温暖的色系，极具质感又富亲和力，能够突显出男士的优雅线条。

RÉMY MARTIN
FINE CHAMPAGNE COGNAC

酒中之王，干邑之最

作为白兰地家族中最为引人注目的一种新贵产品，人头马历史虽短，却把高贵演绎到了极致。

人头马

白兰地之于法国，就如同探戈之于阿根廷或是斗牛之于西班牙一样，都是一种足以代表整个国家文化的标志性事物。18 世纪前，法国出口的葡萄酒因当时的运输条件，往往经受不住长途运输而变质。为了解决这一难题，酿酒师们通过两次蒸馏来提高酒精含量，以便运输，到达目的地后再稀释复原。

作为白兰地家族中最为引人注目的人头马，是世界四大白兰地品牌中唯一一个由法国干邑省本地人所创建的品牌，也是四大白兰地品牌中唯一一家自己种植葡萄的公司。其创始人雷米·马丁 1695 年出生在法国西南部的一个小镇（现在的科涅克地区），1724

年他以自己的姓名创建了一家专门生产白兰地的公司。

公司成立之后，雷米·马丁一直努力提高白兰地的酿制技术，而其生产的白兰地真正驰名世界是在 19 世纪后半叶。1850 年，雷米·马丁的传人保罗·艾米尔·雷米·马丁在重视产品质量的同时，开始有意识地运用包装和标志来为产品增添魅力，使公司更上一层楼。这一年，一位农夫在亚纳克战役的遗址中发现了一个酒瓶，瓶子的周围镶着一圈百合花，整个形状受路易十三时代流行的文艺复兴风格的影响。虽然这个两个世纪前的酒瓶的主人究竟是谁成为一个让人费解的谜题，不过保罗意识到这个瓶子会有很高的商业价值，便将其买下，并申请了复制这一形状瓶子的专利。之后，雷米·马丁将公司生产的酒装在这种瓶子里出售，并命名为路易十三，面世后取得了巨大成功。

1870 年，人马星座图案这个优美、浪漫又含义深远的形象被独具慧眼的保罗相中，他于 1874 年将人马星座标志正式注册为公司的商标，从此世间便有了人头马。带有贵族气质的人马星座图案象征着人头马公司的至高品质——最优良的土壤、传统的酿造方法和精湛的酿造技术。时至今日，雷米·马丁家族一直致力于提供世界上最好的干邑，这一信念使得人头马一直声名远扬，它让饮者能够在心灵的共鸣中，感知它的格调以及那专属于它的奢华。

人头马路易十三一直用水晶樽盛装，所以它的成本极高，曾经有一段时间人头马酒厂致力于降低成本。当时有一家玻璃厂商自动请缨，用玻璃制造了 6 个路易十三瓶，送给人头马酒厂。人头马酒厂将其中 3 瓶运往英国展览时，许多人认为采用玻璃瓶会影响路易十三的至尊地位，所以人头马酒厂立即毁掉了手中的三个酒瓶，并表示不再采用玻璃瓶盛装。如今，路易十三中最为昂贵罕有的正是这三瓶玻璃瓶装酒，由于不断升值，价格已难以估计。

对于奢华最直观的诠释，莫过于感受一瓶路易十三这干邑之王的超卓风采。若你禁不住诱惑，沾惹了一滴就会一生成瘾，这便是路易十三的定律，因为它每一滴都惊世骇俗。

如果把干邑比喻为众神的灵药，那么经历了三代人上百年呵护的路易十三更是这灵药中的极品。“干邑”一词缘自法国干邑地区，它位于法国西部濒临大西洋的夏朗德省，是法国最著名的葡萄产区，这里所产的葡萄可以酿制出最佳品质的白兰地。法国政府规定，只有采用干邑区的葡萄酿制的白兰地才能称为“干邑白兰地”。法国葡萄酒的等级是根据产区划分的，白兰地等级则是根据桶贮时

▶经过长达半个世纪的陈化岁月，路易十三的境界当然至高无上。品尝路易十三，就像经历一段奇幻美妙的感官之旅：最初可感觉到樱桃、水仙、茉莉、百香果、荔枝等果香，旋即流露香草和雪茄盒的香味；待酒精逐步挥发，鸢尾花、紫罗兰、玫瑰、檀香木树脂的清香更令人回味。一般白兰地的余味只能持续 15 至 20 分钟，而路易十三这款香味与口感极为细致的名酒，余味却能缭绕长达 1 个小时以上。

间划分的。人头马的生产标准都远远高于干邑产区的法定标准，其中陈化期7年以下的是VS，达到7年的是VSOP，超过12年的是CLUB（即“人头马俱乐部”），达到15年的是Napoleon（即“拿破仑”），超过20年的是XO，超过30年的是L’AGED’OR（即“金色年代”），达到50年以上的就是路易十三了。

作为人头马中的极品干邑，路易十三不仅是酿酒大师们心血与智慧的结晶，更是对艺术的敬礼。经过第二次蒸馏后的葡萄酒被法国人称之为“生命之水”，而路易十三是以1200种生命之水兑成，其中最短的也要40年，最长的则超过100年。路易十三之所以昂贵，正是因为其原料罕有，其制造工艺也极为复杂。那琥珀色的晶莹液体、神秘莫测的香味、绵延不绝的细致口感以及背后所蕴含的悠远历史，使其成为对成功、挚爱、激情和巅峰的最好诠释。此外，盛装路易十三的水晶瓶由经验丰富的工匠师手工制作完成，其外形优雅，工艺精湛，瓶颈以24K纯金加以雕饰，瓶底和瓶塞都刻有独一无二的代表着身份的注册序号。因此，可以说路易十三的每一处微妙的细节，都会让人感受到它汪洋恣肆的王者气息。

路易十三最初于1952年至1976年分三批面世。第一批及第二批（当时并非叫路易十三，瓶上只印上“不知年”字样）各发行500瓶，现在市值已升至3万美元以上，升幅达200倍。第三批则为非卖品，由人头马厂赠予一些国家政要或贵宾，每瓶皆在水晶盖上刻有编号，并由人头马酒厂记录所有获赠者的名字，称得上是无价之宝。

一个多世纪以来，人头马始终秉承着“将最珍贵、最稀有的干邑奉献给同样卓越不凡的人的原则”，作为极品干邑的路易十三一直被人们视为各界名流的杯中最爱：从1929年陪伴东方快车首发至君士坦丁堡到1932年成为诺曼底航线头等仓里的座上宾，路易十三始终伴随着那些伟大的人，1951年丘吉尔以路易十三干邑庆贺大选获胜，1957年英国女王伊丽莎白二世访问法国时，凡尔赛宫散发着路易十三的绵绵香气。此外，英国的查尔斯王子、时尚设计师克里斯汀·迪奥、流行歌手艾尔顿·约翰等各界名流也都是路易十三的忠实拥趸。

从政要到名流，从经典到流行，路易十三的魅力从来没有疆域，在奢华晚宴上它总是最后一个登场，被安排在最后单独品尝，因为路易十三是王，王是不比较、不分享、不妥协的。

创始人：阿尔弗莱德·梵克　艾斯特尔·雅宝
创始时间：1906 年　创始地：法国·巴黎

Van Cleef & Arpels
被王公贵族青睐的珠宝

有了 100 年的历史，算不算经典？如果再加上它是欧洲王公贵族青睐的珠宝老字号，是不是更算是经典中的经典？梵克雅宝自其诞生之日起，便以匠心独具的设计创意向世人诠释了何谓绝对的完美。

梵克雅宝

梵克雅宝的故事，开始于一段浪漫的爱情故事。1896 年，来自宝石世家的艾斯特尔·雅宝和钻石商的儿子阿尔弗莱德·梵克喜结良缘。这两个祖籍荷兰的年轻人的旷世姻缘孕育了一个伟大品牌的创立。1906 年，阿尔弗莱德·梵克与艾斯特尔·雅宝在巴黎的凡顿广场 22 号设立了一家珠宝精品店，梵克雅宝这个享誉百年的奢侈品品牌就此诞生。

在世界级的珠宝首饰品牌中，历来不乏精品，然而再名贵的珠宝也不是件件都能升值，只有那些顶级的高等珠宝才会历久弥新。自创立开始，梵克雅宝一直致力于改良珠宝，其中最值得一提的是“隐秘式镶嵌法”。梵克雅宝于 1933 年发明的这种独特的镶嵌法，可以让宝石紧密地排列在一起，其间没有任何金属或镶爪。这个方法非常耗时，但其效果简洁悦目，可用于手镯、花卉或蝴蝶胸针、戒指等各类首饰，而且可以令宝石服帖肌肤，随着肢体呈现出多角度不同的光泽，因而轰动了整个珠宝业。

巧夺天工的精湛技术、无可挑剔的宝石质量和精致典雅的设计、简洁大方的样式，使得梵克雅宝在国际珠宝界中独树一帜，一个世纪以来一直是皇室贵族及社会名流最深爱的珠宝品牌之一。1937 年温莎公爵的婚礼上佩戴的胸饰、1938 年埃及公主福兹亚与伊朗国王大婚时所佩戴的首饰、1965 年摩纳哥王子雷尼尔与格蕾丝·凯莉订婚选用的珍珠圆钻首饰、1967 年伊朗皇后芭哈菲加冕时定制的后冠……梵克雅宝历史上这些登峰造极之作，使这些传奇的历史人物变得更加尊贵。而在上流社会和各种舞会、宴会中，佩戴梵克雅宝的首饰，就是时尚、高贵的象征，因此伊丽莎白·泰勒、索菲亚·罗兰、奥黛利·赫本、莎朗·斯通、茱利亚·罗伯茨等很多名媛贵妇都以能拥有梵克雅宝为荣，成为该品牌的忠实顾客。

梵克雅宝为其每款作品都赋予了震撼心灵的美丽和诗情画意的灵魂，所以选择梵克雅宝，就是选择了浪漫，选择了高雅。

梵克雅宝的作品从不墨守陈规，而是永远充满了生命力与激情，每一时每一刻都以不断变化的姿态展露在世人面前，把珠宝世界的无限美妙呈现给最尊贵的客户。由隐秘式镶嵌法镶制而成的珠宝别针、如春花般娇媚的轻巧手链、活泼灵动的方形蝴蝶结项链、将辫子及纽扣转化成红宝石的镶钻手链、由黄白两色镶钻 K 金编织而成的缎带蝴蝶结戒指、将珍奇宝石镶嵌在雪纺绸或蝉翼薄纱上的链带，梵克雅宝款款精品，迷惑着世人的眼睛。

100 多年来，梵克雅宝已经成为国际珠宝业界的一个标杆，而在腕表领域也可谓是成绩斐然。在传统的制表技艺上加以多种创新的元素，梵克雅宝突破了工艺的极限，征服了传统的技术理论，优雅地展示出变幻莫测的时间。

在 20 世纪 20 年代，随着腕表逐渐成为人们的必备软件，梵克雅宝开始发挥其独特的创意，将钟表变成最奢华的珠宝，腕表由此开始与珠宝艺术息息相关。锁形（Cadenas）几何图案

▼为礼赞巴黎这座绚丽都市的唯美与浪漫，2008 年，梵克雅宝推出纪念性的珠宝系列“Une Journée à Paris（在巴黎的一天）”，用璀璨的珠宝演绎徜徉于迷魅花都的奇幻旅程。该系列中的腕表的旋转表盘采用玛瑙镶嵌，7 组女士和小孩的剪影出现在表盘上方的镂空窗口，生动地呈现了在“巴黎的一天”中所发生的美妙故事，充满浪漫遐想与诗意情怀。

在20世纪30年代风行一时，1935年，梵克雅宝推出的Cadenas腕表集创造性、功能性和美术性于一体。在20世纪初，注重仪表的优雅女性不能在社会场合佩戴腕表，更不用说当众看时间，因此，Cadenas腕表最初被设计成了手环样式，只有佩戴者本人才能看出它是一款腕表。随着时间的推移，这款腕表的样式也在不断改变，却又给拥有者带来了不以时间为转移的笃定之感。

梵克雅宝一向以制作精巧的点缀及其精密的机件见称，在梵克雅宝的女装腕表上这种别出心裁的创意随处可见，比如在小巧花瓣上轻轻触碰，或是在钻石叶片上微微一按，都会成为查看时间的诗意姿势。梵克雅宝的女式腕表赢得了女人的欢心，男式腕表同样在高端钟表市场上占有一席之地。1949年，艾斯特尔·雅宝的侄子皮埃尔·雅宝成功设计了PA49腕表，这款具有个人风格的腕表设计简洁、典雅，正式列入梵克雅宝的公司产品目录后，迅即广受欧洲绅士喜爱，而此后梵克雅宝的很多款男表都以其为范本。

在得体的服饰搭配下，一款体现个性特质的精致腕表绝对会为你增色，而每一只出自梵克雅宝之手的珍品无不彰显着品牌的无限创意与精湛工艺。精致完美的腕表记录着爱的岁岁年年，闪耀着夺目光芒的珠宝印证着爱的永恒，梵克雅宝，这个因爱而生的品牌，不断书写着世间最美的爱的传说。

▲梵克雅宝Midnight in paris限量白金腕表勾勒出完美的圆形弧线表壳，变幻莫测的巴黎星象图铺洒在砂金石材质的表盘上，每一颗闪亮的星星都是由手工描绘的铂金构成。表盘以365天为一个周期神秘地转动，其细微的变化甚至很难察觉到。此外，这款腕表还可以根据客户的特殊偏好，将星空图定位于某特定的日期上，从而为它的配戴者设定一片“专属的天空”。现在，国内的顾客也可特别订制属于自己的浩翰天空——“北京夜空（Midnight in Beijing）”和“上海星空（Midnight in Shanghai）”，两款表盘分别复制两地的星象图，表背面更可镌刻该城市的名字及经纬度。

梵克雅宝“梦幻精灵（Feerie）”女香开创了奢侈香水的全新理念，这款香水前调以极为珍贵的紫罗兰叶与意大利柠檬交融，当多汁的野生树莓气息开始散发时，愉悦的组合配上春天的清新令人心醉神怡。中味融合了纯真的紫罗兰与玫瑰纯香精引出轻柔的香气，再加入茉莉的清香，有如晨露一般迷人清新。后味融合麝香、安息香及檀香木显现出热情、俏皮的梦幻传说。

创始人：朱尔斯·路易斯·奥德莫斯　爱德华·奥古斯蒂·皮捷特
创始时间：1875 年　创始地：瑞士·汝拉山谷

AUDEMARS PIGUET

与生俱来的卓越

作为世界顶级钟表品牌，爱彼出售的是梦想及传统，对这一创立已有 100 多年的品牌来说，质量的定义是如此简单——好到可以世代相传。

爱彼

如果把钟表称为艺术，它所包含的绝不仅仅是由珠宝美钻所带来的华丽璀璨的外观。除去了黄金、铂金、钻石、珠宝外衣的爱彼表，是什么样的魅力让它依然拥有几十万、数百万的价值？是精雕细琢，在精钢、黄金、铂金或是镶嵌钻石珠宝的表壳内，隐藏着手表最具价值的部分——复杂精密的机械工艺。创立于 1875 年的爱彼，一直致力于精密机械工艺的研究和发展，其出产的复杂功能腕表的款式堪称世界之最，并拥有世界上最昂贵的不镶钻机械表的纪录。

爱彼的发展历史是从 1875 年开始的，这一年，优秀的制表师傅朱尔斯·路易斯·奥德莫斯和他少年时代的好友爱德华·奥古斯蒂·皮捷特合作，在瑞士钟表圣地汝拉山谷成立了以两人姓氏命名的制表公司。

表厂成立之初，两位创始人便打破了钟表零件供货商的束缚，率先开始研制完整钟表，并进行相应的市场推广。1889 年，在第 10 届巴黎全球钟表展览上，爱彼以一款结合万年历、双追针计时及三问报时等复杂功能的怀表，引起了表坛极大的震动，爱彼表从此进入到顶级钟表品牌的行列。

进入 20 世纪，爱彼成为世界上拥有最多复杂功能表发明纪录的品牌，并屡获殊荣，如 1925 年爱彼创制出当时最薄的怀表；1934 年创作了第一只镂空怀表，让世人得

▲彩晶陀飞轮腕表是爱彼表推出的最有创意的表款之一，2009 年该品牌使用含有细微红金色结晶体的发晶矿石制作了全新的表款。爱彼的制表大师们先在一块天然的玉髓矿石上选定最坚固和无瑕的部位，再以独家技术裁割出机板雏形，经特殊机器切割打磨之后，制成半透明有如蕾丝状的玉髓机板。此外，亮面抛光打磨的陀飞轮桥板与围绕表盘的玫瑰金镶钻圆环形状相吻合，创造出一种华丽视觉美感，令人惊艳。

以直接欣赏机芯运作之美，也开创了镂空表的风潮；继而又于 1946 年和 1986 年分别推出了全世界最薄的机械腕表以及首款自动超薄陀飞轮腕表；1972 年是爱彼表具有里程碑意义的一年，它逆当时潮流而行，首次采用精钢材质创造了“皇家橡树（Royal Oak）”高级运动腕表，一经推出便受到了众多明星的追捧。由于其独特的八角形表圈以及螺丝外露的革命性设计，打破了钟表界数十年来所有运作零件都隐藏起来的不成文规定，从而影响了全球钟表设计的风格。

因为独立，所以拥有自由，可以维持品质不坠。爱彼表的制表大师是尽善尽美的忠实信徒，精益求精是他们的座右铭，其精湛的技艺使得爱彼表百年来声名不衰。

历经两次世界大战，以及来自日本石英表的冲击，爱彼表都挺过去了。作为世界上少数几个迄今仍然由创办家族成员管理的表厂之一，在世界各大名表都走向集团化的工业生产的同时，爱彼始终坚持家庭式的工厂模式，而且自 1875 年起每一只爱彼表都是

由手工打造完成的。

为了维持品牌的品质，在制作工艺上，爱彼一直推崇“老师傅的一双手”，在每一只爱彼表的背面都刻有制作这只表的工匠的名字。目前爱彼表只有90多名工匠，大多出身世家，而且事先要经过至少10年培训才能上岗。因此，爱彼表的年产量很低，单价却很贵，而且实行独家定做和限量发售，这种品牌策略使得爱彼表虽盛名在外，却难觅踪迹。

在很多讲究生活品位的消费者看来，他们选购腕表，并非是单纯希望购买到一件计时器，他们追求的是与其身份、品位相匹配的艺术珍品。而爱彼表的优异之处并不仅仅在于精湛工艺，更重要的是其脍炙人口的功能设计，该品牌每出新品必会成为全球表坛的焦点。除“皇家橡树”之外，爱彼的“八大天王系列（Tradition of Excellence Collection）”，“经典系列（Classic）”，“千禧系列（Millenary）”等都各具特色，均采用贵重金属手工打造，有的珍品甚至需要一个工匠花上半年至一年的时间方可制成。正因如此，很多顾客往往要等上几个月，甚至几年才可以戴上自己梦寐以求的爱彼表。然而人们愿意这种看似漫长的等待，因为人们坚信爱彼表真正能作到完美无缺，使佩戴者在精确掌握时间的同时，尽显自身的非凡魅力和优雅风度。

▼为了庆祝“皇家橡树”面世30周年，爱彼表厂于2002年曾推出概念表，而在2008年则推出了全球第一只“皇家橡树碳概念陀飞轮计时码表（Royal Oak Carbon Concept）”。这款表之所以能够兼具轻盈、坚韧两大特性，主要归功于其全身采用的高科技材质，共有384个零件的2895型手上链机芯配备了碳制机板、独特的绿色阳极去氧铝制板桥、6点和12点位置支架包裹着黑色无定型碳，拥有70多个零件的陀飞轮框架却只有0.45克，而经处理过的表面具有更强的刚性和防腐蚀能力，可以说是爱彼为世人奉上的又一力作。

创始人：嘉布莉埃·香奈儿
创始时间：1914 年　创始地：法国·巴黎

永不衰落的时尚帝国

有一个单词，可以穿，可以戴，可以炫耀，可以自恋，在人们心中，它既有智慧内涵又有美丽外表，更是一种自信、独立、现代的新女性标志，这个单词就是——香奈儿。

香奈儿

在 21 世纪的今天，如果说有一个品牌能得到一家三代：祖母、母亲、孙女的同时钟爱，那必然是香奈儿。无论时尚如何风云变幻，多少天才的设计师来了又去，嘉布莉埃·香奈儿的名字以及她所亲手创立的香奈儿王国，却永远地印刻在时尚舞台的正中央。关于嘉布莉埃·香奈儿的身世，历来众说纷纭，颇具神秘色彩。1883 年，嘉布莉埃·香奈儿出生在法国南部小城桑睦尔，长大后其版本多样的身世背景和复杂却绚丽的罗曼史，更一直为人们津津乐道。1910 年，嘉布莉埃·香奈儿在巴黎开设了一家女式帽子店，她缝制出的帽子的款式简洁但十分好看，让当时已厌倦了花巧饰边的女士们爱不释手。1914 年，嘉布莉埃·香奈儿开始进军高级定制服装的领域，香奈儿这一品牌正式宣告诞生。

嘉布莉埃·香奈儿开放而独立的思想观念以及特色鲜明的服饰风格一直让世人赞叹，据说 1916 年嘉布莉埃·香奈儿在观看一场马球比赛时，丝丝寒风让她感到有些凉意，于是便随手将一件宽大的男式套衫套在身上，并在腰间胡乱扎了一条带子。这个不经意的举动被《格调》杂志的记者看到，于是在杂志上独家刊登了嘉布莉埃·香奈儿这一“妙手偶得”的设计，长盛不衰的男装女穿的风潮就此开启，嘉布莉埃·香奈儿也借此闯入了法国时装界这个高傲无情的领地。

◀对豪门贵妇来说，香奈儿套装就像是上流社会的标记；对年轻的千金小姐来说，香奈儿外套就像进阶成人世界的时髦行头，任何场合都应对有余，绝不会出错。"奢华必须是舒适自在的，否则就是虚有其表。"香奈儿女士曾如此说道，她所设计的外套就奉行这一原则。尽管每位女性的身材各不相同，但香奈儿高明的剪裁却让人人合穿，不论是在身体行进间或静止不动时，都能自动调回正确位置，维持女士优雅的体态。

1926年，嘉布莉埃·香奈儿发布了小黑裙系列（Little Black Dress，通常缩写为LBD）。尽管之前也有黑裙，但嘉布莉埃·香奈儿创造的款式可谓前所未有，享有百搭易穿、永不失手的声誉。就这样，嘉布莉埃·香奈儿用一条小黑裙就征服了世界，此后无论是带有强烈男性元素的运动服饰、两件式的斜纹软呢套装，还是打破旧有价值观的人造珠宝，嘉布莉埃·香奈儿屡屡挑战旧有体制并创造出新的时尚，她一手主导了20世纪前半叶女人的风格、姿态和生活方式。

1939年9月，由于第二次世界大战的爆发，嘉布莉埃·香奈儿不得不关闭时装店，过着隐居的生活。1953年，嘉布莉埃·香奈儿从瑞士返回巴黎，重操旧业，开始了她设计生涯的第二个辉煌时期。1954年，她发布了战后复出的第一个时装系列，以独到的美学精神再次活跃于时尚舞台。

作为饮誉法国和世界时装界60余年的服装设计师，嘉布莉埃·香奈儿被毕加索称为“欧洲最有灵气的女人”，萧伯纳给她的头衔则是“世界流行的掌门人”。她所创立的香奈儿品牌的标志是她的爱称 COCO 中两个字母 C 的组合，这一著名的奢侈品的标志在时装、鞋履、手袋、眼镜等时尚用品上随处可见。

没有哪位设计家像嘉布莉埃·香奈儿那样一生多彩多姿，法国前文化部长曾评价：“这个世纪法国将有三个名字永存，戴高乐、毕加索和香奈儿。”

当嘉布莉埃·香奈儿使时尚从妇女们茶余饭后的谈资变成了整个世界关注的焦点后，这位天才设计师认为自己划时代的时装应有前卫的香水搭配，因此她决定开拓香水制造业，并使其成为同品牌时装的完美互补。

1921 年，当著名香水调配师恩尼斯·鲍将自己精心设计的多款香水样品呈现给嘉布莉埃·香奈儿时，她毫不犹豫地选择了自己的幸运数字 5 号，于是，“香奈儿 5 号（N° 5）”这款后来誉满全球的香水就此横空出世，并在香水界掀起了翻天覆地的变革。

曾几何时，巴黎康朋街的香奈儿旗舰店门前，顾客排着几百米的长龙等候购买这款香水，而著名影星玛丽莲·梦露的那句“除了几滴‘香奈儿 5 号’香水，我什么都没穿”更是让其成为全世界最为知名的香水，甚至有专家将香水历史分为两个阶段：“香奈儿 5 号之前”与“香奈儿 5 号之后”。这款香水之所以会风靡世界，主要是因为它是全球第一款乙醛花香调的香水，它的香味由法国南部格拉斯的五月玫瑰、茉莉花、乙醛等 80 种昂贵材料组合而成，散发出来的清幽的繁花香气使女性更加的娇柔妩媚。

此后，嘉布莉埃·香奈儿又推出了一系列香水，其中包括“香奈儿 19 号（N° 19）”、“可可（Coco）”、“魅力（Allure）”等女士香水和“白金男士（Platinum Egoiste）”、“力度（Antaeus）”等男用香水。作为把香水带入时尚界的先锋之一，香奈儿为世人营造了一次又一次嗅觉上的盛宴。每瓶

除了双 C 标志之外，山茶花在香奈儿的产品中也占有重要位置，已成为香奈儿王国的国花。除了被设计成各种材质的山茶花饰品之外，还经常被运用在服装的布料图案上。据说，香奈儿专属的羽饰工坊每年要制作三四万朵山茶花。除了时装外，在香奈儿的手表、珠宝、皮具、眼镜等产品中，也可以看到山茶花恣意地“绽放”在女人身体的各个部位，焕发着美丽的光彩。

CHANEL
COCO
MADEMOISELLE
CHANEL
PARIS
COCO
MADEMOISELLE

香奈儿香水的诞生，都凝结着一个国色天香的创意故事，每一滴香奈儿香水都是超越时空的优雅传承，所以你永远无法预知，香奈儿所汇集的芳香力量会让你在瞬间拥有怎样超乎想象的改变。

嘉布莉埃·香奈儿似乎拥有着某种穿越时空的魔力，她像个法力高强的女神，保佑着自己创下的品牌，奢华与浪漫并存，永远占领着时尚界最尊贵的座席。

1971 年，嘉布莉埃·香奈儿去世。这位主导了半个多世纪时尚风云的时尚先锋，一生充满传奇色彩，她生前使女人摆脱了裙撑和腰垫的禁锢，从而解放了女人的身体；她大胆地为手袋加上带子，从而解放了女人的双手；她精巧的设计让人即使是戴着有色玻璃做的首饰，也可以高贵又时尚。嘉布莉埃·香奈儿，她悄悄从法国外省乡间走来，走进了神话、童话和诗情画意交织的巴黎，创造了一个时尚王国；之后，她又走出喧嚣，悄悄逝去，留给人们一个永不落寞的顶级品牌。

在嘉布莉埃·香奈儿去世后，德国著名设计师卡尔·拉格斐成为香奈儿这一品牌的灵魂人物。这位鬼才设计师最为人所称道之处正是他与嘉布莉埃·香奈儿一样，充满才华却又流淌着离经叛道的血液。他用全新的手法演绎着细致、奢华、永不褪色的香奈儿精神，在震惊了整个时尚界的同时，也将香奈儿王国带上又一个巅峰。

也许在这个花 1000 元就能在街边小店买到一件同样带 4 个口袋、有绲边还有金光闪闪扣子的粗花呢外套的年代里，有人会疑问，凭什么一件香奈儿的上衣售价就要数万元？然而，如果你知道在香奈儿的世界里，就连一个小小的纽扣都由巴黎高级纽扣坊每季专门设计完成，你也许会理解为什么没有哪个品牌可以像香奈儿一样，涵盖了“经典”、“年轻”、“优雅”、“性感”、“创意”等所有美好的形容词，作为时尚界的一个传奇，香奈儿以独特的魅力征服了不同时空、不同领域的男男女女。

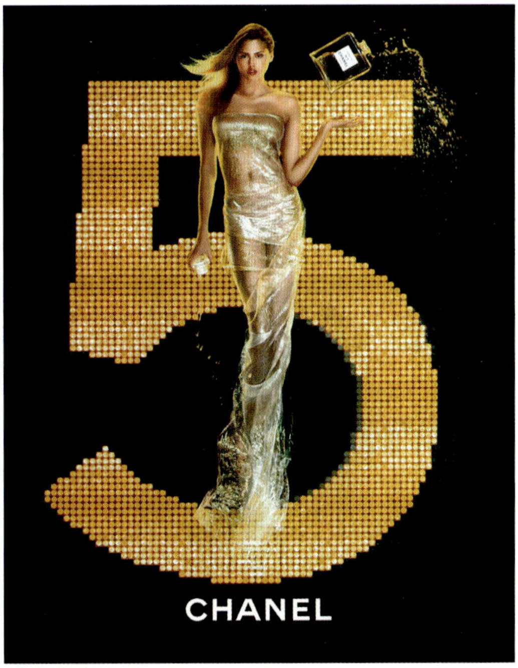

▲2008 年，香奈儿的现任调香师贾克·波巨重新诠释了 No.5 这款充满传奇色彩的香水，以同样花材、全新比例调配出 No.5 低调奢华版。新款香水以乙醛为整体香调的核心，前调是伊兰花，5 月玫瑰开启迷人中调，格拉斯茉莉则是后调味道，给人的感觉更加清新。

发行公司：美国运通公司
发行时间：1999 年　发行地：美国•纽约

Centurion Card

首富阶层的特权信用卡

百夫长黑金卡最大的魅力在于它是高贵身份的象征，它能够帮助持卡人轻松加入各种高档俱乐部。对于那些想进入上流社会的人来说，百夫长黑金卡就是一张通行证。

百夫长黑金卡

在信用卡的等级划分中，一般主要有普通卡、银卡、金卡、白金卡和无限卡几类，其中以无限卡为最高级别。无限卡，顾名思义，就是透支没有最高限额。古今中外，黑色一直代表着神秘，因此世界各大银行组织发行的无限卡几乎清一色地选择了黑色，所以无限卡又被称为黑金卡。

看过电影《皇家赌场》的观众可能会记得这样一个场景：当邦德走进巴哈马度假圣地的俱乐部时，在未作预订的条件下，仅亮出一张黑卡就得到了一个房间，而且在赌场期间一直享有专人贴身服务，电影中邦德所使用的这种卡正是美国运通公司所属的银行专门发行的百夫长黑金卡。

运通公司于 1850 年在纽约州成立，最初只是由三个不同的快递公司股份合并组成，在经历了美国西部扩张、移民时代、第一次世界大战、经济危机、第二次世界大战、20 世纪 90 年代经济繁荣之后，逐渐成为全球签账卡和信用卡的领导者。早在 1958 年，运通公司就发行了第一张签账卡，当时很多经常旅行的生意人都成为这一新兴产品的积极申请者。1984 年，运通公司在全球率先发行了第一张白金卡，其持有人大多为大企业家、政界名人或社会名流，因此持有率并不高，但它与运通公司的百夫长黑金卡相比，就不值一提了。

1999 年，运通公司在白金卡持卡人中

▲“出门时千万不要忘了带它。”运通百夫长黑金卡的这句口号是广告史上最令人难忘的广告语之一。曾经有一位富翁与朋友打赌说，只要一个电话运通就能将一种非洲特产的羚羊手鼓送到，朋友笑道：“别忘了我们是在摩纳哥港湾的游船上。”这位富翁笑着拿起了电话，大约一个小时左右，这个手鼓已经摆在那位富翁的朋友面前。

精选了一批顶级客户，为他们专门发行了百夫长黑金卡。其卡面全黑，无消费上限，是名副其实的“无限卡”。这种卡采用钛合金材质制作而成，重量不到1盎司，但足以使持卡人买下游艇、私人飞机等价值上百万美元的任何商品。

对于许多人而言，百夫长黑金卡已经成了一种身份与财富的象征。在付账时出示一下这张黑色的小卡片，就像是在自己额头上写着“富豪”两个字一样，能够得到诸多高级场所的最高规格的接待与服务，不仅可以自由进入全球主要城市的顶级会所，还享有全球独一无二的顶级个人服务及品位超卓的尊享优惠，包括全能私人助理、专享非凡旅游优惠、休闲生活优惠、银行服务专员提供的银行及投资服务和24小时周全支持等，素有“卡中之王”的美誉。

MONT BLANC

勃朗巅峰，至尊无上

每一个传统都始于一种创新，重要的创新则开启了辉煌的历史篇章。当我们的生活方式飞速演变时，万宝龙这一品牌已经演化成了艺术品，让一代又一代的拥有者引以为豪。

万宝龙

当世界各民族的语言得以以文字的形式传承交流时，也许我们应该感谢“笔”这一伟大的发明。即使在电脑普及的现代，键盘输入取代了笔耕书写，笔仍然还在，而且已经跃为身份、品味的象征。在世界高级墨水笔行列中，万宝龙是最至尊无上的。这一意大利历史最悠久的墨水笔品牌，其前身是1906年德国柏林工程师奥古斯丁·艾伯斯坦和汉堡银行家阿尔弗雷德·尼希米合开的一家制笔公司。随着墨水笔不断实现技术和商业上的突破，汉堡文具商克劳斯·约翰尼·沃斯看准了这一时代契机，与二人联合成立了辛普罗飞乐墨水笔公司。

1910年，辛普罗飞乐墨水笔公司注册

了“Mont Blanc（中译为万宝龙）”这一名称，此后公司生产的所有书写工具均附有“Mont Blanc”之名。Mont 和 Blanc 两个单词中间夹有山形标志。1913 年，万宝龙的笔帽上首次出现了白色六角星标志，其原型是一块璀璨夺目的星形钻石，由一位工匠历时八年磨制而成，它象征着勃朗峰顶覆盖的皑皑白雪，也代表了万宝龙的优越品质和完美工艺。

万宝龙书写工具系列以其大小及数目而分类，而 1924 年面世的编号 149 的“大班系列（MEISTERSTUCK）”是品牌的代表产品。曾经有一位名笔收藏家说过：“如果你只能拥有一支笔，那除了大班已别无选择。”1934 年，公司正式改名为如今已享誉全球的万宝龙公司。1935 年，万宝龙签发了“大班系列”的终生保用书，以此向顾客表明，最好的产品永远物有所值。到了 20 世纪 50 年代中期，万宝龙已开发了 100 多个系列的精品，而且款款达到完美的程度，钟爱墨水笔的人必能从中找到心仪的一款。

对于所有标着“Mont Blanc”的笔来说，豪华与高级是其唯一的追求。万宝龙从不纡尊降贵，就如同它的质量从不满足于合格一样，其出产的每一件产品，从设计、选材、切割、打磨、雕刻，一直到最后的检验，每一个过程都精益求精。即便是一个小小的 18K 金笔尖，也要经过 25 道工序，而且必须要由工作五年以上、经验丰富的工匠手工完成。

精湛工艺使万宝龙无可厚非地成为顶级墨水笔品牌，它总会出现在一些特殊的场合，成为世界上很多重大政治事件的见证者。在万宝龙德国总部的员工餐厅里有一间贵宾室，墙上挂着许多黑白老照片，画面都是国际条约的签署仪式。相片中有美国前总统

▶万宝龙 Mountain Massif 钻石镂空墨水笔表面以 1277 颗白钻及 123 颗蓝钻镶嵌成欧洲第一高峰勃朗峰的形态，呈现出山峰覆盖皑皑白雪及泛蓝色冰川的意境；蓝色的透明笔杆则巧如蔚蓝的天际，烘托出钻石雪峰的巍峨造型。透明笔帽顶内浮着一颗六角星钻，这颗星形钻石是万宝龙为 100 周年庆典而创制。万宝龙 Mountain Massif 钻石镂空墨水笔全球限量 3 支，定价为 120 万美元。

肯尼迪、前苏联领袖戈尔巴乔夫、英国女王伊丽莎白二世等，这些大人物都不约而同地手执万宝龙。所以，对于万宝龙，绝对不能简单地用奢华来形容，它的至尊权力早已经远远超越了商品本身的价值。

作为身份的象征，从万宝龙的产品中，我们可以看到人类用时间磨砺出的精神光芒和一段沉淀百年的文化。

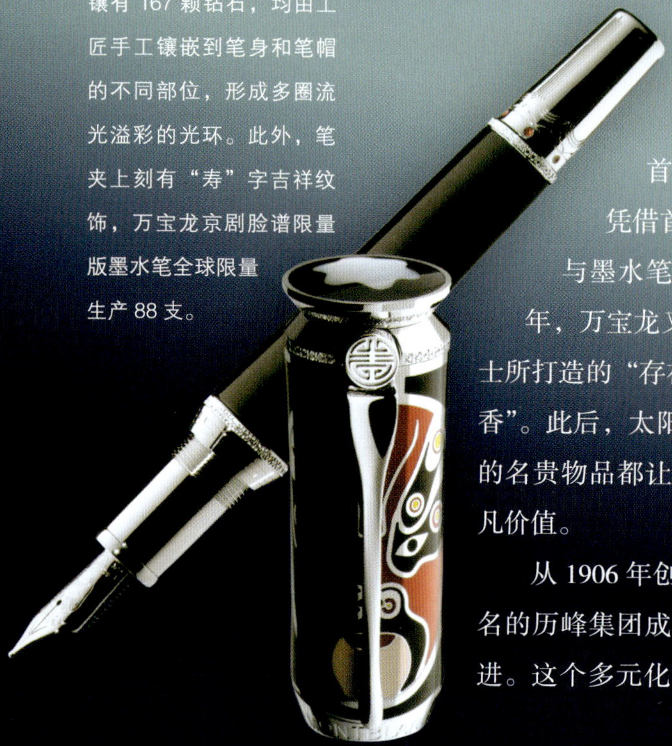

▼万宝龙京剧脸谱限量版墨水笔，由 18K 玫瑰金打造。笔帽上镶嵌着两幅后羿的脸谱，以红黑为主色调，沉稳大气，栩栩如生。这些珍贵的中国元素与笔帽顶端钻石打磨而成的六角白星交相辉映，成就了万宝龙高端工艺的又一力作。每支墨水笔都镶有 167 颗钻石，均由工匠手工镶嵌到笔身和笔帽的不同部位，形成多圈流光溢彩的光环。此外，笔夹上刻有“寿”字吉祥纹饰，万宝龙京剧脸谱限量版墨水笔全球限量生产 88 支。

万宝龙的大师工匠让每支笔都拥有了自己的生命及灵魂，1986 年，“万宝龙——书写的艺术”这句著名的宣传口号，使万宝龙成为高端墨水笔的代名词。在很多人看来，万宝龙是以制造经典书写工具驰名于世的，事实上，除了墨水笔，万宝龙在其他领域同样表现非凡。早在 1935 年，为了使旗下的书写工具系列更臻于完美，万宝龙就收购了德国奥芬巴赫的一家皮具制造公司，开始生产其他办公用具。1995 年，万宝龙推出“大班”大件皮具系列，这些设计精美的日常商务和旅行配件面世后颇受好评。1996 年，万宝龙推出“大班”珠宝系列，这一男士时尚配饰标志着该品牌成功进军珠宝界。1997 年，万宝龙腕表首次参加瑞士日内瓦国际高级钟表展，就凭借首屈一指的制表工艺和完美设计，传达出与墨水笔一脉相承的卓越品质，备受瞩目。2001 年，万宝龙又推出第一款香水，特别为个性独特的人士所打造的“存在（Presence）”香水，被誉为“成功的馨香”。此后，太阳镜、优质皮具、高档成衣等系列多样化的名贵物品都让世人领略到万宝龙产品的精良考究和不凡价值。

从 1906 年创立起，走过百年，如今的万宝龙已是著名的历峰集团成员之一，和卡地亚等名牌大公司齐头并进。这个多元化的高档品牌一贯的信念是以传统的技艺

制造有永久价值的日常实用品，追求高质感，更胜于高科技，比如以万宝龙独有的六角星形钻石为主钻的白金婚戒，创意独特，全球无二；特别手工打造的“维莱尔1858”白金钻石腕表，全球仅此一款；采用柔软意大利山羊皮制成的Starisma-Alcina限量版金色手袋，镶嵌着璀璨的钻石，全球限量300件；还有为旗舰店独家设计的万宝龙限量版皮带，以及在中国独家发售“波希米亚蝴蝶”镂空玫瑰金笔等，万宝龙所精心打造的款款精品，还有那句经典的“walk，don't run（放缓脚步，尽享生命）”，无不完美诠释着万宝龙所推崇的品质生活。

▲万宝龙 Collection Villeret1858采用手动上弦机芯，飞礼普斯曲线游丝。白金表壳，弧形蓝宝石镜片，蓝宝石表底另加合叶护盖。表盘为玑镂纹处理的纯金表盘，时间刻度和指针为白金材质。防水深度30米，动力储存55小时，全球限量8只。

创始人：罗伊·雷蒙德
创始时间：1977 年　创始地：美国·旧金山

VICTORIA´S SECRET

无法抗拒的性感诱惑

自诞生那天起，维多利亚的秘密这个名字就成为女式高级内衣的代名词，其倡导的“穿出你的线条，穿出你的魅力，带着轻松舒适的享受，穿出属于你的那一道秘密的风景”的理念，打动了无数时尚女性的芳心。

维多利亚的秘密

在1999 年的美国超级杯职业橄榄球赛上，一家内衣厂商在比赛中场休息时，将其模特儿在跑道上走猫步的情景进行网络直播，结果有 150 万人蜂拥上网，争睹美女风采，由于承接比赛直播的网络没有足够的能力来应付诸多网民，从而影响了超级杯的直播。这家引爆了网络直播灾难的内衣厂商就是维多利亚的秘密。

维多利亚的秘密隶属于美国知名的高档服装生产商——亲密品牌有限公司，该公司由莱斯利·威斯纳于 1963 年创办。莱斯利·威斯纳是一位具有超群的品位和敏锐的商业嗅觉的企业家，他于 1982 年收购了维多利亚的秘密。关于维多利亚的秘密这个品牌的起源一直众说纷纭，有人说该品牌历史悠久，诞生于英国维多利亚时期，当时一个思想前卫的设计师为了展现出女性的风姿，设计出一些性感的内衣，展现出了维多利亚时期女性的秘密风情。也有人考证到维多利亚的秘密这个品牌第一次出现在旧金山，起初只是一个贩卖内衣、睡衣及女性家居装饰品商店的名字，店主之所以起了这样一个引人注目的名字，是因为在维多利亚时代女人们的装束层层叠叠十分严密，而“维多利亚的秘密”这个店名能够体现出那个时代的闺房景象，从而吸引更多的顾客。

不论其起源如何，在莱斯利·威斯纳的精心打造之下，维多利亚的秘密逐渐成为美

国女性趋之若鹜的内衣品牌，一年又一年地创造着时尚界内衣秀的奇迹。

“做第一，只有做第一才有大赢的机会。不能成为第一，就需要寻找可以成为第一的战场”，这是维多利亚的秘密始终遵循的原则。

现在维多利亚的秘密的产品种类包括了女士内衣、睡衣及各种配套服装、豪华短裤、香水、化妆品以及相关书籍等，其主打产品就是全球最著名的性感内衣。内衣本身就是一种“秘密武器”，而维多利亚的秘密究竟是什么呢？它可能是美貌的秘密、成功的秘密、财富的秘密，或爱情的秘密，不过它最大的秘密是如何用最少的衣料体现最完美的曲线。正如其公司总裁格蕾斯·尼古拉斯所说：“我们给予顾客的是：魅力、美丽、时尚及一点儿浪漫，我们清楚什么时装最适合女性的身体和情感需求。”

▼维多利亚的秘密推出过许多奢华内衣，其中一件白金打造的钻石胸罩镶嵌了无数碎钻，还点缀了22颗红宝石。这件华丽之作共耗费了300个工时，除了材料昂贵，顶级设计师的构思也让它身价不菲。这件闪亮的内衣的标价是1250万美元。不过，最吸引眼球的是内衣正中垂下的那颗重达101克拉的钻石，它璀璨无瑕，彰显出女士的雍容华贵气质。

法国是现代内衣的发祥地，在巴黎聚集了众多的世界著名内衣品牌，而维多利亚的秘密却带来了美国式的自由奔放和个性张扬，这个时尚品牌所引领的不仅仅是时尚，更是一种生活态度。由于其推出的内衣质量一流，因此深受女性喜爱，据调查每100位美国女性中就有50位拥有至少1件“维多利亚的秘密”内衣，它在全球的销量更是惊人，曾创造了每分钟销售600件的奇迹。在赢得了普通女性消费者的青睐之后，2002年维多利亚的秘密又推出了一款最奢华昂贵的内衣，胸

罩及内裤上共镶嵌了1300颗钻石及泰国红宝石，最终以1500万美元的价格售出，让全世界为之惊叹，人们终于知道，原来内衣可以达到和珠宝一样高的境界。

2005年，维多利亚的秘密开创性地与电视、网络等媒体合作，在美国国内推出的电视时尚内衣秀在世界范围内引起狂潮，并使得品牌名声大噪。此后，维多利亚的秘密每年举办的新品发布会俨然已成为无国界的全民运动，不光是女人想看，男人更爱看，一旦身着性感内衣的模特的画面同步出现在维多利亚的秘密官方网站上，旋即就会造成全球性的网络大塞车。

在维多利亚的秘密的时尚发布会上，人们会发现其更像是一出声势浩大的百老汇舞台剧。每年在这个神话舞台上的演出都会让人们觉得下一年时尚秀无法再超越，然而维多利亚的秘密这个可以创造神话的品牌，它的时尚内衣一年比一年更性感、更让人惊艳。作为全世界时尚内衣界的龙头，它在T型台上影响着全球女性的“内在美学”，每年都在挑战人类创造力与想象力的极限。

“PINK系列”是维多利亚的秘密为了填补年轻少女这一市场空缺的独创之作，它不矫情，不做作，以自然甜美的设计展现女孩之美，舒适的材质让学生以及年轻上班族能够随时随地感受来自内衣的贴心享受。该系列以粉红、粉绿、粉蓝、粉紫为主打，这些鲜艳的颜色及充满活力的图案使少女们变得更加纯真可爱。

CAIRO
LONDON
MONACO
MOSCOW
DUBAI
AZORES
S.GEORGIA
KARACHI
DHAKA
RIO DE JANEIRO
BANGKOK
CARACAS
HONGKONG
NEW YORK
TOKYO
CHICAGO
SYDNEY
DENVER
NOUMEA
LOS ANGELES
AUCKLAND
ANCHORAGE
SAMOA
HAWAII
JAN
MAR
MAY
JUL
SEP
NOV
SUN
MON
TUE
WED
THU
FRI
SAT
GIRARD-PERREGAUX
SWISS
MADE

创始人：让-范西瓦·波特　康斯坦·吉拉尔　玛丽·佩雷戈

创始时间：1791 年　创始地：瑞士·日内瓦

GP GIRARD-PERREGAUX 当之无愧的钟表之王

如果手上有 3000 万元，你会拿来买栋房子还是买一只 1893 年生产的芝柏三金桥玫瑰金怀表？从 1791 年始创，奢华尊贵的光辉就一直跟随着芝柏的脚步……

芝柏

在拒绝普通、选择自主、保存品牌特殊精神的同时，芝柏始终以一个“制造者”的身份出现，而且是自 1791 年创建以来就一直保持着这个身份。1791 年，让-范西瓦·波特这位集当时制表工艺之大成者，开创了全新的制表理念，并制造出刻有自己名号的钟表，其早年的成就为日后芝柏公司的诞生奠定了基础。1854 年，制表大师康斯坦·吉拉尔继承了让-范西瓦·波特的钟表公司。芝柏的两位创始者被公认为是匠心独具的制表者，波特推出的超薄表完美地将缩小的复杂零件组合，其技艺之绝妙令人赞叹，而康斯坦·吉拉尔则较偏重技术的提升，为世人留下了许多巧夺天工的作品。他与妻子玛丽·佩雷戈这两个家族的姓氏在当时的制表业中广受尊重，于是两人就以自己的姓氏重新命名了公司，这就是延续至今的芝柏。

作为世上少数硕果仅存的真正钟表制造商，两个多世纪以来，芝柏的惊世之作频出，每一件作品都可以称为钟表界的里程碑，其中最著名的莫过于三金桥陀飞轮（Three Gold Bridges Series），其无论在美感、技术及象征意义上都堪称表中至尊。任何公司的首要目标都是创新发明，发明是一种创作，自 19 世纪中期，芝柏表便与高级腕表工艺的极致——陀飞轮结缘。康斯坦·吉拉尔曾花费数年时间钻研不同的擒纵结

▲1966 年，顶级腕表品牌芝柏以突破钟表业界只有理论而无研发成果的每小时 36000 转的超高振频摆轮技惊表坛，并在当年获得纽沙特天文台颁发的“百年大奖”。2006 年，芝柏回顾 40 年来自我追求的努力及对制表工艺力臻完美的要求，特别发行的芝柏 1966 钯金限量款及芝柏 1966 Full Calendar 全日历铂金限量款，同样是兼具实用与收藏价值的表款。

构，尤其对陀飞轮最有心得，并构思出三条平行箭头形夹板把机芯齿轮组件固定，让发条鼓、传动轮和陀飞轮三组结构得以同轴排列，经典的三桥机芯结构就此诞生。1867 年芝柏三金桥陀飞轮怀表在巴黎万国博览会上获金奖，1889 年又赢得巴黎世界博览会金奖，被称为“表中的蒙娜丽莎”。

“三金桥陀飞轮”为芝柏奠定了无可置疑的正统地位，这一钟表工业中功能与美学完美结合的典范，将高复杂机械钟表演绎得登峰造极。时间一分一秒流逝，康斯坦·吉拉尔的金桥两端成箭嘴形指向相反方向，象征过去与将来。1991 年，时值芝柏表厂成立 200 周年纪念，三金桥陀飞轮腕表也同时面世。这款腕表的制作可谓是一项极大的挑战：从技术上说，必须要将机芯缩小至容纳于 12 法分直径的面积内；除此之外，机芯的结构形式必须保留，令三金桥变成表盘。另外要将板桥形状、陀飞轮框架形式简化，同时用锚形擒纵器替代制动式擒纵器，充分表现当中蕴含的顶尖技术及独特的腕表艺术文化传统。

钟表制作，是智慧的结晶，也是对美学和技巧完美配合的技术，它在满足不同年代的品味和潮流之余，必须无损传统品质及优点，才能始终令人赏心悦目。因为成本的关系，瑞士很多表厂都已经停止设计和生产机芯，然而真正的表厂应该坚持自行生产，芝柏就是瑞士少数几家能设计生产机芯的厂家之一。每一只芝柏的机芯，都由专家用手工装嵌、刻花与装饰，通过几个不同制造步骤的品质测试。有了最高品质的机芯的保障，芝柏这一品牌才得以在钟表界一直闪耀着夺目的光芒。

谁能想象，一只腕表能奏出莫扎特的《小夜曲》或柴可夫斯基的《不伟大的爱》？谁能用一只腕表享受15秒钟真真正正的音乐？芝柏，这个跨越三个世纪的世界钟表品牌做到了。

▼2009年，芝柏表再度展现了自制机芯的优雅之作，汇集时间、月历、星座日历的“猫眼的诱惑”腕表，在方寸间呈现出星月争辉的天文美景。“猫眼的诱惑”是芝柏表首个以椭圆形表壳设计的女性腕表系列，搭载的全新的GP 033M0自动上链机芯以黄道12宫轨迹显示出随月份季节转移的时间流转，椭圆形K金表壳上的钻石光芒恰好和面盘上的星月相映成趣。

1999年，芝柏推出的“歌剧院一号（Opera One）”，突破了传统问表二槌响音性能，为全球第一只发表的四锤音阶式三问表，其无与伦比的尊贵气质与悠扬的音阶式三问四锤音响铃，远远领先于各品牌的问表性能。其设计灵感是源自于举世闻名的英国西敏寺大本钟铿锵优雅的乐声，响锤敲击出的时、刻、分宛如天籁，令人悠然神往。

2000年，芝柏推出的“歌剧院二号（Opera Two）”除了拥有芝柏最引以为傲的三金桥陀飞轮外，还加上了万年历及全球首创的四槌音阶式问表性能，芝柏将所有钟表大师终身最梦寐以求的三种顶级复杂性能的钟表制造技艺集于一身。为了让每一位收藏家可以直接聆赏四锤敲击的律动，芝柏特将问表四锤机制移至上方，让顶级收藏家透过9点钟的镂空设计，直接感受顶级问表响锤灵活摆动的敲击状态，其艰巨精密的工程可想而知。

GIRARD-PERREGAUX
AUTOMATIC
N°0
9600C

2003年芝柏推出的“三号歌剧院(Opera Three)”腕表售价约53.2万美元，是极为精良的音乐表，每个小时会自动奏出音乐旋律。这个型号表的心脏是一个迷你编钟，设有20个琴键和一个带有150枚人手装嵌钉齿的滚筒，以一个小型控制杆根据编序转换鼓的位置，可说是把一个音乐盒的装置融入了小小的腕表空间，手工极其精细。

通过音乐与时间艺术的结合，芝柏表“歌剧系列”每一件作品都可以称为钟表界的里程碑。事实上，每一款以芝柏命名的表，都由芝柏的设计师、工程师以及制表师一丝不苟地构想和制造出来。从设计概念、机芯研发、表壳设计和制造等每一道工序，都经过仔细监督和改良而成。他们将世界顶级制表工艺付诸实践，有如把无价的知识贮存在锦囊里，让人们随时随地都能感受到什么叫艺术、什么叫尊贵。

▲芝柏于2008年推出的双轴心陀飞轮腕表的精致做工与其传统一脉相承，其直线镂空搭桥造型，源自19世纪60年代面世的一款怀表，这款怀表曾获纳沙泰尔天文台颁发的一等奖。双轴心陀飞轮机芯造型新颖，超越单纯机械技术及功能的层次，陀飞轮仅重0.8克，以金、钢及钛金属制造，由110个零件组成，做工精致绝伦，安装在华贵的45毫米玫瑰金表壳中更是相得益彰。

创始人：费迪南德·波尔舍
创始时间：1931 年　创始地：德国·斯图加特

为速度而诞生的跑车之王

如果你想购买当今世界上知名度最高的跑车，请你选择保时捷；如果你想要世界上最经典的跑车，请你选择保时捷；如果你想要世界上最舒适、最豪华、跑得最快的跑车，请你选择保时捷。

保时捷

为了实践“造型完美时性能就会伴随而至”的纯种跑车的造车工艺精神，费迪南德·波尔舍于 1931 年在几位投资者的帮助下，在德国的斯图加特成立了保时捷公司，专门开发汽车、飞机及轮船的发动机，世界跑车历史由此掀开新的一页。

在费迪南德·波尔舍看来，纯种跑车的每一个零配件，即使是一枚螺丝都要以赛车的标准来设计、制造，才能在极端的情境中奔驰时也能确保其功能。在费迪南德·波尔舍和费利·波尔舍父子的携手奋进下，“不但要制造全世界最快的车，也要制造最安全的车”这一理念，落实在保时捷的加装油压避震器的保险杆、可吸收大量冲撞力的车身前后溃缩

▲911 GT3 RS是保时捷911车系中最新的代表作，是保时捷历史上最有感召力的车型名称之一。它虽然是由保时捷赛车部按照公路用车开发，但完全可以作为赛车使用。从特殊的悬挂系统设置到变速箱、后车窗的减重部件以及碳纤维翼板，911 GT3 RS最终实现了“综合高性能”概念，其最高车速可达310公里/小时，其利用完美的空气动力学平衡性能，获得非常出色的抓地力、安全性与稳定性，是真正可以在公路上行驶的赛车。

缓冲区、车门内藏防侧撞钢管、三点式安全带、双座安全气囊等安全配备上，而全金属触媒转化器及自排、手排兼备的智慧型变速箱等则使保时捷跑车疾如风又稳如山。

为速度而生的保时捷自问世后曾推出了3000多种具有历史意义的车型，比如第一款自行研发的356跑车在1948年首战告捷，短短三年间就获得400多个奖项；1963年的法兰克福车展上，被称为“20世纪最成功的跑车”的正是保时捷911；20世纪70年代欧洲赛车场上流传着一则定律：唯有保时捷才能胜过保时捷；到了20世纪90年代，保时捷又为世界车坛奉献了有“双座公路之星”之称的“博克斯特（Boxste）”，在全球造成抢购热潮；在1996年勒芒24小时耐力赛上，保时捷的911 GT1在各路高手之中杀出重围，一举夺冠，成为当年车赛上最耀眼的明星……

如今，一提起保时捷，很多人都会交口称赞，为什么？是因为它充满个性的造型？还是因为它高雅精美的装饰？是因为它转瞬而去的狂飙般的身影？还是因为它狂躁飘逸的火焰般的性格？是因为它富于传奇色彩的身世？还是因为它在赛场上的辉煌？就

avalanche

像人类的极限运动一样，再传统不过的百米世界纪录哪怕是提高 0.01 秒都是极其困难的，而保时捷的跑车已经赢得了两万多次的竞赛胜利，它的名字在数十年来撩动了每一代车迷的心弦。

好车是一种诱惑，人们对保时捷了解得越多，就会发现它离汽车的核心概念越近，而这正是其魅力所在。

面对汽车市场的激烈竞争，2006 年 5 月，保时捷宣布生产继 911、“博客斯特（Boxste）”、“卡宴（Cayenne）”以外的第四个车系——“帕娜美拉（Panamera）”，这款四门四座高级轿跑车有六缸和八缸两种，其概念车在 2008 年的法兰克福车展上亮相，其量产车在 2009 年上市。在豪华四门轿跑车市场上，长期以来只有屈指可数的几位竞争者，而拥有 GT 跑车性能和充裕四人空间的“帕娜美拉”的诞生，将把这一市场上的竞争推向全新的高度。这款车的起步车型 V6 版售价约为 86 万元人民币，而 V8 版新车则售价高达 130 多万，这必将给豪华轿车市场带来较大冲击。

在世界汽车的发展历史中，法拉利、捷豹、莲花等许多豪华汽车品牌几乎都因为经营问题而纷纷被大车厂收购，2008 年 7 月 23 日，欧盟委员会宣布批准保时捷收购大众汽车，而短短一年之后，形势又发生了逆转，据德国《明镜周刊》2009 年 7 月 18 日报道，大众将出资 80 亿欧元收购保时捷控股公司旗下总部位于德国斯图加特的跑车业务部门，届时保时捷将成为大众汽车集团的第十大品牌。不过，无论是保时捷收购大众还是大众收购保时捷，对于广大车迷来说并没有太大影响。人们相信，作为跑车世界中的王者，即使被收购，保时捷仍旧会保持品牌的独立性，生产的每一辆车也仍将保持着对高质量、高档次、高品位的追求，并以其现代、时尚的设计品位，尽显成功者的风范。

创始人：乔治·伯爵
创始时间：1874 年　创始地：瑞士·汝拉山谷

PIAGET
表坛珠宝大师

在伯爵的世界里，珠宝与时间就像一对优雅的舞者，永远在缤纷中旋转着彼此的舞步，辉映出一片华彩的光影。

伯爵

乔治·伯爵 1874 年在瑞士汝拉山谷以机芯制作起家，成立了制表工作室。尽管伯爵这一品牌历史悠久，然而其跻身于第一流手表行列，还是 20 世纪 40 年代后期的事。第二次世界大战之后，乔治·伯爵的两个孙子吉拉德和凡伦汀重新组建了公司，1945 年第一只刻有“PIAGET”标志的腕表正式问世。由于伯爵表精良的品质，因此它很快就打响了知名度。

作为表中后起之秀，伯爵一直以超薄机芯闻名于世。1956 年伯爵表首枚超薄机芯 9P 面世，厚度只有 2 毫米，成为超薄机芯的翘楚，从而开启了一个全新的创作领域，成就了钟表业的一个历史传奇。20 世纪 60 年代，伯爵推出了第一款珠宝腕表，成为全球名流的最爱，此后，伯爵不断推出精品，70 年代专为马球这种贵族运动设计出 Polo 腕表系列，80 年代设计制造出当时世界上最昂贵的男装宝石腕表，并赢得了“表坛珠宝大师”的赞誉，2003 年又创造出全世界最薄的陀飞轮机芯。

一直以来，伯爵表的宗旨是注重维护自己的传统，而不是盲目跟进时尚潮流。追求品质上的完美使得每一只伯爵表都成为结合了智力、美学、耐力和技术的艺术品，因此在伯爵的光芒中，你分不清是时间给予了珠宝永恒的智慧，还是珠宝赋予时间独特的韵味。正如现任公司总裁伊夫士·庇埃其所说：

▶多年来，伯爵秉承着其家族的座右铭“永远做得比要求的更好”，不断追求技术上的突破，为“不可能”赋予新的定义。伯爵 Polo 系列的高级珠宝陀飞轮腕表是在瑞士的工厂耗时半年才制作完成的，其搭配的机芯运用的是伯爵独有的浮动陀飞轮技术。由于陀飞轮的机芯制作工艺极其复杂，完全靠手工打磨、安装而成，因此伯爵最初推出这款手表时只有两只，此外其表盘、表壳、表的搭扣上全部镶嵌着经过特别挑选切割的钻石，共 627 颗，售价高达 600 万元人民币。

PIAGET

"从伯爵表上看时间，是在欣赏一件至尊之宝。"

独一无二，无疑是尊贵度的最好体现。如果要定制一款独一无二的伯爵表，起价就要超过400万元人民币，但每年仍不断有富翁名流要求定制。越来越多的人对于市场上流通的表感到不满足，要求制表商依照自己梦想中的蓝图打造"梦幻之表"。

"如果要珠光宝气，请找卡地亚；如果要高贵完美，则唯有伯爵表。"虽然伯爵表最贵的远超百万，便宜的要几十万，价格最低的表也在 5 万元人民币以上，但对于伯爵的客户来说，钱已不是要考虑的主要问题，因为伯爵带给他们的是时尚、是独特、是品位，更是身份和身价的象征。

伯爵不仅仅是珠宝计时器，更是计时器珠宝。伴随着伯爵表的表针的走动，宝石摇身一变，成为时间的守护者。

动感概念是伯爵制造技术的核心，渗透到品牌创作的方方面面，也成为其珠宝作品的灵感来源。伯爵的"魔法映像"系列珠宝，从苍翠繁茂的花园中获得巧思，那沙沙作响的叶片、姿态优美的喷泉、古老的树雕以及瀑布间晶莹的水花，都幻化为珠宝不朽的灵魂，表达出伯爵对光、水与倒影等难以捉摸的元素的纯熟驾驭。

自品牌创立之初，伯爵就在发展中逐渐形成了双线方针：制表技术与珠宝设计并重，旨在将专业的制表技术与华丽创新的珠宝设计相结合，创造出伯爵独特的设计风格。20世纪60年代，伯爵表就率先使用黑玛瑙、绿松石及青金石等彩色宝石做表面，从而进军珠宝表领域。

伯爵曾经推出金币表、奖章表、指环表、胸针表以及袖扣表等一系列经典的珠宝表款，从20世纪90年代起每年还会推出独一无二的珠宝首饰新作，"占有系列（Possession）"就是其中的经典代表。

在时尚界，有这样一种说法：无论是多么高级、奢华的聚会，无论有多少盛装出席的美女，只要选择佩戴伯爵珠宝，就一定会成为全场瞩目的焦点，所以对于女人来说，在很多场合佩戴伯爵珠宝是最保险、最明智的选择。与很多庄重、典雅、高贵的知名珠宝品牌相比，伯爵珠宝一如耀眼的火焰，为白昼增添了热情，也照亮了扑朔迷离的夜晚，以无可比拟的璀璨光华，见证着佩戴者的不凡品位。

创始人：皮埃尔·弗朗索瓦·帕斯卡·娇兰
创建时间：1828 年　创始地：法国·巴黎

GUERLAIN
永不衰落的娇艳之花

穿梭于时空隧道，法兰西两百年的辉煌如同一场奢华的贵族派对，一一演绎于眼前。法国娇兰，华贵、惊艳，傲然地盛开在每一个繁华时代。

娇兰

真正的时尚也许总是在其身后有着不动声色的傲人历史。五代香水师、180 年的香水制造经验，娇兰称得上是当之无愧的香水世家。不提到法国娇兰，香水历史是无法书写的。从 1828 年皮埃尔·弗朗索瓦·帕斯卡·娇兰在巴黎的瑞弗里大道 42 号开设第一间香水专门店起，娇兰就注定要成为一个跨越时空的华美传奇。

皮埃尔·弗朗索瓦·帕斯卡·娇兰才华横溢，本着对香水的钟爱，他将自己的灵感一滴一滴凝结，堆积成“液体钻石”，不仅征服了许多王公贵族，即使是驾驭整个欧洲的拿破仑三世的皇后欧也妮亦为它的香艳所折服。1853 年，皮埃尔调制的“帝王之水(Eau de Cologne imperiale)”赢得了这位皇后的欢心，因此被钦封为“御用香水专家”。

皮埃尔一手创立了家族产业，他的儿子艾米·娇兰和加布里埃尔·娇兰则将其发扬光大。1884 年，皮埃尔逝世后，艾米接管了公司，并于五年后推出了著名的“姬琪(Jicky)”。这款香水是世界上第一瓶利用人工合成法制作而成的现代香水，它奠定了现代香水具有前中后三段味道的基本模式，而且由于其味道独特，男女皆可通用，因此被称为“中性香水的鼻祖”。

1900 年，加布里埃尔之子雅克·娇兰承担起家族企业，他承前启后，将娇兰世家推到了一个前所未有的巅峰。“一千零一夜

(Shalimar)”、“蝴蝶夫人（Mitsouko）”等在香水史上闪闪发光的伟大作品，都是他研制出来的。此外，他还将精力大量投入于香水之外的护肤品、洁面乳、化妆品等其他产品的大规模生产上，娇兰的事业从此进入新纪元。事实上，早在1830年开创香水事业时，娇兰就开始注意到女性对保养品的需求，因此在调制香水的同时，他也着手研发调制乳液与保养专用的产品，并于1939年首度创立美容护肤中心，提供更专业高级的美容保养服务。1980年娇兰推出了被称为“最奢华产品线”的“伊诗美（Issima）”系列护肤品，奠定了其在护肤保养品方面举足轻重的地位，1987年又凭借风格独特的“幻彩流星（Météorites）”彩妆系列再次震撼整个化妆品行业，将护肤艺术升华至完美。

1994年，全球最著名的奢侈品集团LVHM收购了娇兰这一品牌，并进一步延伸了娇兰的产品线。除了在香水、化妆品等主打产品的研制开发上更加精益求精之外，还推出了化妆袋、皮革旅

▲每一款法国娇兰香水的背后，都有一位缪斯女神，讲述着一段真实或虚幻的爱情故事。“爱朵”是对希腊神话中宙斯与达那厄故事的现代演绎。很久以前，希腊神话中的宙斯和公主达那厄相恋了，但达那厄的父亲却将她幽禁在高高的铜塔中，那里日夜都有人守卫。于是在某一个夜晚，宙斯化为一阵金色的雨滴与公主达那厄相会，而金色的雨滴让达那厄孕育了新的生命，让他们的真爱得以延续。

行袋、丝质或毛巾浴袍、发刷、梳子及有多种颜色选择的化妆工具等。180年来，娇兰始终秉承着对产品的高规格坚持，不断地研究创新，如今已经成为在香水、护肤和彩妆等各方面美容产品的领军品牌，旗下每一款产品均有极高的口碑评价和大批稳定的忠诚拥护者。

娇兰制作香水，就仿佛是作曲家谱写一首交响乐，指挥所有的香料，按照香水的调式，抒写最和谐动听的乐章。

▲琥珀主要成分由碳、氢和氧构成，是名副其实的植物黄金。2007年，法国娇兰护肤实验室首度将琥珀与保养品结合，推出了“恒采动能紧致系列(Success Future)”。该系列护肤品萃取了来自波罗的海（Baltic Sea）顶级古琥珀的精华成分，能抚平岁月在肌肤上留下的痕迹，达到消除皱纹与紧实肌肤的双重效果，实现每个女人逆转时间的梦想。

自1828年至今，娇兰一直带给我们惊喜。星移斗转，两百年枝繁叶茂的成长，无论是娇兰的哪一种产品，都早已成为社会各界名流不忍割舍的美丽情结。然而，由始至终最能代表娇兰这一品牌的还是香水。进入娇兰的香水世界，就仿佛到了另一个时空，传统和创新在这里交织出了最美妙的乐章，每一款香水都演绎着一个传奇。

娇兰的每一款香水的诞生都如同创造一件艺术品，其中最具传奇色彩的莫过于“一千零一夜”了。“一千零一夜”是娇兰的第三代传人雅克·娇兰创造出来的。20世纪20年代，雅克在专心调制新款香水时，听到了这样一个动人的爱情故事：相传印度莫卧儿王朝第五代皇帝沙杰汗为心爱的妻子玛穆泰芝·玛哈尔建了一座精美无比的花园，里面除了喷泉、湖泊、露台之外，还种满了各种奇花异草。1631年，当玛穆泰芝身怀六甲伴随沙杰汗远征德干高原时，因难产而死，年仅36岁。沙杰汗听闻爱妻先他而去的消息后竟一夜白头，为了纪念玛穆泰芝，他用了22年时间修建了泰姬陵，为后世留下了一座凝聚着惊世之恋的爱情丰碑。

这个浪漫的爱情故事给了雅克灵感，他由此调制出全球第一款具有着神秘的东方气息的香水。这款香水以沙杰汗为爱妻所建的美丽花园的名字“Shalimar（梵文，原意为爱的神殿）”命名，于1925年推出，由于它的香味鲜活，令人迷醉，因此成为情人间最好的礼物，中文译名“一千零一夜”则更为其增添了一份浪漫而

神秘的色彩。作为娇兰最具代表性而且销量最佳的香水，“一千零一夜”每盎司 170 美元，曾被《福布斯》杂志评选为世界十大最贵的香水之一。

与那些虽热卖但味道平庸单调的香水相比，极致的香氛绝对要与众不同，从呈献给欧也妮皇后的“帝王之水”到因爱而生的“一千零一夜”，时至今日，娇兰共推出 300 多种香水，这一香水界的佼佼者宛如法兰西沃土上一朵永不衰落的娇艳之花，历经时尚与潮流的起落始终傲然盛开，不断创造着不朽传奇。

创始人：威廉姆斯·哈雷　阿瑟·戴维森
创始时间：1903 年　创始地：美国·密尔沃基

穿越时空的自由之剑

如青松般遗世而孑立，似灵鹫般翱翔而自由，像猎豹般迅捷而冷峻，这就是哈雷戴维森摩托。这一摩托车领域中的至尊品牌从来不为所有人而共享，只为能够驾驭它的人存在。

哈雷戴维森

在美国，有一句谚语：“年轻时有辆哈雷，年老时有辆凯迪拉克，则此生了无他愿。”也许有人无法领悟这样一句话到底意味着什么，然而在 2003 年哈雷戴维森摩托车制造公司百年诞辰庆祝活动期间，当 30 万车迷汇集成的摩托车队浩浩荡荡地穿越七个国家的九个城市，奔向美国威斯康星州密尔沃基哈雷戴维森总部时，相信没有任何一个旁观者能不被这种震撼场面所深深慑服。

如果说劳斯莱斯是汽车的翘楚，

人头马是葡萄酒的象征，阿玛尼是时装的代名词，那么哈雷戴维森无疑是世界摩托车领域的经典。1901 年，年轻的威廉姆斯·哈雷和好友阿瑟·戴维森开始对摩托车产生了浓厚的兴趣，在一位德国技师的帮助下，二人用两年多的时间在一间小木房子里制造出第一台摩托车，哈雷戴维森（简称哈雷）这一品牌也就此掀开了历史上的第一页。

早在 20 世纪 50 年代，哈雷摩托车的加大厚重车轮、加长且流行的造型、又高又帅的摩托车龙头，再加上轰隆轰隆的驾驶声，不仅迷倒了很多喜欢摩托车的车迷，更成为美国年轻人梦寐以求的对象。然而到了 20 世纪60 年代末，价廉物美的日本摩托车充斥了美国市场，造成哈雷公司巨额亏

好马配好鞍，买车仅仅是开始，与哈雷车匹配的是一身充满个性酷尽十足，又有特殊功能的行头，购置一身行头的价格不比购置一辆哈雷车便宜。哈雷一直注重相关产品的开发研制，印有哈雷标志的外套、皮靴、皮夹克都是精选上等牛皮经过特殊工艺磨旧而成，最大限度地突出了阳刚之美。此外，哈雷刀具、打火机、钱夹等也都是车迷喜爱的配件。

损，濒于破产。1982 年，里根总统决定对进口摩托车征收高额关税，这给哈雷摩托车提供了宝贵的机会。经过一番轰轰烈烈的改组，哈雷公司送走了 20 世纪 80 年代的动荡，迎来了新的辉煌。

骑哈雷的男人，可以世故，但不世俗；可以沧桑，但不沉沦；可以激情，但不做作，因为他们所驾驭的不是人间凡品，而是引领风潮的"精神贵族"。

在 2009 年青岛国际顶级奢侈品展上，作为唯一一家参展的顶级摩托车品牌，哈雷旗下最具代表性车系之一的“旅行”车系，以其巡航控制等舒适驾乘感受和四扬声器立体声音响等豪华配备，吸引了人们的目光，而 2009 最新春夏款哈雷服饰及多样化商品展示秀，更是让现场观众深刻体验到哈雷服饰的时尚魅力。

一个世纪的沉浮，一个世纪的文化积淀，哈雷的成长几乎涵盖了世界摩托车文化的演绎进程，并创造了一个将机器和人性融合为一体的精神象征，深刻地影响到人们的生活方式、价值观、衣着打扮。正如在佛教教义中，新入弟子要接受剃度之礼一样，在哈雷车迷中，不论男女老少，他们身上都有一个必不可少的哈雷标志文身。放眼世界，还没有哪个品牌能让它的消费者达到如此痴迷的地步。

哈雷共设计出产了 5 个系列共 28 款不同功用和市场诉求的摩托车，不论哪一款都是杰作，那金属的质感、优

美的线条和令人迷惑的颜色搭配以及电镀和黑漆的对比，甚至那烫人的排气管、震耳欲聋却如音乐般的轰鸣声，都令哈雷车迷心驰神往。入门级车系“运动者（Sportster）”系列保持着自1957年原始设计时就拥有的纯粹运动精神；体积更大些的“戴纳（Dyna）”系列拥有先进的底盘和悬挂系统，是哈雷车中驾驶最平稳的一款；“软尾（Softail）”车系尾部的隐形悬挂，在不改变车尾硬朗外观的基础上，保证驾驶的舒适性；哈雷车中的大型车“巡航（Touring）”系列包括“电动滑行（Electra Glide）”和“路王（Road King）”，该车型兼顾优异的高速公路驾乘感受和超凡的低速操控性能，可为车手带来平稳舒适的驾乘体验；而“威路德（VRSC）”是哈雷公司对大马力巡洋舰车型的最新大胆尝试，购买一辆VRSC摩托车，就意味着你拥有了一辆由数十年来摩托赛车手们灵感造就的机车，它将开创性的定制设计和完美性能结合在一起，预示着哈雷戴维森系列产品的一个新方向。

和英国的劳斯莱斯轿车、瑞士的爱彼手表、法国路易·威登箱包一样，哈雷坚持手工工艺制造，从内在的发动机、外形

作为将豪华与实用两者完美结合的终极产品，哈雷的“旅行”系列摩托车经过了时间的考验，连世界上最挑剔的远程骑手也为它的优异性能所折服。2009年，哈雷推出的全新“旅行”系列在继续延续其纯正血统的同时，在外形上显得更加时尚。在该车系的五款新品中，“路王”最为抢眼，其外观端庄大方，装备齐整，适于长途旅行，对于那些喜欢巡航的旅行者来说，这款车如同“梦幻之舟”，但是没有强健的体魄、过人的胆识根本就无法驾驭它，其不菲的价格更是让很多人望而却步。

的设计到坐椅的装饰，哈雷样样选料考究，做工精致，并且限量生产，因此其所有出厂的整车都需要提前很长时间预订。

哈雷的产销量也许不是世界上最多的，但哈雷的质量一定是最好的。迄今为止，哈雷公司创造出一连串“唯一”：100 年来始终不离摩托车制造老本行的唯一一家摩托车制造厂；世界摩托车制造业唯一规模最大、生产时间最长的 V2 缸摩托车出品者；全球唯一一家未刻意下什么力气就成为传奇公司的特例；世界工商界唯一一个把品牌升华为图腾的超长寿企业……这些殊荣足以让许多摩托车制造商望尘莫及。哈雷的驾驶者来自不同国家，哈雷产品的使用者来自不同领域，哈雷是车迷心中的麦加，是一柄穿越时空的自由之剑，神圣而无处不在。

摩托车是一种消耗品，它的使用寿命是有限的，性能也会随着时间的打磨而下降。一般的摩托车大都会在很短的时间内渐渐衰老，一直到被主人遗弃，而哈雷似乎永葆青春，像美酒一样，时间越长越珍贵。更何况真正的哈雷车迷是舍不得把哈雷摩托车当做代步工具的，他们大多是把哈雷当成一件艺术品一样闲置家中，闲暇时看上一眼，摸一摸它漂亮的车身，或者是沉醉于一次又一次地改装摩托车的外型和性能的美妙过程之中。

创始人：乔治·阿玛尼
创始时间：1975 年　创始地：意大利·米兰

GIORGIO ARMANI
最优雅的裁缝

光阴流转，形形色色的品牌在时尚舞台上渐次登场，喧嚣之后又归于平静，不知所终，而阿玛尼则超越了时间、超越了流行，甚至超越了性别，从而成为经久不衰的传奇。

乔治·阿玛尼

如果编制一份世界上最杰出的时尚大师名单，乔治·阿玛尼先生必然名列其中，这位伟大的设计师从根本上改变了当代时装的标准，他创造了一个世界：在这个世界里，没有男人和女人的界限，没有过去与现在的鸿沟，没有服装与身体的区分，有的只是一个以其名字命名的让人肃然起敬的品牌——乔治·阿玛尼（简称阿玛尼）。

在意大利一直有这样的说法："在意大利有罗马教皇和阿玛尼。"从这句话可以看出，阿玛尼对时装业所作出的重要贡献。1975 年，乔治·阿玛尼在创立了以自己的名字命名的时装公司之前，不过是一个名不见经传的小助理，1976 年，当他把亲自设计的首个女装系列搬上了 T 台，当 12 位模特踩着音乐节奏款款走过时，这位大器晚成的设计师终于听到了属于他的掌声。在场的时尚记者们被眼前所见的那些线条简洁而轻盈的外衣、柔软的长裤以及像男式衬衣一样的夹克震撼了，这些向来吝于表扬的媒体人士纷纷为其献上赞美之辞，称其解放了时装。就这样，仅仅用一件夹克衫，阿玛尼就改变了时尚的方向。

作为时装界"副牌"概念的创始人，乔治·阿玛尼于 1981 年试验性推出"爱姆普里奥·阿玛尼（Emporio Armani）"品牌，首开了品牌延伸的风气。随后，其他的国际大牌纷纷仿效。因此，如果说伊夫·圣罗兰装扮

了20世纪70年代的时尚界，汤姆·福特是20世纪90年代时尚的代言人，那么乔治·阿玛尼相较于前两者对于时装界的意义，还不仅仅在于他装扮了20世纪整个80年代，更在于他的设计影响了整整三代人。

乔治·阿玛尼的时装能否被视为艺术品，这完全取决于人们对艺术如何定义。这位强调“不着痕迹的优雅”的意大利设计师，擅长以简单的剪裁和低调、中性的色彩来表现优雅的气质，在设计上强调男性服装应该更加柔和，女性服装应该更加有力量。他打破了阳刚与阴柔的界限，如同时尚界中的禅师，手中掌控着一座神奇的天平，拿捏着平衡的临界点是他令人称绝的拿手好戏。

优雅，不是为了获得片刻注目，而是令人永生难忘。这是乔治·阿玛尼为优雅作出的独特诠释，这也正是阿玛尼这一品牌的灵魂与精髓。

香水与时装共舞，一直以来都是时尚界的佳话，一个时装设计师能够推出畅销的香水就会成为其职业生涯中锦上添花的重要

著名影星索菲亚·罗兰曾经说过：“当今时装界充斥着混乱、疯狂的形象，而走进阿玛尼的世界你就仿佛进入了台风中心最平和的风眼，进入到一个完美静谧的境界和一种从不会被动摇的风格里。一件阿玛尼的礼服不会让你有丝毫怀疑或不确定——因为它是阿玛尼，它拥有你所需要的一切。”

阿玛尼的香水给予女人的是魅力，给予男人的是自信，这使得重视时尚的人几乎都有一个共同的想法，在一生中至少得拥有一款阿玛尼香水。对于想要拥有阿玛尼香水的人来说，阿玛尼是对其个人品位的极大挑战，因为能够使用这一品牌香水的人仅有单纯的时尚气质是不够的，最好还要能够领悟融入香水中的真正内涵，这样才能体验到阿玛尼香水的最高境界。

一笔。香水，作为阿玛尼时尚王国重要的组成部分，有着与其时装相同的特质，优雅至上，低调奢华，在全球赢得了广泛的赞誉。

如果说阿玛尼的服装彰显的是优雅与简洁，那么与其品牌服装一脉相承的香水同样是雅致的。乔治·阿玛尼先生认为，即使是高级香水也应保持含蓄内敛的矜持之美，他的这种理念深深地影响了香水界的设计风格。“寄情水（Acqua Di Gio）”、“印记（Code）”以及“阿玛尼珍钻（Emporio Armani Diamonds）”等女士香水均以优雅的风格征服了诸多有品位的女性。在全球销量最高的三款男士香水中，阿玛尼的“寄情水”和“印记”两款男香分列第1位和第3位，特别是“寄情水”男香自1996年上市以来已经在全球售出2000多万瓶。

不过分前卫，也不会落伍，乔治·阿玛尼先生始终坚持着自己的品牌特色，在他的领导下，阿玛尼的香水永远都让人风度翩翩，阿玛尼的时装永远在优雅与时尚之间完美地保持着平衡。这位意大利的时尚教父大器晚成，以40岁的年龄在时尚圈迅速打出一片天地，不仅以他永不过时的风格享誉世界，同时也以精明的商业头脑而被世人称道，他针对不同的年龄、不同层次的消费者，制定了多元的营销方案，把当初一家仅花了500英镑开设的时装公司变为今天资产过百亿的时尚王国，其覆盖的领域包括时装、配饰、眼镜、手表、化妆品、家居用品、花店、巧克力店甚至汽车配件等。因此，你完全有理由设想这样一种生活：在一个春光明媚的早晨，从阿玛尼的床单上醒来，套上阿玛尼服装，喷上些阿玛尼的香水，驶着阿玛尼为梅赛德斯-奔驰设计的限量版座驾去上班……

一直以来，和Giorgio ARMANI这几个字母联系在一起的是高雅节制的形象，乔治·阿玛尼的时装是带有阶级和品味的意味的——不仅昂贵，而且还有内涵，既不显得无礼或违规，也不会过于华丽和粗俗，在经典高雅和随意浪漫之间徜徉。因此，男人们为了能拥有一件阿玛尼服装而一掷千金，女人们则沉迷在其洗练风格中所透露出的优雅高贵之中。

创始人：理查德·轩尼诗

创始时间：1765 年　创始地：法国·干邑区

滴水之重，传承百年

轩尼诗本身就如同一个无可比拟的传奇。懂得欣赏轩尼诗的人，也必是懂得享受生活、享受人生的人。

轩尼诗

只要社会存在身份差别，就会需求各式身份标志物，典型的标志有汽车、名表等，高档酒自然是其中之一，而轩尼诗无疑是寻求自身尊贵感受之人的首选。

1745 年，曾在法国著名的干邑地区驻扎的爱尔兰军官理查德·轩尼诗退伍之后，便在干邑地区开始经营白兰地，直到 1765 年正式成立轩尼诗酒厂。酒厂成立初期，轩尼诗酒主要销往英国及其他大城市。1800 年，让·费尔沃成为轩尼诗首位总调配师，在他的努力下，轩尼诗的品质得到极大提升，深受当时法国皇室贵族们的青睐，1815 年法国皇帝路易十三还特意颁发书函，将轩尼诗选为法国国会主要供应酒商，轩尼诗的品牌地位由此得以确立。

在轩尼诗家族中有这样的传统，每一代家族传人都要酿造一款干邑，用来款待亲朋好友。1870 年，轩尼诗家族的第三代传人莫里斯·轩尼诗酿制了一款私密珍酿，原本用于居家自饮、款待亲朋，可后来他发现，许多品尝过这款酒的客人对其都赞不绝口，甚至希望可以在市面上购买到该酒。于是，莫里斯将它命名为 X.O，意为“特别陈年”，在 1872 年推向市场公开发售。1900 年，轩尼诗酒厂向法国政府正式登记 X.O 这个级别，使得日后所有具同样特性的白兰地，均须称为 X.O，轩尼诗 X.O 也因此而成为世界上最先以 X.O 命名的干邑。

世间极致，一向靠时间臻其完美。历经百年，轩尼诗的醇香口味经典不变，这正是轩尼诗多年来一直为世人所推崇的恒久魅力之所在。如果说法国干邑区是白兰地的最佳产地，那么轩尼诗无愧于“白兰地之王”。作为世界销量第一的干邑品牌，目前轩尼诗隶属于世界最大奢侈品集团 LVMH 旗下，与路易威登、迪奥等品牌系出同门，其出产的干邑系列囊括了轩尼诗理查德、轩尼诗百乐廷、轩尼诗 1865 珍传、轩尼诗 X.O、轩尼诗 V.S.O.P 等极品。每一滴轩尼诗酒与舌尖的接触都是一种舞蹈，它的味道足以撼动每个饮者的神经。这种体验和感受，在端起一杯轩尼诗之前绝对不会拥有，在这个法兰西的透明诱惑里，你只需要深深沉醉，单纯享受，便能体会到什么是奢华。

为了庆贺轩尼诗家族领军人物之一 Kilian Hennessy 百年寿辰特别打造的限量版艺术珍宝——“轩尼诗百年禧丽干邑（Beauté du Siècle）”，这款酒全球限量百瓶，售价高达 15 万欧元，由轩尼诗公司现任总酿酒师让·费尔沃酿造，以法国巴卡拉水晶瓶包装，置于特制的酒柜中存放。

创始人：克里斯汀·迪奥
创始时间：1946 年　创始地：法国·巴黎

Dior
上帝恩赐的时尚帝国

“Dior”在法语中是“上帝”和“金子”的组合，正如这个名字所蕴含的意义一样，迪奥这一品牌在时尚殿堂像金子一般高贵，又宛如上帝一般俯视众生。

迪奥

1946 年，一家名为 Christian Dior（一般缩写成 CD 或 Dior，中文译为迪奥）的设计室在巴黎的蒙田大道 30 号成立。1947 年 2 月 12 日，这家设计室的主人克里斯汀·迪奥先生发布了首个时装系列——“新风格(New Look)”，他不但带回了因大战而失去的典雅女性美，而且拯救了法国的时装事业，重新确立了巴黎世界时尚之都的地位。

玛丽·法兰西·波希娜被誉为“法国奢侈品行业教母”，她曾经说过：“如果没有克里斯汀·迪奥，就不会有我们今天所知道的奢侈品的概念，即使会有，可能也会晚几十年出现，是他，改变了全世界的时尚观。”的确，克里斯汀·迪奥先生让女人卸去厚厚的假肩，露出圆润的肩膀与精致的锁骨；他把连身裙装的腰线提高，勒紧腹部，让女人重归苗条与秀丽；他让裙摆长至膝下，如花朵般怒放开来。第二次世界大战刚刚结束后，一切都需要在战争的废墟上重建，那个时候没有人在乎时尚，也没有人知道时尚是什么，而迪奥给世人提供了一个最美的典范。

继“新风格”系列之后，克里斯汀·迪奥每年都会创作出新的系列，而每个系列都具有新的意味，如 1948 年秋推出的“锯齿造型”，1950 年的“垂直造型”和“倾斜造型”，1951 年的“自然型”和“长线条”，1952 年的“波纹曲线型”和“黑影造型”，

▶枝节重生的藤蔓缠绕欲望之心，极致香艳的食人花朵开启禁忌之吻。一切皆以顶级珠宝打造的极乐花园生长于Dior精心架构的魔幻岛屿。Dior Milly Carnivora系列喷铸新型闪亮漆面，呈现浓烈光泽，似香馥浓郁的毒汁莹润其上，迸发出噬骨诱惑。光线穿透珍稀Paraiba碧玺和巴洛克水滴形切割的红宝石、蓝宝石及尖晶石，牵动纯粹的感官欢愉。天马行空的浮想才思，不拘一格的童真逸趣，艳丽妖娆的致命心悸幻化成随性驾驭的女王气息。

Dior

1953年著名的“郁金香造型”等，从很多设计师想都不敢想的处理方式到很多裁剪师认为永远不可能实现的成衣结构，克里斯汀·迪奥创造了一次又一次的设计奇迹，他被誉为“时装界的拿破仑”，他的每一次时装发布都会成为流行趋势，哪怕只是些微妙的变化，也会引起西方社会的骚动。

时间见证了昔日最热门的潮流，同时也使那些永恒的经典得以保留。某些潮流会过时，而经典从不过时。迪奥，历经半个世纪的考验，以它特有的品质征服了越来越多的人。

从1947~1957年这十年间，迪奥公司逐渐发展成为一个巨大的跨国性商业公司，主要经营时装、珠宝、香水、化妆品等产品。1957年克里斯汀·迪奥先生因心脏病突发而离世，致使迪奥公司的发展受到影响。1965年，迪奥被LVMH集团买下，成为其旗舰品牌之一。克里斯汀·迪奥先生的离去尽管让很多人叹惜，所幸的是迪奥这一品牌却没有没落。时装、香水、珠宝、腕表、化妆品、皮具……在时尚的王国里，迪奥这个品牌意味着包罗万象，无所不能。只有你想不到，没有迪奥做不到的。

香水是艺术品，对于有品位的人来说，它的价值并不亚于华贵的时装。在香水设计方面，克里斯汀·迪奥同样坚持华贵、优质的品牌路线。在他的这一理念的指导下，迪奥在每一个繁华时期都有经典的香水系列面世。比如，1985年迪奥推出的“毒药(Poison)”以独出心裁的命名和香调，加上紫水晶颜色的香水瓶所带来的神秘感，轰动一时，在1986年获法国最佳年度香水奖。而1988年的“华氏（Fahrenheit）”男香融合了古典和现代的香味，表现出男性的干净利落，曾获1989年全球最佳男士香水奖。此外，无论是揭开20世纪90年代迪奥香水序幕的“沙丘（Dune）”，还是标志着迪奥进入21世纪的“诱惑（Addict）”，每一款迪奥香水都继承了法国浪漫主义的传统，并始终保持着高贵的设计路线，不仅让使用者感到心情愉悦，也让周围的人觉得心旷神怡。

▲1995年，迪奥公司赞助的塞尚画展在巴黎大皇宫展出，开幕式上法国前总统夫人伯德纳黛·希拉克将迪奥的一款全新的手袋送给戴安娜王妃。这款手袋得到了王妃的青睐，为了向其致敬，1996年迪奥将这款包命名为Lady Dior。Lady Dior可以说集合了所有奢华经典的特征：非凡的品位，明显的时尚标志和最好的制作材料以及手工技术。作为一直热卖不衰的经典款式，Lady Dior每年都会推陈出新，而该系列的龙纹版手袋曾获“2009 Style China年度风尚大奖”。

▲1985年，迪奥的“毒药”香水在经典的苹果形状香水瓶中宣扬着自由、慷慨、激情与放纵的诱惑，以强烈的挑战意味进入到人们的生活之中。迪奥当时为配合这款香水的推出而举行的晚会盛极一时，由于主办方要求到场嘉宾必须穿上紫水晶颜色服装。一时间，巴黎大大小小高级时装店为赶制紫色礼服而疲于奔命。之后，迪奥又陆续推出了“绿毒”、“红毒”等香水，将这一魅惑传奇延续到了现在。

时间证明，从诞生至今迪奥从未落后于时尚潮流，因为它本身就是潮流的领导者。在克里斯汀·迪奥之后多位接手的设计师让这一品牌的名声越来越响亮。维克多·卡斯特兰就是其中之一。1998年，维克多·卡斯特兰被任命为迪奥高级珠宝的首席设计师，迪奥的崭新篇章也从这一刻开始。早在1952年迪奥就涉足珠宝领域，此后，经过数十年的发展，迪奥完全颠覆了过去高级珠宝给人的刻板印象，以形形色色的彩色宝石、水晶，斑斓的色彩与耀眼夸张的造型风格相搭配，恣意展现风格独具的新造型。

除了珠宝之外，自1975年以来，迪奥腕表系列也独领风骚，成为高档时装必不可少的配件。由于迪奥一贯坚持围绕时装潮流进行腕表创新，并结合瑞士精密制表技术，因此其经过最严格的生产与控制程序制造出的腕表不仅华贵典雅，而且功能一流。事实上，迪奥的皮具、珠宝、眼镜、化妆品等都拥有自我独特的华丽风格，同时又融合了敏锐的时尚潮流，只要一上市，就会成为超级热门商品和时尚人士们必备的超级装备。

无论是高定价的高级定制服装，还是实用的成衣系列，迪奥都遵循“精致的剪裁”这一最高原则。注重肩部的线条以及胸部和臀部的构型，就像创始人克里斯汀·迪奥先生自己说的那样“切线越少，效果就越好”，他这种坚持完美剪裁的方针一直沿用至今。

创始人：沃尔特·欧文·本特利

创始时间：1919 年　创始地：英国·克鲁郡

BENTLEY

全球富人的终极之选

在所有热爱宾利的人眼中，它是一个为客户度身定制的舒适豪华的移动空间，它是速度与豪华的梦想极致，它是绝大多数人无缘接近的豪华巅峰，它是全球富人彰显身份地位的终极之选。

宾利

北京 2002 年车展上，一款标价 888 万元的宾利车在当时创造了中国历史上最昂贵的汽车售价纪录，被誉为“天价汽车”，一时间电视、广播、报纸、杂志和互联网等媒体都争相报道宾利这个世界名车品牌。

宾利汽车的创始人沃尔特·欧文·本特利 1888 年出生在伦敦，从小就对机械很着迷。1919 年初，积累了大量的制造经验和技术的本特利成立了宾利汽车有限公司。

“创造卓越、极速之车中极品”是本特利的设计理念，宾利公司成立后，很快就推出了马力高达 85 匹的 3 升车型——宾利 3.0，其最高时速可以轻易突破 129 公里，这已经是当时速度最快的量产型汽车了。宾利开着这辆车参加了各种比赛，除了打破了当时几乎所有的耐力和速度纪录外，其衍生车型还夺下五年的勒芒耐力赛

冠军，创造了勒芒赛的历史纪录，宾利从此名扬天下。

宾利制造的运动车虽然在1923至1929年期间的勒芒汽车赛事中多次获胜，但由于不善于经营，1931年宾利公司因债务高达10多万英镑而宣告破产。在这关键时刻，劳斯莱斯买下了宾利，两家公司合并。1998年7月28日，宝马公司购买了劳斯莱斯的商标和标志，并与大众签署了一项协议，约定宝马从2003年起开始生产劳斯莱斯牌轿车，而大众则从2003年起生产宾利豪华轿车，这样宾利就正式收归到大众旗下。一度有人担心宾利的形象会被改变，然而“雅致（Arnage）”系列的推出完全消除了人们的顾虑，德国人并没有改变宾利，宾利的英国皇家血统仍然纯正。

宾利目前主要生产“雅致（Arnage）”和“欧陆（Continental）”两大车系，价格从268万到1200万元不等，其

2002年，在伊丽莎白女王登基50周年金禧大典上，由宾利的专有客户定制部门精心打造的State Limousine成为女王座驾。从此宾利便成为英国女王的御用座驾及国宾车，这使宾利品牌进一步超越了轿车的范畴，成为了一个国家及其文化的代表。除了王室成员，宾利还拥有众多巨星级的车主，在好莱坞及亚洲新兴国家和地区，宾利已经成为社会新贵们不可缺少的身份象征。

中“雅致”分为轿车版本、敞篷版本和“雅致 728”加长版；“欧陆”则有轿车版本和跑车版本。历经时间的洗礼，宾利将贵族的气质、纯正的品质、独特的个性深深地渗透到其品牌的五大支柱——手工艺、设计、动力、竞速与驾乘之中，并在传统精工细作的顶级造车工艺基础上，配以崭新的科技，让经典的尊贵豪华与时尚的激情灵动配合得天衣无缝，因而博得了越来越多的狂热追随者。无论是选择坐在后座上还是自己亲自驾驶，宾利车主都能感受到宾利的独特魅力，乘坐悠然自得，驾驶感觉自由自在，真正达到了“人车合一”的最高境界。

► “雅致 728”的每一个细节都充分体现着宾利手工精制的传统与一丝不苟的质量追求。事实上，宾利的每位要求度身定制服务的车主，都会被邀请前往位于英国克鲁郡的宾利专门的设计室，工程技术人员会深入了解每位车主的需要，继而造出令每位车主都能感到称心满意的车。由于每辆“雅致 728”的配置都不同，因此价格也不同，一般在 1000 万元人民币左右。

数百万的天价、百分之百的手工制作、纯正的贵族血统，伴随着近一个世纪的传统与革新，宾利这个名字已经远远超出了车的范畴。

一位美国顾客定制了一个不锈钢制的油箱盖，他想在上面再加上搪瓷制成的品牌 LOGO；有人希望把自己花园里那棵心爱的树“移植”到车厢里，做成内饰的配件；有人要求车厢车座上应用鸵鸟及水牛皮……这些千奇百怪的要求，恐怕世界上只有一个汽车品牌能够满足，这就是宾利，而完成这些奇怪任务的正是宾利的专有客户定制部门——穆利纳（Mulliner）。

两个世纪以来，穆利纳这个名字一直代表着最优秀的汽车制造技术。早在 1760 年，穆利纳就开始为英国王室手工制造马车车身。1900 年，穆利纳车厂的总部迁到伦敦中部，1924 年穆利纳为宾利打造了第一辆轿车之后，开始成为宾利的御用制作部门。1993 年，穆利纳迁到英国宾利车厂的据点克鲁郡，2002 年被宾利收购于旗下，成为其专属的私人定制部门。

有了杰出的技术保障，穆利纳的设计与工艺完全可以满足车

主的个性化需求，不论你是想在车中安装家庭影院、雪茄湿度控制器，还是一个弹出式的迷你酒吧，甚至最先进的视讯会议系统，没有一样是穆利纳办不到的。正因为有了这些技术保障，在各界名流的心目中，宾利汽车已经成为成功人士享受人生的头号选择。

一个带翅膀的字母“B”犹如一只苍鹰划破天际，宾利的汽车标志代表着一个在汽车史上最富传奇色彩的品牌，无论是售价高达668万元的“雅骏”敞篷轿车还是售价338万元目前世界上最快的四门四座豪华轿车“欧陆·飞驰”，人类把陆地交通工具做成宾利这样，是需要想象力的。

对于宾利车主来说，享有盛名的宾利品牌是一流的工艺、豪华的品质、完全的手工精制的代名词，在他们眼中，宾利车早已超出了代步工具的范畴，它更像是一个随身携带的尊贵标签，为主人带来无上的尊荣。

创始人：克洛德·莫埃
创始时间：1743 年　创始地：法国·巴黎

MOËT & CHANDON
上帝留下的欢愉之水

欧洲皇室贵族宴会，全球影艺界盛会，名牌时尚精品秀，体育比赛的光辉时刻都有酩悦香槟的热情参与，它伴随着那些杰出人物的成功，与他们一同分享喜悦与快乐。

酩悦香槟

众所周知，LVMH 集团是世界顶级奢侈品集团，这一名称中的“LV”指的是世界著名奢侈品品牌路易威登，“H”指的是白兰地酒中的名厂轩尼诗，“M”则代表酩悦。据说，在地球上平均每两秒钟就有一瓶酩悦香槟被打开。

酩悦香槟与法国的莫埃家族息息相关。1446 年，让–莫埃和尼古拉·莫埃兄弟被法国国王封为贵族。到 18 世纪初，他们的后人克洛德·莫埃开始在法国香槟区从事葡萄贸易。1668 年，唐培里侬修士发明香槟酒之后，克洛德即着手试酿生产，并在 1743 年创办了自己的酒厂。克洛德的孙子让–雷米·莫埃与拿破仑私交甚好，在他的努力下，莫埃家族出产的香槟获得拿破仑的喜爱，并赢得“皇室香槟”的美誉，从此闻名于世。

让–雷米·莫埃晚年时，将酒厂交给儿子维克托与女婿皮埃尔–加布里埃尔·昌东共同经营，并于 1832 年以两人姓氏的合写正式将其出产的葡萄酒定名为酩悦（MOËT & CHANDON），并沿用至今。

从路易十五的皇家庭院到伊丽莎白二世

MOËT

的加冕典礼，从盛大的歌舞剧首演到演绎顶级时尚的国际时装周，从1899年的世界博览会到2006年庆祝自由女神像诞生120年，酩悦香槟点亮了一个又一个辉煌的历史时刻，与无数王家成员、超级明星和社会名流结下了不解之缘。直到今天，它依然是尊贵与典雅场合的首选香槟。

自1743年诞生起，具有传奇色彩的酩悦香槟便始终是上流社会宴会上的首选，它将一场场梦幻般派对中集合的所有欢乐和愉悦展露无遗。

璀璨的金色赋予了酩悦一层特殊的光芒，而粉红色则给予酩悦一种浪漫的气息。在欢庆派对上，酩悦粉红香槟是永远的揭幕精灵，并拥有不可抗拒的魅力。视觉上，它呈现活泼的粉红色，折射出绛红色色泽；嗅觉上，它集合了草莓、覆盆莓和红莓的果香，并混合着微妙的玫瑰和山楂的香气，令人陶醉的芳香会使人浮想联翩；味觉上，馥郁的果味和华丽的口感使人立即迷醉，魅惑尽现。当最后一滴玉液被斟尽，过去的美好记忆却已被永久留存。

香槟酒在开瓶时，瓶内的压力令其一瞬间可发出砰然声响，从而给人们带来欢乐的气氛。因此，香槟酒被称为欢乐之酒，大凡喜庆的场合都有其踪影。早在18世纪，香槟酒已是法国凡尔赛宫盛宴上必备之物，特别是每逢圣诞节和新年，向君王敬酒非此酒莫属。法国皇帝拿破仑说过："我早上起来要喝，晚上睡觉要喝，打了胜仗要喝，打了败仗也要喝。"拥有250年酿酒传统的酩悦香槟，曾因拿破仑的喜爱而赢得"王室香槟"的美誉。尽管拿破仑后来被放逐到西西里，但是酩悦香槟的销量却没有受到影响，反而成为社会精英阶层一致推崇的品牌。

1981年，酩悦与轩尼诗两大酒厂合并，组成了酒业集团，1987年又与路易威登合并，形成了现在的奢侈品帝国——LVMH集团。至今拥有840公顷葡萄园的酩悦每年要生产的常规香槟超过1800万瓶，而其旗下最顶级的香槟以"香槟之王"唐培里侬修士的名字命名，俗称"香槟王（Dom Perignon）"，其出产数字却一直没有被官方公布。据说法国大革命时期，酩悦斥巨资购得唐培里侬修士当年所住的奥维利修道院，将这个香槟酒的诞生地开辟为香槟博物馆，并树立了一尊唐培里侬修士的全身铜像。不过，"Dom Perignon"的注册商标却被一家酒庄抢注了，直到1927年，当这家酒庄庄主的女儿嫁给酩悦香槟的少东家保罗侯爵时，这个注册商标作为一份嫁妆转到酩悦名下，之后，酩悦将其储存在酒窖中的1921年年份的香槟以"香槟王"命名。

据说世界上每卖出 4 瓶香槟就有 1 瓶是酩悦香槟，不过能够打开“香槟王”的机会，就没有这么多。酩悦的调酒师为“香槟王”调制每一个年份的口味时，都是在作出一个极为谨慎而重大的决定。一般的香槟 5 年便已成熟，过了 10 年味道就开始走下坡。“香槟王”却要 10 年才到达巅峰，再存放 10 年至 20 年也无妨。“香槟王”只有在气候适宜、葡萄产量与数量俱佳的年份才可酿制，堪称为香槟中的极品，同时也是葡萄酒最佳年份的指标。只有老葡萄藤所结的饱满葡萄才能酿制此款香槟。打开“香槟王”的一瞬，立刻可以闻到飘浮着的一股春天里的花香，倒入细长酒杯，气泡会呈笔直一线地上升，而那细致绵密的触感定会让饮者终生难忘。

创始人：雅诗·兰黛
创始时间：1946 年　创始地：美国·纽约

ESTĒE LAUDER

奢华护肤风格的最佳代表

雅诗兰黛开创了“奢侈护肤品”的新纪元。它引领的化妆风格及护肤方式成为了女性美容的典范，更树立了一种截然不同的品位风格——极致的奢华。

雅诗兰黛

她的名字是时尚杂志的“常用词”，她的王国在企业界呼风唤雨，她的名言被世界各地的女人奉为经典座右铭，她就是被誉为“化妆品王后”的雅诗·兰黛夫人。为了把美丽带给每一位女性，雅诗·兰黛夫人于 1946 年在美国纽约成立了雅诗兰黛化妆品公司，同时推出了她的第一款产品，由她当化学家的叔叔研发的护肤霜。这款护肤霜一经问世，马上就赢得了一群忠实的拥护者。

没有资金，没有营销经历，没有护肤或美容的特长，雅诗·兰黛夫人仅仅凭着想为每个女性带来美丽的这个梦想就步入到当时的化妆品领域。这位外表美丽纤弱的女子，在创业之初，曾为自己立下“每天至少接触 50 张脸”的工作量底线，她把自家产品带到美容院，给那些闲坐着等头发吹干的女人作免费演示；在人流熙熙攘攘的大街上，说服身边经过的女人，尝试自己的巧手护理。1948 年，雅诗·兰黛夫人终于赢得进驻美国最高级的萨克斯第五大道精品百货店的资格，雅诗兰黛作为高档美容护肤品的知名度从此直线上升。

雅诗·兰黛夫人曾经说过：“你只有一张脸庞，请用心呵护它。”这种理念不仅超越了她所处的时代，更超越了她自己。20 世纪中叶她就鼓励女性“善待并娇宠自己的肌肤”，提出了至今令人赞叹的“奢华护肤”

理念。1958 年，当时最为昂贵的护肤品价格为 10 美元，而这一年雅诗兰黛旗下最为著名的双重滋养白金级尊致宠肤日霜、晚霜首次推出之时，其售价就已高达 115 美元，这使其成为了历史上第一款顶级的护肤品，也创造了奢华护肤的新标准。

每一个成功的护肤品品牌，都有着令人不可思议的极致产品，它让你为之倾囊相购，只为让时光不再溜走，让容颜永驻。比如雅诗兰黛的经典产品双重滋养白金级系列产品，其取材来自 7 大洲的 55 种名贵珍稀成分，从天然南海珍珠到汉方名贵成分黄芪，从秘鲁罕见的猫爪藤到日本柏树叶，从百草之王白桦茸到精油天后迷迭香无不涉及。而该系列产品之所以受到欢迎，不仅源于其珍稀的成分，还有一个更深层次的理由：精湛的制作工艺。雅诗兰黛研发团队的科学家在对皮肤学及应用基因学的深入研究下，运用近乎完美的制作工艺，将稀世成分

▲美国太空物理学家麦克斯·贺伯曾任职于美太空总署，在一次火箭燃料爆炸中被严重烧伤，经过多次的求医诊治及皮肤疗养均无法除去烙痕。他因此决心投入到皮肤保养乳霜的研发中，历经为期 12 年超过 6000 次的实验，终于发现了太平洋深海的秘密能量。雅诗兰黛集团旗下的海蓝之谜（LAMER）面霜采撷太平洋深海之海草及富含氨基酸的卵磷脂，矿物质钙、镁、钾、铁，自面世之后，它那神奇的护肤效果就得到了人们的交口称赞。

与尖端护肤科技有效地融合在一起，为肌肤带来瞬时滋养的美好享受。

作为美国最大的化妆品集团，雅诗兰黛不断推出一款款顶级的护肤品：雅诗兰黛眼部修护精华霜、雅诗兰黛特润修护露和雅诗兰黛鲜活营养系列等都是该品牌最畅销的明星产品。作为时尚的典型代表，雅诗兰黛在全球高端化妆品领域中的地位不可动摇，它不断重新界定着奢华护肤的新标准，而其所倡导的化妆风格及护肤方式早已成为女性美容的典范。

如果没有了雅诗兰黛香水，人们的生活将缺乏激情，索然无味。在香水的海洋中，当人们碰到雅诗兰黛时，就像进入到神奇的世界，一旦深陷其境界，就注定无法自拔。

香水在很多人看来只是生活的附属品或修饰品，但是在深入了解一些香水品牌背后的理念时，人们就会发现，香水绝不是闻到的那一丝香味而已，其实在那香味背后蕴藏着很多让人们感动的人文精神，比如雅诗兰黛，它那一缕袅袅香味给人们带来的惊喜，是任何事物都无法比拟的。

1950年以前，香水作为典型的奢侈品，女性一般不会自行购买，普及率相当低，但雅诗·兰黛夫人相信女性喜欢生活化的美丽，因此她把品牌风格定位为：保持着与社会时尚的微妙距离。1953年，雅诗兰黛推出了“青春之露”。这是一种香氛沐浴油，也可以当香水使用，上市后大获成功，打破了法国香水一统天下的局面。凭借这款产品，雅诗兰黛颠覆了人们对香水的看法，使得高档香水不再是少数贵妇才能使用的奢侈品，从而开创了香水生活化的先河。

雅诗兰黛的香水系列非常庞大，其中比较经典的有辛香绿叶木香型的“合金（Alliage）”、春天般清新的“白色亚麻（White Linen）”以及具有独特的棱光花香调的“霓采伊甸（Beyond Paradise）”等。雅诗·兰黛夫人曾经说过：“我不希望我的香水闻起来像是玫瑰花、栀子花或是任何一种单独的花香，我要令雅诗兰黛成为世上最奇妙、最丰富、最和谐的千百种花香集于一身的香水。”正如她所愿，半个多世纪以来，在多变的时尚界，无论设计师的风格如何转瞬即逝，世人喜爱香水的口味如何捉摸不定，雅诗兰黛却总是长盛不衰。“好”、“更好”及“最好”之间永远有品质上的细微差异，雅诗兰黛真正叫人心服口服的正是其对品质永不妥协的执著，它在全球顶级商业街区绽放的美丽始终诱惑了无数世人。

▶“如果你16年前已经用上了ANR系列，那么16年后的今天，你的皮肤依然会和16年前一样细腻娇嫩”，雅诗兰黛的ANR特润眼部精华系列产品的这句广告语早已深入人心。该产品富含抗氧化物和脂质成分，巩固肌肤的天然滋润保护膜，增进肌肤对外部环境侵害的抵御能力，可以平抚细纹和皱纹，能有效消退眼袋，减淡黑眼圈。ANR特润眼部精华自推出之后曾创下全球每10秒销售出1瓶的佳绩，可以说是雅诗兰黛最为经典的护肤保养品了。

ESTĒE LAUDER
ESTĒE LAUDER
Perfectionist
[CP+]
Wrinkle Lifting Serum
Corrector for Lines/Wrinkles/Age Spots
Sérum lifting correcteur rides et taches
ESTĒE LAUDER
Advanced Night Repair
Protective Recovery Complex
Protecteur et accélérateur de réparation cellulaire
ESTĒE LAUDER
Idealist

创始人：爱德拉·卡萨格兰德
创始时间：1918 年　创始地：意大利·罗马

FENDI

雍容与奢华并存

尽管芬迪也具有近百年的家族传承，尽管芬迪也经历了跨世纪的品牌积累，但它更喜欢创新，将不断推陈出新视为品牌的生命力，从而成为一个越老越青春的奢侈品老字号。

芬迪

尽管芬迪也具有近百年的家族传承，尽管芬迪也经历了跨世纪的品牌积累，但它更喜欢创新，并将不断推陈出新引领前卫流行视为品牌的生命力，成为一个越老越青春的奢侈品老字号。

意大利一直被视为引领世界时尚潮流的主导者之一，在其绵远的疆界中，有众多声名赫赫的知名品牌，芬迪就是其中之一。在注重历史传承的奢侈品界，芬迪是一个另类。奢侈品品牌大多由男性开创，并由男性后代世袭传承，可芬迪家族却是由女性创立，并由女性后代继承的，是唯一传女不传男的母系奢侈品家族。

一切始于 1918 年，这一年，21 岁的爱德拉·卡萨格兰德在意大利首都罗马开了一家小型皮具与皮草商店。1925 年，她嫁给爱德华多·芬迪之后，将店名改为芬迪，从此拉开了一个皮草世家的序幕。

由于芬迪店内出售的优质产品赢得了上流社会的青睐，开始成为声名远播的一大品牌，在当时的罗马到芬迪购物甚至成为一种

1997 年由第三代传人西尔维娅·文图里尼·芬迪亲手设计的“法棍包”，以简约、实用、极富几何线条而闻名于世。这款包的外形细小狭长，因类似法式长棍面包而得名，由于其肩带可以自由拆除，因此可随意变换成手提包或夹包。“法棍包”每季都会有新款面世，每款都大获好评，名人拥趸不计其数，堪为珍藏经典。

身份的象征。1946年，爱德拉的五个女儿开始参与家族企业，为芬迪缔造了一番新气象。1954年，爱德华多·芬迪去世后，年近花甲的爱德拉宣布退休，五个女儿正式全面接管芬迪业务。为了给芬迪注入新的活力，芬迪五姊妹于1964年聘请了刚刚崭露头角的设计师卡尔·拉格菲尔德，他们携手开创皮草新概念，为时尚界带来一次翻天覆地的变革。

拉格菲尔德16岁时就曾获得国际羊毛局服装设计大赛外衣组竞赛冠军，进入芬迪公司之后，他的表现也确实没有令五姐妹失望。1966年，芬迪举办了第一场由卡尔·拉格菲尔德设计的展览会，他将芬迪精致传统的手工工艺与前卫独创的时尚精神相结合，获得极大成功。由此，芬迪开始了对国际市场的开拓，它的专卖店与专营经销商逐渐遍布世界，逐渐成为世界上屈指可数的奢华时尚品牌之一。

20世纪80年代末，爱德拉的孙女西尔维娅·文图里尼·芬迪正

▲《欲望都市》是过去10年最著名、影响力最大的美剧之一，在全世界拥有无数“欲望迷”。这部1998年开播的美国系列喜剧演活了发生在纽约曼哈顿四个单身女人身上的故事，为观众提供了自由个性的都市女性生活样本，使她们成为全世界女人内心的榜样。该剧中的专栏作家凯莉是个疯狂的“芬迪迷”，拎着各款芬迪包满曼哈顿跑。随着剧集的大热，芬迪包也被众多女性追捧。

式接掌芬迪，这位第三代传人上任不久就遭遇了危机。90年代的西方发起动物保护运动，一直被视为皮革制品代名词的芬迪，逐渐陷入停滞局面，岌岌可危。极具创意的西尔维娅没有使芬迪走向没落，她开始思考不同的素材，并于90年代初期推出正面为全毛皮、反面为网眼织物的两面穿大衣，让品牌摇身一变成为流行新鲜的代表，使芬迪逐渐重新成为时尚灯光的焦点。

每款品牌皮包可能都在诉说一个珍贵的回忆，一个优雅的传奇。芬迪使女士们的皮包不单是一件随身携带的实用物品，更成为了高级的时尚配饰。

“男人看表，女人看包”，手袋会反映出一个女人的地位与品位，可以看出这个女子是美丽夺目，还是优雅低调？是整洁端庄的，还是邋遢懒散的？自芬迪家族开发了皮包这一使其屹立不倒的拳头产品后，它就一次又一次地不断开创着这一领域的潮流。

要说芬迪有多少堪称经典的手袋系列，一时恐怕难以数清，“法棍包”、“间谍包(Spy Bag)”、“贝形包 (Ostrik Bag)”等款款产品均是原创意念、精致刺绣、匠心设计和卓越工艺的完美结晶。这些包不仅材质多变，从精致的刺绣镶珠设计、充满民俗风味的扎染布料的中档材质到镶以仿钻和貂皮的高档材质都有，让人爱不释手，而且款式独具创意，可背可提可挎的多样性设计实现了与服装的完美搭配，可以满足不同人的不同喜好。

▲“间谍包”是世界各地时尚名媛都想要拥有的一款芬迪皮包。除了宽大的外形设计外，“间谍包”还真的是名副其实地具有许多暗藏的玄机：皮包开关的把手，其实是一个可以放口红或其他小物品的暗盒；包上方看起来像是装饰的一片覆盖区域，如果从特殊设计的暗扣打开，就是一个小皮夹。“间谍包”简单大方的造型线条，让携带者能轻松搭配任何款式或格调的衣服。

芬迪的皮包宛如珠宝，款款都精雕细琢、创意无限，芬迪的皮草时装设计同样独一无二。皮草向来是奢华与高贵的象征，更是女人一生难以抗拒的诱惑，而选择芬迪皮草是一种张扬自信的审美方式，它可以性感、可爱、奢华，不仅是你华丽的御寒工具，更是时尚与个性、保值与品位的完美展现。

如今的芬迪公司已逐渐发展壮大成为一个时尚王国，其经营范围由皮草、皮包扩大到时装、珠宝、香水、眼镜及家具等领域。也许正是因为芬迪家族始终由女性掌舵，所以才能够敏感地捕捉到女性心理，从而使全球精于打扮而魅力四射的女士都不约而同对芬迪情有独钟，更为难得的是芬迪推出的男士用品同样具有相当广泛的市场，成为对时尚孜孜以求男士的绝对首选。

创始人：查尔斯·路易斯·蒂芙尼
创始时间：1837 年　创始地：美国·纽约

TIFFANY & CO.

见证你生命中每个重要时刻

当《蒂芙尼的早餐》中为情所困的奥黛丽·赫本在蒂芙尼橱窗前徘徊；当《西雅图夜未眠》里梅格·瑞恩将心系于一枚婚戒之上；当《恋爱世纪》中松隆子凝视着那颗代表爱情不确定性的水晶苹果……我们知道蒂芙尼的每一件作品都有永恒的魅力，可以世代相传。

蒂芙尼

经典是可以经得起时间考验的，承载近 170 年的盛誉，蒂芙尼的发家之道却是简单的一句话：“格调高雅的设计能够造就杰出的事业。”这一理念的倡导者正是蒂芙尼这一品牌的创始人——查尔斯·路易斯·蒂芙尼。

1837 年 9 月 18 日，出生于美国康涅狄格州的查尔斯·路易斯·蒂芙尼来到纽约百老汇，在纽约市百老汇大街 259 号开了一家文具及日用精品店。尽管开业当天的营业额仅为 4.98 美元，不过极富商业头脑的查尔斯并没有灰心失望，这个天才的生意人，在听说美国穿越大西洋的电报电缆中有一根因破损需要更换后，就以极低廉的价钱将其买下。当人们还在诧异报废的电缆能派什么用场的时候，查尔斯已经将 16 英里长的电缆连同其上粘着的海底青苔、泥巴等，截成 2 英寸长的小段，每一段都附有一张保证其为“原缆”的信函，包装成精美的历史纪念品出售。很快，这些报废电缆被抢购一空，查

Blue Book 系列玫瑰切割钻石花型项链吊坠、钻石流苏耳环

尔斯也因此增添了一笔巨大的财富。有其父必有其子，路易斯·康福特·蒂芙尼继承了父亲的创造精神，并将其发挥到首饰设计工艺当中。他创建了蒂芙尼工作室，发明了独一无二的螺旋形纹理和多面形钻石切割工艺，使钻石闪烁出更加夺目的光彩。

1851 年，蒂芙尼的银饰设计开始受到全世界的关注。1878 年巴黎世界博览会，查尔斯·路易斯·蒂芙尼从名不见经传的珠宝商，一夜成为全球瞩目的设计大师，并且出人意料地获得包括银器设计大奖和珠宝设计金奖在内的 8 个奖项。

▲1999 年，在独创六爪镶嵌法 114 年后，蒂芙尼又推出了最新款的订婚钻戒——Lucida（拉丁文的意思是银河的星星）。这款钻戒上的钻石呈方形，线条简洁迷人。钻石冠部采用的分层切割更具层次感，不仅静止时内外散发璀璨光芒，移动时更是流光溢彩。这种新颖的原创镶嵌设计让蒂芙尼获得了专利技术，堪称融合前卫与经典的珠宝绝技。

“见证你生命中每个重要时刻”是蒂芙尼对于消费者的承诺，在很多关键的历史时刻，蒂芙尼都有杰出的表现：1861 年，蒂芙尼受托为林肯总统的就职典礼设计一只纪念水壶；美国内战期间，蒂芙尼为格兰特将军和谢尔曼将军制作过镶嵌宝石的授勋剑；1885 年，蒂芙尼受命重新设计美国国徽，这一设计至今仍可在美钞一元纸币上看到；1886 年，蒂芙尼将钻石镶在戒环之上，尽量将钻石承托起来，让光线全方位折射，使美钻尽显璀璨光华。这一著名的六爪镶嵌法问世后，立刻成为订婚钻戒镶嵌的国际标准。

不知从何时开始，拥有蒂芙尼成为一些人为之节衣缩食的奢侈梦想，成为另一些人为之疯狂的理由。没有荣誉是从天而降的，从一个小小的文具精品店发展到世界上最大的珠宝公司之一，蒂芙尼的实力可与欧洲的珠宝王朝一争高下。作为美国上流社会配选珠宝首饰和情趣饰品的“必修课”，无数人以佩戴蒂芙尼的首饰为荣，其顾客名单中包括了英国维多利亚女王、意大利国王、丹麦、比利时、希腊及美国本土的众多名声显赫的贵族名流。

在熙熙攘攘的人群中，在流光溢彩的珠宝世界中，蒂芙尼闪耀着高雅与智慧的亮光，虽没有护佑生命的魔法，却给纷扰世间迷茫奔走的灵魂带去最纯真美好的渴望。

清晨时分，纽约第五大道上，一个穿着黑色晚礼服的女孩站在蒂芙尼珠宝店的橱窗前，一边吃着面包，一边幻想着有一天自己能够在这家高贵的珠宝店里享受轻松的早餐……奥黛丽·赫本用她独有的美丽将这个镜头深深地烙印在世人心中，而蒂芙尼为国人所知，多半是从 1961 年赫本主演的《蒂芙尼的早餐》这部电影开始的。通过电影图像，蒂芙尼优雅精致的珠宝首饰、淡蓝色装潢的高雅专卖店，不单是一个品牌符号，更成为具有情感象征的图腾。美国文化、纽约风格，就这么经由商品与传播媒体的结合，而渗入人们的生活之中。

▲蒂芬尼龙虾造型彩宝胸针

从开创初期设计银质餐具到设计银质装饰品再到设计钻石，蒂芙尼的设计师个个不同凡响，他们冷静超然，能够随意从自然界万物中攫取灵感。他们以爱与美、浪漫和梦想为主题，缔造出许多非凡珍品。经典设计是蒂芙尼每一件的作品的基本要求，这意味着每一件令人惊叹的完美的蒂芙尼杰作可以世代相传。正如品牌创始人查尔斯·路易斯·蒂芙尼所说：“我们靠艺术赚钱，但艺术价值永存。”

▲钻石，是女人的最爱，即使最普通的晚礼服只要有了美丽的钻石衬托，也会变得华丽。对于著名珠宝品牌蒂芙尼来说，钻石也是其产品系列中必不可少的重要部分，2009 年，蒂芙尼公司推出的 Blue Book 华贵珠宝系列中，设计师的创意天马行空，紫色、红色、黄色宝石演化为花形戒指，精细的黄蓝宝石组成了大理花手链，而仿若浪漫雪花的项链也镶嵌着璀璨的钻石，带来了大自然的清新气息。

一个女人一生少不了唇膏、香水、高跟鞋，当然也不应该缺少了蒂芙尼。蒂芙尼没有肤浅的奢侈，更没有浮躁的夸耀，它的每一款珠宝都有属于自己的精神空间，无论是精致典雅，还是沉稳内敛，都能使人感受到其中蕴含的品牌文化。如今的蒂芙尼不仅是世界首屈一指的珠宝商，它在纯银器皿、瓷器、水晶和手表等方面的工艺和设计也享誉国际，世界各国的博物馆和收藏家均把蒂芙尼的大师级作品视为珍藏，而在纽约，不论谁收到了一个蒂芙尼蓝色的礼盒都会惊喜万分。原因很简单，这个蓝色礼盒盛装的必然是质量与设计都无与伦比的蒂芙尼精品，而一旦有了蒂芙尼的陪伴，谁敢说你的生活不够美好？

创始人：让•马克•瓦什隆
创始时间：1755 年　创始地：瑞士•日内瓦

VACHERON CONSTANTIN

时间的艺术家

如果人类还需要用时间来计算自己生命的话，那么，江诗丹顿就有生存的意义。虽然每一只表都可以看时间，可是当我们拥有江诗丹顿的时候，我们看时间的心情以及看时间的态度也许迥然有异。

江诗丹顿

历史是一个手表品牌的重要组成部分，对于江诗丹顿这样一个 1755 年创立的瑞士钟表品牌来说，仅仅是 200 多年的历史本身就很值得炫耀，毕竟 1819 年维多利亚女王在肯辛顿宫诞生时，江诗丹顿已经创立了 64 年。

作为世界上历史最悠久的钟表制造商，江诗丹顿自 1755 年创立至今，经历了 200 多年的风风雨雨，它一步步从瑞士小城日内瓦走向了整个世界。翻看江诗丹顿的历史，如同看一部欧洲近代艺术史。它的创始人让•马克•瓦什隆先生当年不是为了谋生才去造表，也不是为了计量时间才去造表，他是哲学家卢梭的朋友，涉足钟表业完全是因为想探究有关“原动力”的哲学命题。结果，哲学研究的进展不大，却成立了世界上第一所表厂，该制表厂就是江诗丹顿的前身。

1803 年，瓦什隆去世之后，他的孙子雅克•巴泰勒米•瓦什隆继承了祖业。雅克是位眼光深远的人，他认为一个表厂的永续经

CONSTANTIN
SWISS MADE
1156096

▲江诗丹顿的 Tour de l'ile 号称“世界上最复杂的腕表”，Tour de l'ile 是瑞士日内瓦市一个街区的名字，200 多年前江诗丹顿创始人瓦什隆先生就开始在这个街区的一幢阁楼里制造钟表了。而以街区命名的这款表专为庆祝江诗丹顿创立 250 周年而开发，全球限量 7 只，各有独立编号，每只价值约 150 万美元。

营除了高超的制表工艺外，具备推广和销售才能的商业大将也是不可或缺的。1819 年，他与费朗索瓦·康斯坦丁合伙成立江诗丹顿这一品牌。作为一个天才的推销员和开拓者，康斯坦丁不仅使江诗丹顿在追求完美的技术细节和美丽的外观设计之间达到和谐统一，还把江诗丹顿钟表推广到欧洲的各大城市。同年 7 月 5 日，康斯坦丁在给身处意大利都灵的雅克的信中提出“悉力以赴，精益求精”的制表理念，其此后成为江诗丹顿品牌的座右铭。

1872 年，以严谨著称的日内瓦测试局首次举办钟表精准度大赛，江诗丹顿制作的钟表在比赛中获胜，并在此后的诸多大赛中屡创佳绩、获奖无数。历经时代变迁，如今的江诗丹顿的表系主要有：“马耳他系列（Malte）”、“传承系列（Patrimony）”、“纵横四海系列（Overseas）”、“女装计时系列（Ladies Timepieces）”、

“历史名作系列（Les Historiques）”、“艺术大师系列（Les Metiers d’Art）”和“阁楼工匠系列（Les Cabinotiers）”等，各表系均具有独特的个性及外观，以迎合不同的品位和场合需要。从简约典雅的款式到精雕细琢的复杂计时，从日常佩戴的款式到名贵的钻石腕表，每一款均代表了瑞士高级钟表登峰造极的制表工艺。随着时间的流逝，江诗丹顿也在不断超越自身，虽然现已归属到历峰集团，但作为一家全面的钟表生产商，由机械至机芯开发，由技术至设计等创作，以至生产工序，均由江诗丹顿全盘掌控，并一直延续着卓越技术、完美设计、严谨工序这三项历史传统，傲然屹立于世界表坛之巅。

江诗丹顿的每一件成品都要经过数年锤炼，每一个刻度都体现出大师的精雕细琢。历经百年的时光淘洗，如今，江诗丹顿俨然成为“时间”的同义词，更是爱表人士眼中无可取代的腕上艺术品。

一只腕表值多少钱？江诗丹顿的答案是：“入门款”价格10万元。尽管价格昂贵，但是在这个世界上任何人都无法逃脱精致的江诗丹顿所带来的终极魔力，不是因为那上面可能会藏着从南非发掘出的一粒稀世珍钻，也不是因为那可能融入了一个“阁楼工匠”几年甚至几十年的心血和智慧，只在于每一只江诗丹顿的后面都凝结着一个古老品牌对于外形和功能的全心付出，对于美好和精致的不懈努力，对于精确和细腻的无尽苛求。

一只江诗丹顿历经数年，从最初的构想，到图纸，到

▲2009 年，江诗丹顿在秉承传统的同时，大胆创新，将灵感充分倾注在高级珠宝腕表制作领域，在业内首次采用火彩形钻石切割工艺，推出了两款令人惊艳的 Lady Kalla Flam 和 Kalla Haute Coutureà Secret。火彩形钻石切割工艺使得钻石表面多个切割面巧妙吸收光线，从而赋予了这两款高级珠宝腕表以完美品质以及令人目眩神迷的美丽。

设计，精雕细琢直到最后的测试，每一个细微的环节都需要作到全身心投入，只求最后到达顾客手中的是一块无懈可击的时光艺术珍藏。比如当年，为庆贺英国查尔斯王子与戴安娜王妃的婚礼，阿拉伯联合酋长国的亚迈尼酋长特地向江诗丹顿定制了一只极为昂贵、小巧的腕表“Lady Kalla”送给戴安娜王妃。江诗丹顿的另一经典之作——卡里斯泰（Kallista）女士腕表，是世界上最昂贵的手表。此表制成于1986年，原为沙特阿拉伯的哈里德国王订购，表身表带镶满钻石，共用118颗经过严格挑选的上品蓝白方钻，重130克拉。江诗丹顿表厂为制造此表招集了最优秀的技师，经历20个月6000工时才制成。“Kallista”在希腊文中是完美无瑕的意思，而其成品也的确完美之至，但在制造期间哈里德国王撒手人世。此表制成后，1986年被一位不知名的买家用350万美金买去。1987年12月3日，Kallista再度易手，被PALM BEACH珠宝行主人皮埃尔·哈里米代客买去。哈里米声称，他是以500万美金成交的。于是，Kallista表每日升值4000美元的佳话不胫而走。

“最小批量，最优质量，最高卖价”一直是江诗丹顿的经营战略，有了这样的经营战略，江诗丹顿腕表每年产量控制在18000块左右，而且每一只腕表都遵守着最严格的质量标准，每一只都是真正意义上的艺术品，值得收藏。此外，自1840年起，每只江诗丹顿表的生产图纸、记录、销售日期及机芯、表壳编号等资料，都完整无缺地保留在公司的档案柜中。有了这样的对顾客负责的严谨的经销理念，不管过去或今天，江诗丹顿必然始终在瑞士制表业上担当关键的角色，并无愧于“时间的艺术家”的称号。

创始人：慕拉诺爵士
创始时间：1872 年　创始地：意大利·慕拉诺

MOOLLONA

传世水晶，演绎极致奢华的贵族之家

作为古老欧洲宫廷世代沿袭的御用灯饰，MOOLLONA 不仅记载着古老欧洲王朝世世代代的兴衰历史，更将那份传承百年的高雅与奢华静静地传递给了后人。今天，延续百年的MOOLLONA灯饰除了代表着荣誉与地位，还象征着人们对生活这门艺术的鉴赏力与修养。

MOOLLONA

传说中，水晶是有灵魂的，它能为拥有者带来荣耀和财富。在古老的欧洲，皇室贵族们都喜欢用水晶来装点自己的皇宫。水晶灯诞生于查理四世时期，他宠爱的皇后布朗歇过生日时，当时捷克最著名的水晶设计工匠斯迪凡用天然水晶为皇后制作了一顶华丽的皇冠，皇冠上晶莹剔透的水晶让珍珠、宝石都黯然失色，深得查理四世的喜爱。一天，小公主玛丽对王冠很好奇，拿在手里看来看去，抬头的瞬间，烛光透过水晶照下来的柔美而晶莹的光芒顿时让小公主沉醉了。后来，玛丽把她所看到的告诉了查理四世，于是查理邀请当时最好的水晶大师专门为皇室制作出用水晶装饰的吊灯，不久。这种水晶灯就名扬天下，成为王室贵族们喜爱和追捧的对象。

18 世纪初，意大利有一位名叫 MOOLLONA的传奇工匠，由他制作的手工玻璃灯除了造型精致绝伦之外，还能抚慰人的情绪，让烦恼的人安宁，让骄傲的人内省，让沮丧的人重拾信心。很快地，他被召进了皇宫，专门为法国王室制作灯具。此后，人们就再也没有听到他的消息，传说他在皇宫的密室里终老一生。MOOLLONA 的故事在慕拉诺玻璃王国广为流传。为了纪念这位灯饰设计大师，1872 年，意大利的几位玻璃工

MOOLLONA 水晶灯具有四重鉴赏价值：一是手工制作的不可复制性；二是设计造型的艺术品位；三是其呈现的高品位生活方式和主张；四是其蕴藏的历史文化和人文思想。血统纯正的 MOOLLONA 水晶灯，具有动人心魄的魅力。

七颗星是MOOLLONA的传统记忆符号，代表了MOOLLONA的七星级服务，同时也象征着MOOLLONA引领灯饰发展潮流，每一件MOOLLONA灯饰都集聚着欧洲经典文化和艺术精髓，它将艺术与思想完美地融入灯饰设计之中，赋予生活以气韵和灵魂。

MOOLLONA

匠和设计师用MOOLLONA命名所生产的灯饰。此后数年，MOOLLONA成为欧洲灯饰的顶级品牌，迄今已有138年历史。

作为古老欧洲宫廷世代沿袭的御用灯饰，MOOLLONA不仅记载着古老欧洲王朝世世代代的兴衰历史，更将那份传承百年的高雅与奢华静静地传递给了后人。今天的MOOLLONA灯饰已经不再是欧洲贵族们的专属，凡是崇尚尊贵、品位生活的人都可以成为它的主人。因为MOOLLONA除了代表着荣誉与地位，还象征着对人们对生活这门艺术的鉴赏力与修养。

“根植于历史又超越历史，继承经典又创造经典”是MOOLLONA的理念，精益求精，追求奢华成为了MOOLLONA人的信仰，他们一成不变地保持着MOOLLONA的精湛工艺与高贵气质。

一百多年来，MOOLLONA始终遵守“限量销售”的原则，每一款MOOLLONA水晶灯都是绝版的。此外，MOOLLONA的每一位设计师都堪称艺术大师，他们既有鉴赏家的挑剔，也有艺术家苛刻的标准，同样还有着超凡的创造力，因此他们赋予了每一盏MOOLLONA水晶灯以灵魂。

MOOLLONA的每一盏灯从设计到选材都经过严格的考究，采用纯手工工艺打造，每一步工序都精益求精，并且是在来自世界各地的人们的“监督”下生产出来的。每年，来自世界各地的旅游者可以亲临现场见证MOOLLONA的诞生。在意大利慕拉诺岛上，人们可以看到娴熟的工艺师们一边听着悠扬的音乐，一边轻松快乐地制作灯饰。可以说，每一件MOOLLONA不仅集合了精湛技艺与奢华气质，还带着一份快乐因子。

MOOLLONA生产一款灯饰耗时巨大，仅一道手工玻璃或水晶的打磨与抛光工序所花费的时间，就是其他水晶灯制造的四倍。MOOLLONA手工玻璃灯之所以传承至今，就在于它的精雕细琢，然后通过手工工艺，让艺术与华贵渗透其中。严谨和娴熟的工艺带来的是一个艺术品的典范，MOOLLONA也因此成为一种传世的艺术品，受到了那些富有品位、最懂得鉴赏的人的欢迎和青睐。

MOOLLONA水晶灯是有生命的，在给人们带来光明的同时，它那高雅的艺术气息还为人们带来精神的愉悦，它让人们了解到，生活是一种艺术，绝非仅供别人鉴赏，而是自己对生命意义的深切体悟。

“让灯与主人进行思想交流与灵魂的对话”是MOOLLONA追求的至高境界。MOOLLONA独特的灵韵和清澈都令人感受到一种流畅的艺术质感，它沿袭百年的大气与高贵，将欧洲至高无上的皇室气质带进世界各地的贵族之家。它从高端人群的身份地位和文化需求出发，诉求悠久而典雅的意大利古典主义文化，传递出意大利的浪漫温情，用光芒装点着鉴赏家的生活空间，让居室散发出极致的高贵和无上的奢华。

因此，在品牌发展百年后的今天，越来越多上流社会的商界政界成功人士选择MOOLLONA来装点他们的家，用以传达他们奢华、至尊、唯美和精英化的高品位生活。与此同时，也展示了他们对生活的深切体悟——绝不追求形式上的奢华，只追求内涵和思想上的美。

▼2010年，MOOLLONA手工玻璃灯成为上海世博会越南馆唯一指定用灯。2盏MOOLLONA手工玻璃灯，全方位地展现出灯光设计的视觉神话。尤其是MOOLLONA手工玻璃灯中的撼世巨作——“狄安娜之光”，在世博会结束后将会装饰在越南总理办公厅，使“贵族灯饰极品”的地位永远地延续下去。

创始人：卡尔·本茨　戈特利布·戴姆勒
创始时间：1886 年　创始地：德国·斯图加特

Mercedes-Benz

王者气度，纵横天下

在高度竞争的世界，百分之一秒或者百分之一米的差距，就能分辨高下。作为世界上最早的汽车制造者，梅赛德斯-奔驰永远难以接受任何标准的限制，总是试图向前更进一步，引领世界一路前行。

梅赛德斯-奔驰

梅赛德斯-奔驰，这个传奇的品牌可以说是汽车的始祖，提起它的历史就不能不提到两个人：卡尔·本茨和戈特利布·戴姆勒。“we do not need to invent a good story, we write history since 1886（我们不需要去编造一个动听的故事，自从1886年我们就书写了历史）”。

1883 年，德国的汽车设计天才卡尔·本茨与几位合作伙伴注册了奔驰公司。三年后，卡尔·本茨研制出一辆三轮汽车，装有三个实心橡胶轮胎的车轮及卧置单缸二冲程汽油发动机。虽然它的时速只有 16 公里，但已具备了现代汽车的一些基本特点，其齿轮齿条转向器可以说是现代汽车转向器的鼻祖。1886 年 1 月 29 日，卡尔·本茨向德国皇家专利局为自己设计的三轮汽车申报专利并获得批准，因此 1 月 29 日被认为是世界汽车诞生日，1886 年则成为世界汽车元年。之后，卡尔·本茨又发明了一套全新的转向系统，由此奠定了今天四轮汽车的蓝图。

1890 年，梅赛德斯-奔驰的另一位创始人戈特利布·戴姆勒创办了 DMG（Daimler-Motoren-Gesellschaft 简称 DMG）汽车公司，在挚友威廉·迈巴赫这位杰出的汽车设计者的帮助下，DMG 生产的戴姆勒汽车逐渐吸引了世人的目光。

在第一次世界大战之后的通货膨胀时期，为了生存下去，1926 年 6 月 29 日，戴

姆勒与奔驰这两家历史最悠久的汽车制造商合并为戴姆勒–奔驰公司，并开始生产梅赛德斯–奔驰汽车。

从一开始，梅赛德斯–奔驰汽车就在质量、技术、舒适感等诸多方面成为汽车工业的典范，创造了无数的世界第一，而“精美、可靠、耐用”一直是梅赛德斯–奔驰公司的宗旨。为了保持其生产的汽车的质量水准，该公司每年投入的科研开发费用高达 4 亿美元。一般汽车行驶 10 万公里就趋于报废，而行驶 30 万公里后仍能保持良好性能的梅赛德斯–奔驰车屡见不鲜，其制作严谨和选料精良由此可见一斑。

以卓越的品质为根基，梅赛德斯–奔驰立于世界汽车品牌之林，历久不衰，仿佛一位处变不惊的智者，内外兼修，其所代表的奢华和社会象征意义始终吸引着大批仰慕者，得到了诸如英国女王伊丽莎白二世、教皇约翰·保罗二世、德国前总理科尔等重要人物的青睐，成为众多成功人士的首选座驾。驾驶过梅赛德斯–奔驰汽车的人会不愿再驾驶其他品牌的汽车，这一品牌背后所蕴藏的悠久历史、非凡的技术实力和上乘的质量深深地吸引着他们，使他们坚信梅赛德斯–奔驰能给予他们最完美的驾驶享受。

▲1935 年的奔驰 150

100 多年的汽车历史里有许多鲜为人知的小故事，世界上第一个开车的人士是卡尔·本茨的妻子贝塔·本茨。1888 年，她和两个儿子偷偷地把卡尔·本茨发明的车子从德国的曼海姆开到普福尔茨海姆城里。她当时的目的在于向大众公开她丈夫多年来研究的新发明。结果证明，这辆车子改变了整个汽车工业的历史。

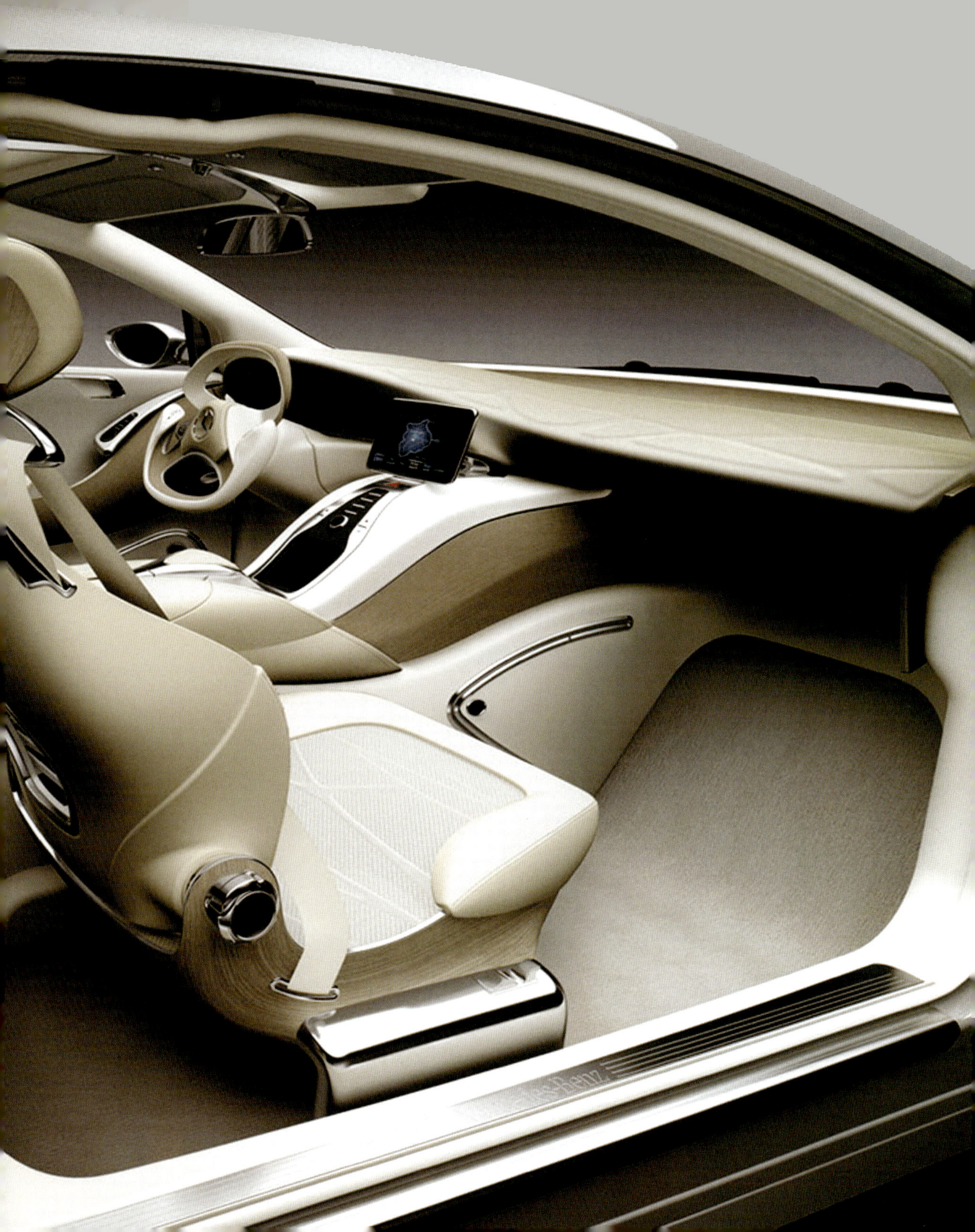

"有一天，这颗星星将会从这里开始升起。我希望这象征着我们和我们的孩子们的成功。"这个1872年戴姆勒在写给他的妻子的明信片中所讲述的愿望已经实现。如今，奔驰三叉星的标志已经成为全世界最广为人知的标志。

德国是汽车的王国，而这个王冠上最璀璨的一颗明珠，当属梅赛德斯-奔驰。现在，人们通常将梅赛德斯-奔驰简称为奔驰，很多人忽略了梅赛德斯，事实上，正是这个名字为梅赛德斯-奔驰公司的历史写下最辉煌的篇章。关于梅赛德斯的来历，有这样一个美丽的故事：1900年，当维也纳商人艾米尔·捷里内克得知DMG公司又生产出一款新车后，预见到其良好商业前景的他立即提出要订购36辆。不过，他提出了两个附加条件：第一，他必须是奥匈帝国、法国和美国的唯一代理商；第二，这种车必须以他的女儿的名字梅赛德斯命名。因为1899年，艾米尔曾在以女儿梅

赛德斯的名字报名参加的一项汽车比赛中一举夺魁，所以他坚信“梅赛德斯”这个名字能给他带来好运，为此他甚至将家族姓氏由捷里内克改为梅赛德斯。最终，DMG 公司同意了他的要求。

1901 年 1 月 4 日，首辆“梅赛德斯”汽车运抵尼斯销售展厅时，当时德国的《汽车》杂志曾为其开辟专栏介绍。这辆汽车不仅掀开了一个崭新的“梅赛德斯”时代，也最终敲响了当时流行的箱式车设计的丧钟。同时“梅赛德斯”这一车名很快被世人接受并广泛流传，它所带来的良好口碑促使 DMG 公司后来将其所有的汽车命名为“梅赛德斯”，并于 1902 年进行了商标注册。

◀2006 年梅赛德斯-奔驰推出了一款 722 版 SLR 超级跑车，这款跑车是为纪念历史上著名的奔驰 300 SLR 赛车而诞生，并由参赛号码得名。1955 年，英国车手斯特灵·摩丝和他的副驾驶员丹尼斯·杰克森驾驶着当时的奔驰 300 SLR 在意大利千里公路赛中一举夺魁。比赛从意大利北部城市布雷西亚出发，到罗马后返回。他们两个用创纪录的 10 小时 7 分 48 秒跑完了 1600 公里的赛程，平均速度达到了 158 公里/小时。摩丝驾驶并获得冠军的 SLR 赛车的侧身贴有为纪念早上 7:22 发车的 722 的号码字样，现在这个奇怪的号码已经成为赛车历史上最著名的号码之一。

“领导时代，驾驭未来”，正如这句广告语所说，如今的梅赛德斯-奔驰汽车公司已成为德国第一大汽车公司，共拥有 12 个系列百余种车型，年产量达到了近百万辆。梅赛德斯-奔驰汽车的型号都是由大写字母命名的，其中 SUV 有 M 级、G 级、GL 级；轿车有 A 级、C 级、E 级、S 级、CLS 级；跑车有 SLK、CLK、CL、SL、SLR；多功能车有 B 级、R 级。尽管车型众多，但是在其装配线上没有一辆车是完全相同的，满足每一位客户的要求是奔驰汽车制造者心中永远的标准，所以每一位梅赛德斯-奔驰的车主，在驾驶自己心爱的奔驰汽车时，都能体会到“上帝”的感觉。

除汽车之外，奔驰还推出了一系列时尚生活用品，从精致的手提包到生活小饰品再到各款男女服装，可以说是应有尽有，从而让那些喜爱奔驰车的“上帝”的生活中充满了三叉星的光辉。

创始人：马里奥·普拉达
创始时间：1913 年　创始地：意大利·米兰

PRADA
上流社会的心爱之物

在简单与复杂之间自如地拿捏分寸，不论在任何场合都不会有不合时宜或过时的问题，拥有普拉达这个享誉世界的传奇品牌，一直被各界名流显贵视为日常生活中的非凡享受。

普拉达

20世纪初，美洲与欧洲之间的民间交往频繁，商业贸易形势一片大好，意大利的马里奥·普拉达看准商机，决定设计生产一系列旅行用的皮具产品。1913 年，他与自己的兄弟一起在米兰开设了一家行李用品公司，主要销售皮包、旅行箱、皮制配饰以及化妆箱等旅途中使用的高档用品。在他的努力经营下，1918 年意大利皇族特别指定普拉达为皇室专用供货商，普拉达之名自此渐渐享誉整个欧洲，到 20 世纪 30 年代，那些眼光苛刻的欧洲贵族们纷纷以拥有普拉达品牌而自豪。

意大利人极为注重家族观念，普拉达家族有一个很严苛的规定——女人绝对不能参与家族生意的经营。直到 1958 年马里奥去世，他的女儿路易莎·普拉达才得以接手父亲的事业。然而 20 世纪 70 年代中期之后，由于受到古驰、爱马仕等主要竞争对手强有力的挑战，普拉达公司面临极大的困难，几近破产边缘。当曾经风靡一时的普拉达处在

最黑暗的时期时，谁也料想不到，救星会是来自其家族内部的另一位女性，她在短短10年内重树家族雄心，并建立起意大利时尚地图上最夺目的时装帝国，她就是马里奥·普拉达的孙女缪西亚·普拉达。

缪西亚在意大利是一个传奇，你永远难以想象一个喜欢戏剧的政治学博士会对时装界产生如此深刻的影响，在普拉达这个当初禁止女人参与生意的家族史上最令人意想不到的大概就是这个结果：最终它在一个女人的手里起死回生并获得了巨大的成功，成为世界顶级的奢华品牌。

缪西亚有着敏锐的时尚触感和大胆的革新精神，1978年她正式接手主管家族产业后，对普拉达的产品的用料和设计进行了一番改革，除了推出了风靡一时的“尼龙包（Nylon Bag）”外，1983年推出皮鞋，1989年推出女装，1994年推出男装，1998年推出运动装。缪西亚的丈夫帕特里齐奥·贝尔泰利则建立了普拉达全世界

你可以装着对古驰随处彰显的高贵不予理会，你可以掩饰自己没认出香奈尔简单抽象的标志，你甚至可以大摇大摆地晃过CK专营店，并且故意说并不是因为自己的荷包空空，实在是款式太过随意。但是，你不能在普拉达的面前无动于衷。以制造高级皮革制品起家的普拉达，总是以最靓丽的姿态出现在所有人的面前。

近日，美国纽约奢侈品研究调查机构围绕“顶尖男性时尚品牌”这个命题对 1503 名受众进行了调查，这些被调查者的家庭年收入都在 15 万美元以上。最后的调查结果显示，在排他性、社会地位、自我提高性与价格与价值之比上，普拉达得到的评价都高于平均。没有华丽的 LOGO 设计，没有夸张的装饰，仅凭精简的款式和精致的工艺，普拉达的产品已成为人们观念中可靠与现代、安静与时髦的代表。

范围的产品分销渠道以及批量生产系统。在夫妻二人的努力下，普拉达将传统的品牌理念和现代化的先进技术进行了完美结合，终于从低谷中走了出来。

当设计成为一种语言，用来表达人们的生活方式时，就会变得游刃有余而没有界线，这也使得普拉达得以被各界名流推崇备至。

1998 年起，普拉达开始向 LVMH 和古驰看齐，走集团式的经营路线。目前其旗下共有 Prada、MiuMiu、Church's、Car shoe 四个品牌，这四个品牌在定位上各有侧重：Prada 仍延续经典、有深厚文化积淀的风格，在顾客年龄定位上偏成熟，MiuMiu 的目标定位是清新活泼引领时尚的年轻人，Church's 是普拉达在 2000 年收购的一个有着 100 多年历史的英国品牌，主要产品是经典男鞋，而 Car shoe 则主打运动系列。

虽然普拉达集团拥有多个极具声望的国际品牌，但是每个品牌均有不同的细分市场与品牌形象，而且无论是哪一类产品，普拉达永远不会让人们失望。普拉达的主线品牌包括各种高级成衣、礼服与皮具等产品，其皮具一直严守着用料讲究、工艺精湛的品质标准，在运输工具尚称不上便捷的当时，为了达到最好的品质，马里奥·普拉达还坚持从英国进口纯银，从中国进口最好的鱼皮，从波希米亚运来水晶，并亲自设计皮具，可见其追求完美的态度。

普拉达在箱包等皮具制造领域中有着悠久而辉煌的历史，但其时装却只有短短不到20年的历史，在国际顶级服装界中还是一个充满活力和朝气的新人，而这样一个年轻的品牌却可以与迪奥、纪梵希等顶级服饰品牌并驾齐驱，可见其必有不凡之处。

2004年底，一本揭露美国时尚界秘密的《穿普拉达的女王》成为美国的畅销书，被改编成电影后以黑马的姿态横扫北美票房。在这部以时尚界为背景的影片中，满天飞舞的名牌服饰和梅丽尔·斯特里普的老辣演技无疑是最大看点。时尚迷则可以像寻宝一样发掘片中女主角服饰品牌的归属。电影中，《天桥》杂志女主编米兰达十分钟爱普拉达。1989年，普拉达首次推出秋冬服装秀时，其一反当时潮流的设计就赢得了不少口碑。如今，只要把普拉达和服装这两个词联系在一起，很多人都会立即在脑海中浮现出干净利落的服装轮廓以及处理得极为精致细腻的局部，华贵之中展现出简洁的庄重。

除了主打的皮包、衣服和鞋等产品，普拉达的产品线还延伸到眼镜、香水和饰品领域，甚至和LG合作推出了一款手机。普拉达一直秉承坚持自己的理念，在眼花缭乱的时尚大潮中，不被潮流左右，令每款产品尽显简洁优雅。同时，普拉达也用其不落俗套的品质创造了令人难以置信的奢侈品世界神话。

▼一向引领流行时尚的普拉达，在眼镜领域也不甘落后。1999年，普拉达集团首次推出了眼镜，它不仅成为时尚的配件，同时兼具功能性，与诸多眼镜品牌分庭抗礼。基于对产品高质量的要求、对品质永不妥协的企业理念，普拉达眼镜使用最坚韧的合金，最坚固的模铸板材，创造了最完美耐用的产品，在保持款式时尚、设计经典的基础上，在诸多细节方面均力求达到最高的舒适度。

创始人：瑞奎斯家族
创始时间：1593 年　创始地：法国·波尔多

Château d'Yquem
Lur-Saluces

贵腐葡萄酒之王

一瓶上好年份的伊甘堡酒可以珍藏百年，许多人在购买新年份的伊甘堡酒时，心里想着的常常是还未出世的儿孙，因为只有他们才能有幸享受那全然成熟的黄金酒液。

伊甘堡

霉菌可以让葡萄“死于非命”，但是如果它的名字叫做贵腐霉，那么葡萄就遇上“贵人”了。贵腐霉是一种寄生在水果表皮上的微生物，对人体无害，而“贵腐葡萄”糖分很高、芳香浓郁，是酿造高品质贵腐酒的最佳原料。

伊甘堡位于法国波尔多贵腐甜酒的“黄金产区”，其酿造葡萄酒的历史悠久，1593 年瑞奎斯·德·萨万格以交换保留地协约的形式获得了当时为皇家领地的伊甘堡，1785 年后归为萨卢科斯家族所有。1847 年，伊甘堡的庄主由于打猎迟归，回到酒庄之后便发现已经错过了葡萄的最佳采摘季节，园内的葡萄大多已经发生了霉变。由于葡萄园的面积较大，一旦无法采摘，损失将是空前的。于是，庄主怀着试一试的心理将霉变的葡萄采摘后，按照以往的酿制方法进行酿制，待到品尝第一杯酿制出来的伊甘堡“霉变酒”时，发现其味道出奇的甜美和浓厚。从此以后，伊甘堡每逢葡萄的采摘季节，都会故意等到葡萄发生霉变时方才进行采摘。倘若遇到未出现霉变的年份，为了保证酒的质量，伊甘堡会对外宣布今年酒庄不生产正牌酒。到 1855 年法国实行葡萄酒分级制度时，伊甘堡在波尔多众多名酒庄中唯一被评定为超顶级葡萄园酒庄。

1968 年，伊甘堡传到亚利山德尔·德·鲁尔·萨卢科斯伯爵手中，在他的领导下，伊甘堡好年份的酒产量达到一万瓶，销售额能达到千万美元，但是面对20世纪末现代商业化的激烈竞争，萨卢科斯家族的产业面对的是双重打击：一方面要上缴高额的遗产税，另一方面需要资金周转以便将设备现代化，而要克服这些困难就必须在传统与现代、数量与质量之间作出抉择。1999年，路易威登集团兼并了伊甘堡，萨卢科斯伯爵约占10%的股份，200年来的家族统治转为与大型集团共同所有，虽然这对于萨卢科斯家族是一大打击，但是路易威登将现代化的管理模式引进到了伊甘堡的管理中，使得伊甘堡酒在世界奢华品的行列中占有一席之地，也许这对于维护其高品质形象未尝不是一件好事。

从1847年起，为了酿造贵腐甜酒，伊甘堡每年都要和自然进行一场豪赌，因为贵腐霉很骄贵，不是在任何葡萄园都能出现和传播的。此外，被贵腐霉感染的葡萄在采摘时需要逐粒逐串挑选，因为不是每一粒葡萄都同时受到感染，并且其萎缩程度也不一样，所以每年伊甘堡都要冒着全部葡萄被烂光的风险，等待那些真正浓缩到极点的葡萄。

2006年12月，伦敦古董酒公司的总经理斯蒂芬·威廉姆斯拍卖了一组跨越三个世纪的伊甘堡酒珍藏品，这批藏品共135瓶，其生产年份从1860年到2003年，其中由于伊甘堡在20世纪有9个年份因为葡萄收成不符合要求而未有出品，为此，伊甘堡还特别提供了9个空酒瓶，酒标上有酒庄现任总经理皮埃尔·路登亲笔签名的“该年欠奉”的证明文字。这组藏品外加一套价值5万英镑的胡桃木酒柜，最终被欧洲的一位收藏家以150万美元购得，成为葡萄酒收藏史上的一段佳话。

伊甘堡精选的贵腐葡萄就像沾染着灰碳的腐烂葡萄干，很难想象这样丑陋的葡萄最后会成为美丽闪亮的黄金酒液。经过数十年陈酿的伊甘堡甜白葡萄酒仍然不失甜美与香醇，具有香气甜美、层次复杂、浓郁醇厚、回味悠长的风格，而且保存时间越长，颜色越金黄，并随着保存时间加长而增值，保持着非常昂贵的走势，其拍卖价更是惊人，因此被称为“液体黄金”，是名副其实的贵腐酒之王。

创始人：季诺·大卫杜夫
创始时间：1947 年　创始地：瑞士·日内瓦

Davidoff

绅士们的奢华享受

大卫杜夫倡导一种全新的生活理念，向世人表明高贵的生活并不只是住英国的房子、开德国的汽车、戴瑞士的手表、穿意大利的衣服、吃法国的大餐，而存在于生活中的诸多细节之中。

大卫杜夫

大卫杜夫的创始人季诺·大卫杜夫曾经说过："雪茄是我的生命。我感谢它给予我的所有东西：我的欢乐和我的痛苦，以及我工作和休闲时光的快乐。"这位有着制造高品质烟草天赋的商人，1906 年出生于乌克兰的一个烟草世家，5 岁时为逃避大屠杀随家人移居日内瓦后，他的父亲成立了一家烟草店，并以家庭姓氏命名。

从小与烟草为伍的季诺·大卫杜夫进一步拓展了家族的事业，他曾先后到过阿根廷、巴西、古巴等地，不但学习到烟草如何种植、干燥、发酵，还学习了如何混合与鉴赏烟草。1930 年，季诺返回瑞士后，在他父亲的烟草店里开设了一个售卖雪茄的门店。他既是一个醉心于享受的雪茄客，同时又是一位成功的商人，1946 年他推出了著名的"城堡系列（Chateau Series）"雪茄，使其盛名不再仅限于瑞士境内，而是远播到世界各地。

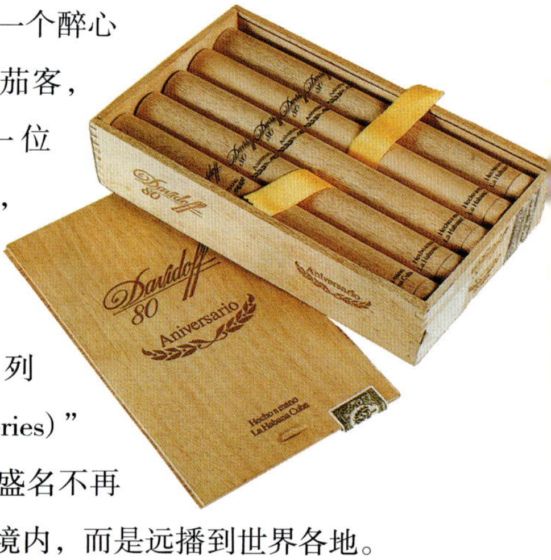

直到现在不论是世袭贵族、政界要客，还是众多商界富豪、好莱坞超级巨星们如猫王、国际影帝丹泽尔·华盛顿等人，都是大卫杜夫品牌的忠实拥护者。改写了整个欧洲

Davidoff
Every man has a D-spot.

大卫杜夫雪茄的制作过程十分复杂繁琐，对从种植烟草作物、收割、储存、手工制作到最终投放市场的每一个环节都进行了严格的控制。打开大卫杜夫的每一个质感丰厚的雪茄盒，你似乎都能看见一种尊贵。和上好的葡萄酒一样，雪茄必须储藏在特定的环境下，以免受环境等因素的影响。大卫杜夫雪茄保湿盒在同类产品中被公认为是最好的，其优异的内置保湿系统享誉全球。

历史的风云人物丘吉尔曾经开着玩笑说过：“我可买不起大卫杜夫的雪茄。”但在他有生之年还是没有中断过购买大卫杜夫雪茄。或许这也可以反映大卫杜夫在每个忠实拥护者心目中无可替代的地位。

一直以来，大卫杜夫的雪茄坚持极其严格的质量标准，每支雪茄的烟草均是按照最古老的方法，在最肥沃的土壤、最理想的气候条件下培植出来的，从而形成香醇丰富而柔和持久的独特风味。季诺·大卫杜夫对烟叶的选择与质量要求上也达到了近乎苛刻的标准。1989 年，由于不满意古巴生产的烟叶的质量，季诺·大卫杜夫与古巴国营烟草公司关系破裂，甚至一举烧毁了已经制作出的 13 万支古巴制大卫杜夫雪茄，据说这些他认为不够完美的雪茄当时的市值约为 300 万美元。这次决裂后，他与合作人恩斯特·施奈德重新选址，在第二年 3 月就将工厂迁往多米尼加，开始了新的征程。

1991年，大卫杜夫推出了全新一代的大卫杜夫雪茄。这些用多米尼加共和国出产的最好的烟叶制成的雪茄，很快便得到了雪茄迷以及那些新一代雪茄鉴赏者的追捧。这些雪茄百分之百由多米尼加经验丰富的卷烟工人手工卷制而成，他们不但继承了季诺·大卫杜夫追求完美的哲学，并且将这门技艺发展成为了艺术。

作为世界上最具知名度的品牌之一，大卫杜夫不仅因为雪茄闻名于世，它的香水同样引人关注。这一品牌十分注意追求卓越质量，其生产的香水真正成为少数人才能享受的奢侈品。

从第一天踏入商界以来，季诺·大卫杜夫就与奢侈品有了血脉的联系。无论是他经营的香水、领带、白兰地，还是雪茄、烟具等产品都给人一种难以磨灭的印象。这种印象是高贵与享乐的高度结合，正如他所倡导的那样，人人都可以享受贵族的生活，贵族代表的不一定就是奢侈，它更是一种高品质生活的体现。

季诺·大卫杜夫对艺术和生活品位也有自己的独特追求，1984年他创造出以自己的名字命名的第一款香水，从此与香水结下了不解之缘。1988年，大卫杜夫推出的新款男性香水——“冷水(Cool Water)”以海洋为创意蓝本，具有清新、自然的风格，以极简主义完美呈现出大都会男子内心的浩瀚，成为欧美香水界的主流产品。

大卫杜夫香水诉诸内，也形诸外，其卓越之处有目共睹。在它所开拓的香水王国里，经典众多，无论是传奇的“冷水”，还是近两年推出的“水精灵 (Cool Water Wave)”女香以及“追风骑士(Adventure)”男香，大卫杜夫的声誉已远超出了其产品本身。

传说中富豪的生活是这样的，开着法拉利的跑车，戴着百达翡丽的腕表，穿着乔治·阿玛尼的时装，当然也少不了大卫杜夫。“以高品质环绕周身，偶尔用纯粹奢华纵容自己”，这是大卫杜夫这一品牌一贯秉承的宗旨，也正是富豪们所乐享的生活方式。

2003年夏天，大卫杜夫推出的“回声”男性香水的香味融合了三种独特香调，包含从都市中吹起的“风”味、都市建筑的“冷”味和小山羊皮的“皮”味，其中特别加入的柔和的“皮”香为男士增添了性感的魅力。2004年圣诞节前夕，大卫杜夫又推出了“回声”女香，以一种清新的格调重新定义了新时代女性的不凡气质。

创始人：胡安·佛罗瑞斯
创始时间：1730 年　创始地：英国·伦敦

FLORIS
流芳百年的王室御用香水

作为英国老牌香水中的翘楚之一，佛罗瑞斯意味着历史悠久和品质无可挑剔。这一百年老店的名号绝非浪得虚名，其香水以严谨内敛的风格著称，是品位高雅的最好证明。

佛罗瑞斯

推开位于英国杰明街 89 号的佛罗瑞斯香水店的店门，在典雅的香水味道之外，还会有一种古老的传统气息迎面袭来。店内供客人自由挑选试用的各种香水整齐地排列着，而放在最显眼处的两个王室的委任状则诉说着这家世袭的香水御用店的辉煌。

佛罗瑞斯的创始人胡安·佛罗瑞斯来自西班牙东部的迷诺卡岛，于 1730 年以制作梳具在伦敦起家，此后其家族传人延续了其卓越的制作技术，以精巧的手工制造了剃须刷、发梳、剃刀皮带等各种优质产品，深受各个时期的王室贵族的青睐。1814 年，佛罗瑞斯选用玫瑰、天竺葵等高档香料调配而成的一款香水深受好评，从而建立了其在香水品牌中的重要地位。

历经 100 多年的发展，佛罗瑞斯推出的香水有“伯巴蒂尔（Boubardia）”、“爱德华花束（Edwardian Bouquet）”、“栀子花（Gardenia）”等上百种，其中较为经典的有俄国女皇亚历山德拉喜爱的“白玫瑰（White Rose）”、英国查尔斯王子最爱的“89 号（No. 89）”等。这一百年品牌的香水均采用最上乘的香料调配而成，充满了自然的芬芳，盛装香水的香水瓶设计既简洁又精美，而且每瓶香水都用专用盒子放置。此外，佛罗瑞斯香水的背后大都有着一段精彩的故事，比如“127 特别版（Special 127）”

这款香水是 1890 年佛罗瑞斯特别为俄国大公奥尔罗夫调配的，当时命名为“奥尔罗夫特别版（Orloff Special）”。在奥尔罗夫大公死后，佛罗瑞斯将其名字改成了“Special 127”，据说是因为这款香水的配方位于其家族专用的配方书的第 127 页。1940 年，佛罗瑞斯重新推出这款香水后，成为阿根廷总统夫人伊娃·贝隆的最爱之一。英国的杰明街以星罗棋布的男性服装和配饰品著称，在著名的“007 系列”电影中，传奇特工詹姆斯·邦德正是在杰明街采购了登喜路的袖扣、T&A 的衬衫和佛罗瑞斯的香水等，而在现实生活中，历任 007 的扮演者也都是这些品牌的忠实顾客。

在很多场合里香水是一种语言，它细腻地展示出使用者的文化修养、对生活所持的态度以及其社会地位。与香奈儿、兰蔻等时尚香水品牌相比，佛罗瑞斯的顾客群并不广，只为一些名流贵族所熟知，因为对于那些处于社会最高阶层的人士来说，这一小众化的王室御用品牌无疑是其彰显身份、地位和品位的最佳选择。

佛罗瑞斯的“白玫瑰”香水的前调是玫瑰、紫罗兰和康乃馨，中调是茉莉，而尾调是鸢尾花、麝香和龙涎香。与其他古典玫瑰香水不同的是这款香水没有添加任何一种青绿调。由于其推出时深受维多利亚女王的推崇，从而成为佛罗瑞斯的经典香水之一。

LAMBORGHINI

Lamborghini

用速度征服世界

当世人想要拥有一辆“既能在赛场和高速公路上飞驰，又能在城市中轻松驾驶的跑车”时，兰博基尼应世而生。曼妙的身姿再加上完美的速度，兰博基尼就这样征服着世界。

兰博基尼

创始人：佛瑞肯·兰博基尼
创始时间：1963 年　创始地：意大利·摩德纳

如果有人想创造跑车界的神话？很简单，像兰博基尼一样制造让人为之疯狂，经久不忘的跑车。这一品牌的创始人佛瑞肯·兰博基尼骨子里渗透着意大利人的豪情壮志，他以制造拖拉机起家，甚至生产过空调，还打过直升飞机的主意。1963 年，佛瑞肯·兰博基尼在意大利摩德纳郊区建起了一家汽车制造车间。为了能用自己的名字命名世界顶级的跑车，这位汽车爱好者甚至不惜倾家荡产。正是这种为汽车而生的激情，使他的身边聚集了一群充满才华和热情的设计师和工程师。在他们的共同努力下，在 1963 年意大利都灵车展上推出了第一款车——“兰博基尼 350 GTV”，该车时速为 280 公里，虽然仅仅生产一辆，却使兰博基尼得以扬名意大利。1964 年，第一款量产车“兰博基尼 350GT”的横空出世更让世人对这一品牌充满期待。

由于兰博基尼公司在车身设计方面是个外行，即使不断改进，其销售业绩也并不乐观，直到 1966 年“兰博基尼 400GT”出现，这种情况才得以改观。该车以 320 马力的强大动力一举击败了法拉利、玛莎拉蒂和阿斯顿·马丁等竞争对手，使兰博基尼这一品牌

▼2006 年，兰博基尼在生产了“蝙蝠”的敞篷版之后，又与意大利经典服饰品牌范思哲携手合作推出一部惊世之作——Murciélago LP640 Versace。这款限量版车型只生产 10 部，起价 50 万美元。其重大变动在于换上一身耀眼的珍珠白外衣以及与之相匹配的蛋白色配件（黑白两款），远远看来犹如“天外飞仙”降临人世，收藏价值极高。

就此跨入世界顶级跑车领域。

1966年，兰博基尼打造了当时世界上最好的汽车——“穆拉(Miura)”，“Miura”这个名字来源于一位名叫华德华多·穆拉的西班牙著名驯牛者，自此也开创了兰博基尼车型的命名传统，那就是车名都与牛有关。这款标新立异的超级跑车一改传统跑车发动机后置的习惯设计，将发动机中置，从而大大提高了跑车的安全性能和保险系数。它不仅拉开了跑车变革的序幕，而且打响了跑车提速的第一枪，引起了世界跑车制造行业的巨大震动。

随后，兰博基尼相继推出两大主流车型“康塔什(Countach)”和“鬼怪(Diablo)”。1973年日内瓦车展，量产的“康塔什LP400”正式展出，为今后楔形汽车的造型奠定了坚实的基础，从此兰博基

Superleggera

兰博基尼公司的标志是一头公牛，浑身充满力量，正准备冲击。据说这个标志体现了创始人兰博基尼不甘示弱的牛脾气特性，同时又符合了该公司运动车的特性。这个标志寓意着由兰博基尼公司生产的赛车马力大、速度快、战无不胜。这只具有意大利血统的公牛所代表的豪华跑车，在欧美的名气绝不逊色于法拉利的那匹骏马。作为全球顶级跑车制造商，兰博基尼所推出的每一款新车都能吸引到世人的关注。令人难忘的穆拉（Miura）凶猛无敌，使车坛刮起真正的“兰博基尼速度风暴”；“康塔什”系列历久弥新，成为收藏家们的至宝；“鬼怪 GT”曾经是世界量产车中速度最快的，极速甚至达到了345 公里/小时，美国、日本的订单始终没有得到批准，因为只有欧洲的公路才能承受它行驶时带来的震撼！

尼的名望在世界车坛如日中天。

无论是人还是车，兰博基尼缺乏的从来不是想象力，然而缺少稳固的资金支持，一直是困扰它的难题，以至于数次易主，命运坎坷。1998 年，奥迪公司与兰博基尼的股权持有者在伦敦签订协议，奥迪公司买下全部兰博基尼资产。正值佛瑞肯·兰博基尼逝世 5 周年，也是兰博基尼建厂 35 周年之际，不屈的公牛终于找到了最强硬的后台。

“蝙蝠（Murcielago）”是奥迪收购兰博基尼后的旗舰产品。“Murcielago”在西班牙语中意为蝙蝠，实际上它也是西班牙历史上最著名的一头斗牛的名字。以最高超的制造工艺结合了现代的人体工程学制造而成的“蝙蝠”较前辈“鬼怪”更受人敬仰，其时速超过 330公里，于 2001 年展出，2002 年量产。2003 年，是兰博基尼成立 40 周年，另一款全新的跑车也应运而生，这就是小蛮牛——“盖拉多（Gallardo）”。当时兰博基尼总裁维尔纳·米施克想制造一辆“既能在赛场和高速公路上飞驰，又能在城市中轻松驾驶的跑车”，而“盖拉多”实现了这些似乎彼此相距甚远的目标，并且还在每个方面都堪称典范。

每一个棱角、每一道线条都完美无瑕，每一款杰作都称得上是车史的里程碑，兰博基尼这一品牌从诞生开始，就以近乎疯狂的热情孜孜不倦地追求着制造完美跑车的梦想。

对于成功富有的社会名流来说，其乘坐的坐骑绝非简单的代步工具，而早已超越了交通工具的范畴，成为其身份和生活方式的体现，因此那些高贵、豪华的名车无疑是他们的首选。在当今的豪华轿车领域中，宝马和奔驰的对决、奥迪的独树一帜早已成为历史，各大高档车品牌纷纷加入这一阵营，这块高利润市场正在上演着群雄争霸的好戏。在 2008 年巴黎车展上，世界超级跑车队伍中的领导者兰博基尼公司推出了旗下首款四门车型——“Estoque”，代表着这一品牌也开始涉足豪华轿车的竞争领地。

1993年，为了纪念公司30周年庆，兰博基尼鬼怪SE30问世，SE是“special edition”的缩写，即“特别版本”的意思，车体隔栅上印着兰博基尼30周年的徽记。鬼怪SE30发动机7000转/分钟时可以发出525马力，极速达到331公里/小时。鬼怪SE30总体上是为了GT锦标赛而设计，很多元素都是赛车特性而不是跑车特性。SE30比其他兰博基尼鬼怪在价格上要高出15%左右，全球仅限量生产150辆，极具收藏价值。

兰博基尼公司与斗牛有着颇深的渊源，该公司的不少车名都与斗牛有关，如“穆拉”来源于一个西班牙驯牛者的名字，“蝙蝠”是西班牙历史上最著名的一头斗牛的名字，而兰博基尼的最新四门四座豪华跑车型轿车则以斗牛士使用的一种利剑“Estoque（尚无中译名）”为名。

对于一向专注于双门超级跑车的兰博基尼公司来说，“Estoque”的推出的确是一个新的尝试，而兰博基尼则自称其为“历史的新篇章”，以表明对这款极具争议的四门结构车型的期待。这款四门四座的新概念车属于运动型豪华轿车，但又不限于豪华轿车，它创造了一个新的汽车概念，即超跑级轿车，并将带领兰博基尼进入到更广阔的市场领域。“Estoque”的车长5.15米、宽1.99米、高仅1.35米，但轴距达3.01米，这是优雅

的豪华轿车的良好基础。而它的意大利血统则由扁平的发动机罩、长轴距、狭窄的窗口、扁平的尾部等保持下来。除了最先进的技术功能与豪华的内饰之外，这款车在很多细节方面也设计得非常出色。“Estoque”兼顾了跑车与家庭用车两方面的需要，是兰博基尼扩大品牌影响力的重要车型，预计年产量最多可达3000辆。鉴于兰博基尼在跑车领域一直表现极佳，因此“Estoque”这一代表着全新设计理念的新款轿车虽然目前尚处于概念阶段，但已经让很多人叹为观止了，等到其量产车真正面世的时候，这把冲向豪华车市场的利剑一定会称霸一方。

“在技术上精益求精、在造型上出神入化”的设计理念使得每一款兰博基尼车都成为经典，是“令人无法超越”与“令人无比敬畏”的代名词。一直以来，兰博基尼始终以“一流的技术、前卫的造型”作为开发研制超级跑车的宗旨，在世界各地的汽车博览会上，只要有它的身影，就会有轰动，就会有无数人驻足长观、流连忘返。

▼在跑车风靡市场的20世纪70年代，跑车款式层出不穷，如何创出自己的风格，是当时立足跑车市场的唯一标准，而马赛罗·肯迪设计的兰博基尼“康塔什5000S（Countach 5000S”跑车，造型具有强烈的雕刻感，全身上下散发着一股强烈的阳刚之气，每一条线条和棱角都显示着不羁的野性。特别是向上方打开的鸥翼式车门，给人一种超级汽车的感觉，直至今天，还让人感受到设计师的超前意识，这款车被认为是汽车历史上的一座里程碑。

创始人：詹姆斯·芝华士　约翰·芝华士
创始时间：1801 年　创始地：苏格兰·阿伯丁

骑士英雄的终生伴侣

芝华士是大地、空气、水和时间酿造的艺术品，它是来自苏格兰的传奇。它散发着太阳的光芒，洋溢着生活的乐趣。因为芝华士所追寻的，正是追求奢侈生活，把握美好时光，乐于与朋友分享的人生态度。

芝华士

最早，“威士忌”一词来自苏格兰古语，是指以谷物为原料，经发酵、蒸馏后放入橡木桶中陈酿、勾兑而成的一种酒。没有人知道苏格兰人何时学会了制造威士忌的技术，苏格兰这片土地似乎拥有一种神奇的魔力，其他国家可以从苏格兰进口大麦、水、蒸馏器具，甚至雇用一个苏格兰酿酒师为他酿酒，但是却酿造不出苏格兰威士忌的味道。因此一提到纯正的威士忌，人们最先想到的就是苏格兰，而一提到苏格兰威士忌，最让人向往的品牌就是芝华士。

芝华士的创始人詹姆斯·芝华士和约翰·芝华士兄弟俩十分钟爱威士忌事业，他们最早发现了威士忌酿制的重要法门，比如用来酿制威士忌的橡木桶的品质对威士忌的口味有着巨大的影响，将几种麦芽威士忌和谷物威士忌调和在一起便可以得到风格更独特的

▶自古以来，命运之石就一直被用于古苏格兰国王和王后的加冕典礼，象征向王室成员赐予封印的无上权力。1296 年，取得战争胜利的英格兰人将这一苏格兰最珍贵的象征之物运到了伦敦。1996 年，命运之石在 700 多年后终于重新回到了它的故乡苏格兰。芝华士推出的这款“皇家礼炮 38 年——命运之石（Royal Salute 38 years old）”，正是向苏格兰“命运之石”的旷世传奇致敬。这款酒精选了 38 年以上的苏格兰威士忌精心调和而成，这种撼世稀贵的威士忌被封存在独一无二的精美瓷瓶中，配以纯金封镀的瓶塞，而瓶塞的设计灵感则源自古老的苏格兰剑柄。

ROYAL SALUTE
SCOTCH WHISKY
38
YEARS OLD
DESTINY
A SUPREME BLEND OF SCOTCH WHISKIES
AGED FOR AT LEAST 38 YEARS
CHIVAS BROTHERS
ROYAL SALUTE
38
STONE OF
DESTINY

威士忌……这些发现使得芝华士兄弟成为19世纪调和威士忌的先行者。1801年，詹姆斯·芝华士和约翰·芝华士在苏格兰的阿伯丁开了一家商店，主要为当时一些富裕的顾客提供一流的食品和饮料。之后，他们调和了几种最好的陈年威士忌，从而酿造出一款口感爽滑、味道浓醇的新威士忌，其品质和当时市场上的其他产品大有不同，因而迅速赢得了良好的口碑。

苏格兰大概共有120家酒厂，其中有60多家在斯宾塞。斯宾塞是苏格兰最著名的威士忌产地，芝华士的主要成分——纯麦芽威士忌就在这里出产。一直以来，芝华士各陈年期的酒都有着浓厚的斯宾塞地区的口味，口感醇香独特，这也是使芝华士广受世界各地人们喜爱的原因之一。品尝芝华士威士忌酒时千万不要一口干掉，应先尝一小口，让酒在口齿和舌尖回荡，细细品味各种香味，然后缓缓咽下，感觉一下它是如何细细地、缓缓地成为你生活的一部分的。可以纯饮，也可以加入冰块、可乐、苏打、绿茶饮用，却都不必担心酒的味道会被改变。

1842年，维多利亚女王首次造访苏格兰，并深深迷上这片宁静美丽的土地。此后，她在苏格兰居住的时间越来越多。一次，一位皇室成员在芝华士兄弟二人的店里采购了一些王室宴会所需的饮料食品，结果芝华士兄弟所提供的产品和服务深受英国王室的赞许。1843年，芝华士被委任为“王室供应商”，令其名声大振，欧洲大陆的许多王公贵族和富豪们成为了他们的常客。

1857年，芝华士兄弟成立了芝华士兄弟公司，这一全世界最早生产调和威士忌的公司开始了其辉煌之旅。新鲜的空气、适宜的气候、肥沃的土壤都为芝华士威士忌的酿造提供了最好的条件。历经岁月沧桑，如今的芝华士兄弟公司拥有无与伦比的陈年威士忌库存，包括产自苏格兰各地的麦芽和品质味道各异的优质谷物威士忌，而这无疑是芝华士得以成为一流威士忌品牌的最好保障。

对于极致成就的最好献礼，无疑只能够是与之相匹配的事物，换言之，以极致来向极致献礼，才是对生命中辉煌的最好回报。芝华士是见证那些极致感受的最好使者。它不仅会带给你无上口感，而且将为你的极致成就而喝彩。

在芝华士的历史上，1909年是值得永远铭记的，这一年“皇家芝华士（Chivas Regal）”首次登陆美国，并在短短数月时间里就征服了挑剔的美国人，其银色纸盒上压印着精美的纹章图案，反映出高贵的苏格兰血统和古代苏格兰宗族的骑士精神。到1910年，芝华士已成为美国上流社会最关注的进口商品之一，当时很多高级酒馆宾馆为了购得一瓶芝华士威士忌，以提供给其最重要、最富有的客人，甚至不惜对芝华士的代理商死缠烂打。

命运总是变幻莫测的，第一次世界大战和美国禁酒令时代的来临，让芝华士一度消失在公众视线中，转而成为收藏家们高度觊觎的对象。20 世纪 50 年代，全新的“芝华士 12 年（Chivas Regal 12 year old）”赢得了全球威士忌爱好者的无比青睐，也重新确立了芝华士这一品牌的标志性地位。“芝华士 12 年”是一种混合型的苏格兰威士忌，大约是在 19 世纪的最后 10 年里开始生产，号称“苏格兰王子”，其选用几十种上好的麦芽和谷物威士忌，并将其存放在橡木桶中至少 12 年以上，再经过精心调配后才最终酿制

2003 年，“芝华士 12 年”被国际消费者调查研究公司 Synovate 评为全球最具声望的苏格兰威士忌；2006 年芝华士被英国“超级品牌（Superbrands）”委员会评为“2006 年度全英最酷的威士忌品牌”。在 2008 年的旧金山世界烈酒大赛上，芝华士推出的“芝华士 25 年（Chivas Regal 25 year old）”从多款参赛威士忌中脱颖而出，凭借其卓越品质受到评委肯定，一举获得两项大奖，再次书写了属于芝华士家族的威士忌传奇。“芝华士 25 年”由数十种至少酿造 25 年的最上乘威士忌以独特配方精心调和并且限量生产，瓶身独一无二的编号以及瓶内金色的琼浆玉液都折射出芝华士 25 年的尊贵与荣耀。

而成。其酒质特佳，色泽迷人，口感丰富醇厚，略带烟熏气味和大麦的香甜，香气悠然绵长，被誉为调和型威士忌的先锋。

芝华士出品的每一种威士忌都保持着一贯的完美品质，究其原因在于，从酿造的第一步开始，它们已经具备了最好的质地。例如“皇家礼炮 21 年（Royal Salute 21 year old）”就选用上好的谷物和麦芽威士忌调配而成，并且经过了严格的 21 年以上的酝酿。这款极品威士忌是芝华士为庆祝英国女王伊丽莎白登基，于 1953 年精心酿造的，其名称源于每年英国女王或王子生日时，英国皇家海军舰队对空鸣响 21 声礼炮来表达最高的敬意。这一专为王室献礼而制的极品威士忌从名称到包装始终环环紧扣王室的庆祝主题，盛装威士忌的瓷瓶上铸有王室徽章标签以及女王题词的缩写，因此十分尊贵，成为芝华士的知名产品。

半个世纪后，为纪念英国女王即位 50 周年，芝华士又推出了“皇家礼炮 50 年（Royal Salute 50 year old）”，这款珍藏纪念酒经过了 50 年之久的陈酿，其犹如极品香水一样给人以欢愉享受，散发着坚果、花香和烟熏味均匀结合的迷人香气，深沉、甘美、醇厚的口感令人迷醉。其瓶身外饰有 999 纯银及 24K 金纹章，连瓶塞也是金银镶嵌，可谓气势非凡。此外，芝华士还表示这款酒全世界仅有 255 瓶，而且此后至少 8 年内世界上都不可能再有超过 50 年的芝华士调和威士忌，因此每瓶“皇家礼炮 50 年”都十分珍贵，极具收藏价值。能够用来准确描绘芝华士这种苏格兰威士忌的形容词，恐怕也只有“诱惑”这个词了。如果你喜欢酒，你应该知道威士忌；如果你喜欢威士忌，你肯定知道苏格兰威士忌；如果你喜欢苏格兰威士忌，你不会不知道芝华士。追求生活的每一个完美片段，细细品味由每一个细节所组成的极致感受，这无疑是让人最为向往的人生体验，芝华士所代表的追求幸福生活、乐于分享的积极人生态度也正是全世界的人们喜爱它的原因所在，而其提倡的“活出骑士风范”旨在激励人们以现代骑士的精神把握生活，重视荣耀，珍视友情，因而成为全世界人们在举杯分享欢乐时光时的不二之选。

1953 年，新西兰人爱德蒙·希拉里首次登上珠穆朗玛峰的顶端，创造了人类历史上的奇迹。半个世纪后，皇家礼炮以一瓶稀有的珍品“皇家礼炮 50 年”馈赠希拉里爵士，以此向人类的极致成就献礼。若干年后，中国人王富洲也登上了珠峰的顶端，从而成为第一个登顶的华人。不久以后，希拉里在享受皇家礼炮威士忌时，更不远万里赠送这极品威士忌来与他的东方同好共享。

创始人：贾汗·雅克·宝珀
创始时间：1735 年　创始地点：瑞士·汝拉山谷

BLANCPAIN

世界上最古老的钟表品牌

在我们所能拥有的一切中，什么最为珍贵、独一无二？当你触摸着腕间手表，你一定希望：世上拥有它的，只有你一人。这样的苛求也许只有宝珀才可以做到。

宝珀

一切经典，皆来自时间的考验。瑞士钟表业具有 300 年历史的古老传统，然而当 20 世纪 70 年代低成本制造的日本石英表大面积地在市场推广后，上百家瑞士传统制表工厂在这场洗牌中退出了历史舞台，但是世界上第一个表的品牌——宝珀却经受住了历史的洗礼，在大浪淘沙的一轮轮的轮回中永生。

1735 年，贾汗·雅克·宝珀开始涉足钟表行业，最初他只制作钟表的配件，渐渐发展到制作完整的怀表，而他的儿子大卫·路易斯·宝珀则负责把这些产品运送到邻近的国家销售。1815 年，贾汗·雅克·宝珀成立了一个小型的钟表制造厂，并以“宝珀”命名。200 多年以来宝珀超过 13 代制表大师的独具匠心，将他们的卓越技巧及创新理念奉献给制表艺术，令世界上最早的手表品牌——宝珀的制表工艺在表坛上永垂不朽。

人们常被与自身人格相似的东西吸引，如果有人爱上宝珀，一切绝非出于偶然。拿破仑·波拿巴是法兰西第一帝国的创立者，据说他在指挥作战时会时刻密切关注时间，精密的计时器与他形影不离。在一次战斗中，由于战况紧急使得拿破仑心急如焚，他索性拔剑，将猎表（怀表也称为“猎表”，有上下两个表盖，上表盖为了保护表镜，下表盖为了保护机芯）上表盖削去一半，使他可以直接透视表盘，却又不失去表盖保护表

面的功能。战争结束之后，拿破仑找到了制表商大卫·路易斯·宝珀为其定制一款实用的猎表，宝珀由此设计出了半猎表的始祖。为了方便识别时间而取消了上表盖的猎表被称为“半猎表”。直到今日，宝珀表依然保留着受到拿破仑启发制成的半猎表的制表理念，从而研发了腕表版的半猎表。

佩戴宝珀的人，购买的是它的制表理念，而非一只简单的腕表。在坚持传统设计理念和制表文化的同时，宝珀还不断探索新的技术，创下 20 多项制表领域的世界纪录，展示了一个古老品牌充满活力的创新能力。

20 世纪 50 年代，法国海军团队向钟表制作大师宝珀提出设想，要求能制造出一款结实耐用能防水的手表，并且在极度困难的战争条件下能很好识别时间。1953 年，宝珀成功研制了常被表迷们津津乐道的“50 英寻（Fifty Fathoms）”，因其防水能力可以达到 50 英寻（91.45 米）的深度而得名，这是世界上最早的专业潜水

▲为了纪念贾汗·雅克·宝珀开创了宝珀传奇制表业，宝珀于 1991 年特别推出系列表款，并命名为“宝珀 1735”。该款腕表是目前世界上最复杂的全手工机械表，具有超薄自动上链机芯、双指针飞返计时、陀飞轮、时刻分三问功能、月相盈亏功能以及万年历功能，研发耗时整整六年，制表大师需一年半时间才能完成一只，价格约为 83.9 万美元，而全球限量生产仅 30 只更让这款表傲视表坛。

表。这款专业潜水表的黑色表盘上有特大荧光数字和时标以及宽大荧光指针，这使得佩戴者即使在漆黑一片的环境中，仍可清晰地认读时间。表圈可旋转，潜水时只需将可旋转外表圈对准分针，即可计算出潜水时间。这个革命性的创新开创了潜水表的标准。由于出色的专业性、稳定性和坚固性，“50 英寻”系列被法国、德国、美国、意大利、以色列等国家选定为特种部队的军事装备，也被海洋探索领域的专业人员所采用。此后，宝珀不断推出全新的款式，为世界潜水表业不断树立新标准。

真正好的表都是通过手工做出来的，你不仅可以用放大镜看到它边缘被打磨的痕迹，还可以在细小的零件中发现制表者手指的劳动痕迹，这种痕迹是无法用冲床制造出来的。

机械表是人类知识的传承，既是一种传统也是一种文化，作为世界上最古老的钟表品牌，宝珀是钟表制造艺术的典范，圆形钟表的楷模，是瑞士钟表行业 200 多年历史的见证。自 1735 年以来，宝珀从没有生产过石英表，将来也不会。这一品牌坚持用最传统的技术表现最完美且最具文化的时间艺术。它从未丧失过自己的坚持，而是不遗余力地把所有心血和资源投入在机械表的制造上，并一次又一次改写着钟表制作工艺的历史，成为了无可争议的钟表业先驱。

机芯是钟表艺术的精华，作为瑞士最顶级的机械表机芯工厂，宝珀生产的厚度只有 1.71 毫米的 21 型自动上链超薄机芯、1151 型自动上链机芯、1185 型计时机芯、F185 型飞返式计时机芯、飞行式陀飞轮机芯、1735 型机芯等早已经脍炙人口，这些机芯可以说代表了瑞士复杂机械表的最高水准。

对于一只机械表而言，与其说它是一个计时仪器，不

BLANCPAIN

如说它更像是一件艺术品。因为大多数爱表的人都知道，机械表最根源的魅力不在于它的复杂性，也不在于它的多面性，而在于它的原始，它的执著，它坚守的传统与不懈的努力。比如宝珀的三问表可依需要作时、刻、分鸣响报时，这一表坛的艺术杰作的诞生是超 1 万小时精心研究后的成果，其精巧的机械系统内有 30 多颗红宝石及约 300 片零件，以手工镶嵌而成，其中部分零件甚至比一根头发丝还要纤细。而每只三问表均需要制表师花上三个月时间镶嵌及调校，完成后制表师会为它们加上编号及签名为记。因此，宝珀每年只有少量三问表面世，要送达顾客手上，往往就需要 3 年以上时间。

▲专为温馨的情人节设计女表并献给天下有情人，已成为宝珀表历年的传统。2009 年，宝珀推出了全新的限量版飞返计时码表，巧妙地融合了珍珠母贝和红宝石的纯洁与高雅。蓝宝石水晶透明后盖能让佩戴者体验手工精致的表饰。这款诠释现代浪漫爱情的全新手表，限量 99 只，成为让恋人们心动的珍贵礼物。

宝珀腕表的价值不仅在于人工镶嵌所花的时间，还在于细节上的一丝不苟。它优美的经典外形，使它可超然地不受潮流变迁的影响，成为自成一体的表艺珍品。自 1735 年起，宝珀一直致力于制造艺术中的极品，它没有流水线生产车间，也没有大的厂房，宝珀的制表师们今天仍在那古旧农舍内的窗旁工作台上镶制手表，“传统”在此拥有至高无上的地位，每位制表师均被视为艺术家，他们把超凡的创作及卓越的技巧融于每只腕表中，赋予它们灵魂与生命，以献给那些不愿随波逐流的高尚人士。

设计师：阿特金斯

竣工时间：1999 年　所在地：阿拉伯联合酋长国·迪拜

BURJ
AL-ARAB

世界上最奢华的七星级酒店

伯瓷是阿拉伯人奢侈的象征，也是迪拜的标志性建筑，这家世界上最高级的酒店的豪华绝非笔墨可以形容，而其服务宗旨就是务必让房客有阿拉伯国王的感觉。

伯瓷

早在 20 世纪 50 年代，迪拜还是阿拉伯湾一个朴素的海滨小镇，到了 90 年代以后却发生了脱胎换骨的变化，成为阿拉伯联合酋长国的第二大城市。奔驰在这里当警车用，金饰是当地女人体重的一部分，就连种植一棵树，代价都要在 3000 美元以上。由于迪拜拥有一流的环境以及丰富多彩的文化，因此吸引了众多的旅游者，其中以艺术家、商人等高收入阶层人士居多。这一商机吸引了知名企业家阿尔·马克托姆，在迪拜王储的提议之下，他在当地投资兴建了伯瓷酒店。

糅合了最新的建筑及工程科技的伯瓷酒店建立在离海岸线 280 米处的人工岛上，其外观如同一张鼓满了风的帆，由英国设计师阿特金斯设计，共花了五年时间建造完成，于 1999 年 12 月开业。到过伯瓷之后，你才能真正体会到什么叫做金碧辉煌，浓烈的伊斯兰风格和极尽奢华的装饰在伯瓷发挥到了极致。

也许在沙漠国家，水比黄金更能彰显财力，所以伯瓷酒店不仅采用水上的帆为外观造型，而且饭店到处都是与水有关的主题。像一进饭店门的两大喷水池，不时呈现出不同的喷水方式，每一种皆经过精心设计。而搭乘电梯时欣赏着高达十几米的水族箱时，很难让人相信外面就是炎热高温的阿拉伯沙漠。

伯瓷酒店高达 321 米，共有高级客房 202 间，最低房价也要 900 美元，最高的总统套房则要 18000 美元。总统套房在第 25 层，触目皆金，连门把手、厕所的水管，甚至是一张便条纸，都金光闪闪。房内设有一个电影院，两间卧室，两间起居室，一个餐厅，出入有专用电梯。所有的客房皆为二层楼的套房，最小面积约 170 平方米，而最大面积的皇家套房则有 780 平方米之大，设备一流，不仅有私家电梯和泳池，而且屋里的摆设都是世界各地的珍宝。最令人惊讶的是一进房间，居然有一个管家恭候着你，为你解释房间内各项高科技设施如何使用，使你享受到阿拉伯国王般的待遇。

即将入住伯瓷酒店的客人，一出迪拜机场就可以享受到酒店提供的两种豪华选择：乘坐劳斯莱斯或是乘直升机。如果乘机前往的话，在 15 分钟的航程里还可以先鸟瞰迪拜市容，然后徐徐降

落在酒店 28 层的直升机停机坪上。当然，这种高档享受是要付出高昂代价的。伯瓷酒店与一般高级酒店不同的是，如果不入住想进去看看难如登天。如果想要参观，则需要交 100 迪拉姆（约合人民币 210 元）购票，假日则要双倍价钱，而且参观者只能走到一楼大堂为止，无法进到客房。此外，并不是每个人交钱都可以参观的，酒店会事先考察参观者是否真的有能力在酒店消费才会放行。

由于伯瓷富丽堂皇，奢华至极，超出世上现有酒店星级的水准，因此评论界干脆将其评为“七星级”。该酒店不仅各种设施先进，餐饮服务同样一流。为了做出纯正的世界各地口味的佳肴，以满足来自世界各地客人的需要，伯瓷酒店专门从世界各地招来

了近300名手艺精湛的厨师。为了让客人满意，酒店有时候甚至不惜一切代价，比如2004年5月，英国王储查尔斯入住伯瓷酒店，在得知王储喜欢喝纯正的爱尔兰鲜奶后，酒店竟然每天都从爱尔兰空运鲜奶过来。2006年9月，时任美国国务卿赖斯入住伯瓷酒店。当她听说酒店的一位来自中国的面点师傅能将面条拉到从一个针眼里穿过15根时，简直无法相信。于是，她命人找来这个叫冯三峰的中国面点师，请他现场表演。当冯三峰把面条拉到一个针眼可以穿过20根面条之后，所有观看的人都惊得目瞪口呆。事实上，伯瓷酒店的很多厨师都技艺精湛。对于很多人来说，每到晚餐之际，坐在伯瓷的空中餐厅里，环顾迪拜的天空和海湾，享受着喜爱的美食，无疑就是人生至高的享受了。

创始人：一群专注于水晶灯艺术的大师
创始时间：1687 年　创始地：意大利·慕拉诺（Murano）

Riserva
赋予水晶灵魂的传世艺术

自水晶灯诞生以来，Riserva 一直专注于光的魔法，它的每一款设计都充满精巧的智慧，在矜持中张扬着个性，在优雅中释放出高贵的气息，这也让它成为欧洲皇室贵族的御用灯饰。Riserva 的魅力在于任何一个接触过它的人都会告诉你，一旦沐浴在它的梦幻灯光之下，你会感受到一种超凡脱俗的平静之美。

Riserva

古老的欧洲，人们崇拜水晶的神奇魔力。凡是拥有水晶的人，都会被上帝降福，并给家族带来无尽的财富。多少年来，水晶一直被视为佑护主人的圣物。直到意大利慕拉诺岛上一群专注于水晶灯艺术大师的出现，这种凝聚了天地灵气的圣物又被赋予了皇家御用灯饰的使命，水晶灯逐渐演变成了一种宫廷艺术。

Riserva 维沙华，这个从诞生之日起就被打上了奢华印记的水晶灯品牌，一直秉持着艺术塑造高品质生活的理念，并将其融入每一件传世之作当中。几百年前，它曾用微弱的光亮帮助中世纪的贵族们驱赶心中的恐惧，用柔美的光影装点欧洲君王们的奢华之梦；皇室贵族都以能拥有它为荣；艺术家、文豪甚至从它的光芒中捕捉创作的灵感……从文艺复兴到路易十五时期，它凭借繁缛精致的设计，变幻多姿的造型，缤纷灿烂的色彩，打上独角兽印记的水晶灯一度成为欧洲各国皇宫的首选。

水晶灯经过 300 多年的历练，Riserva 与世界顶级水晶施华洛世奇完美地结合起

Riserva 一直把握着水晶灯饰潮流的脉搏，充分融会贯通施华洛世奇公司每年的最新水晶潮流触觉及意念，把其三大主题水晶系列——璀璨宝盒（Treasure Chest）、柔情巴洛克（Soft Baroque）及魅力都会（Urban Chic）配合前卫的设计理念用于不同风格的灯饰当中，使得 Riserva 水晶灯在色泽、材质及外观上都达到了理想的效果，创造了无数传世之作。

▼在基督教的传说中，独角兽被人看成是耶稣的化身，象征着光明与圣洁。传说中的独角兽飞翔时，翅膀划过天空会形成两道奇异的光线；奔跑时，会在大地上留下一串串闪烁耀眼的晶体，这种神秘的晶体就是水晶。

Riserva

来，为世人创造了一个又一个光与影的现代传奇。如今的 Riserva 水晶灯依然是品位高尚人士的钟情之选，它不仅象征着尊贵、高雅、光明与圣洁，更代表了人们对生活的理解与感悟。

Riserva 水晶灯在为皇室贵族营造出绚烂多彩的居住氛围的同时，还凭借着精湛的工艺和臻于完美的品质，打造出许多至今也无人超越的传世之作。

1673 年，著名水晶工艺大师博纳德·皮尔托制作了世界上第一盏水晶灯（这盏水晶灯至今仍保存在法国博物馆中），从此开创了意大利人对水晶灯长达几百年的探索。在这条漫长的探索之路上，有着“水晶之乡”美誉的慕拉诺扮演着极为重要的角色。为了装饰凡尔赛宫，法国皇帝路易十四于 1687 年向慕拉诺订购大批以天然水晶制作的水晶灯。由于路易十四的订单过于庞大，慕拉诺岛上的众多家族不得不联合起来，每家都抽出一名或几名技艺最出色的工匠，来完成这项任务。当时参与这项艰巨工作的人就有世界上历史最悠久的水晶灯制作世家——巴奥沃尔家族的后裔（Riserva 的创始人）。经过几个月的努力，慕拉诺的工匠们终于圆满完成任务，他们在每一盏水晶灯上面都打磨出独角兽的形象。这些慕拉诺的工匠们借助这个传说中的精灵，赋予了水晶灯一个全新的标记。

当这些水晶灯第一次点亮凡尔赛宫时，所有在场的人都被眼前变幻莫测的迷人氛围陶醉了。从那以后，这个刻有独角兽形象的水晶灯，不仅用梦幻般的光芒装点着凡尔赛宫，见证着这座宏伟宫殿的兴衰，而且还在整个欧洲风靡起来。当时的皇室贵族都能以拥有这样一盏水晶灯为荣，由于它所营造出的尊贵氛围能完美彰显出主人的高雅品位，因此也成为欧洲上层人士的居室最爱。

经过几百年的历练，这种刻有独角兽形象的水晶灯已经逐渐演变成奢华水晶灯的代名词。今天，为了纪念这些伟大的意大利水晶灯艺术大师，人们将他们一手创造的水晶灯命名为 Riserva。“Riserva”，这个词在意大利语中就代表着珍藏、精选，同时隐含尊贵、鉴赏和巧夺天工之意。

优雅而简洁的奢华，追求极致的品位，将最传统的水晶工艺与最古老的宫廷艺术相结合，这就是 Riserva 标志性的特征。今天，Riserva 正是发扬这一特征而成为人们心中的极品之选，并在神秘变幻中保持着自己的纯净，在精雕细刻中熠熠生辉。

18 世纪时，水晶灯是一种非常珍贵的装饰品，当时只应用在皇宫、教堂和官邸的华丽厅堂中，因为那时制作一盏水晶灯完全依靠手工。今天，Riserva 水晶灯继承了这一古老的传统，从挑选第一颗水晶开始，到最后完工，要历时几个月甚至是几年的时间。每一颗水晶都要依据形态进行设计切面，保证达到最完美的泛光效果。被切割后的每一颗水晶还要历经无数次打磨，使其没有任何杂质，保证其晶莹剔透。此外，每一颗水晶还要经过若干道苛刻的检查工序，才有可能被用在水晶灯上。然而，这些还不足以让每一盏水晶灯都达到完美，只有完美的灯架才能衬托出水晶的晶莹剔透。Riserva 的设计师们对每一盏水晶灯的灯架设计都投入了极大的精力，让每一处设计都彰显尊贵与高雅。除此之外，灯架还要经过精细抛光、上色……总之，每一盏水晶灯都要经历这样一个漫长的过程，也正因为这种苛刻的标准才让其弥足珍贵。

今天，完美、光灿夺目的施华洛世奇水晶又为 Riserva 水晶灯注入了新的内涵，Riserva 水晶灯不再是中世纪欧洲贵族们的专属，而是更致力于表达真正的生活鉴赏家对生活品质、品位的独到见解与诠释。它的奢华没有丝毫的炫耀，完完全全代表了一种高贵典雅的生活方式。

创始人：亨利·利兰
创始时间：1902 年　创始地：美国·底特律

Cadillac

奢侈生活标准的制定者

没有人会怀疑凯迪拉克的设计者们的能力，从一开始，凯迪拉克就像一个权力的阐述者，为后来的富人们制定着奢侈生活的标准。

凯迪拉克

凯迪拉克——“同类中最为出色、最具声望的事物”，这是著名的《韦伯斯特大词典》中对“凯迪拉克”的释义。如果说在遥远的岁月里，人们曾用“凯迪拉克”一词表示“最为出色和最具声望的事物”，那么在如此纷繁的当代，它正作为一个让世人仰视的品牌在全球不断展示着自身的风采，而始终不变的就是“凯迪拉克”依然是尊贵与声望的代名词。

凯迪拉克公司的历史可以追溯到 1902 年，那一年福特离开底特律汽车公司后，该公司的投资人聘请了亨利·利兰主持汽车生产工作。利兰掌管公司后，将其更名为凯迪拉克汽车公司，专门生产高档豪华车。之所以选用“凯迪拉克”为名，是为了向法国的皇家贵族、探险家安东尼·门斯·凯迪拉克表示敬意，因为他在 1701 年建立了后来被誉为“汽车王国的底特律城”。不难体会，在早期汽车工业蓬勃兴起的年代，人们在凯迪拉克汽车上寄托了这样的期待：开拓者的胆

以一个豪华车品牌作为电影名字，可能会让人感到惊奇，实际上，翻开电影历史，以凯迪拉克为电影名字和剧本主角的电影数不胜数。此外，凯迪拉克还作为道具在诸多电影中出现，如《教父》中马龙·白兰度从凯迪拉克豪华轿车中走出的场景令无数观众为之心动，《黑客帝国 2：重装上阵》中凯迪拉克 2003 款 CTS 轿车与基努·李维斯一起演绎了好莱坞历史上最激动人心的飙车场面。

识与先锋精神以及因此造就的成功，应永远流传于世。而事实证明，凯迪拉克的确掀开了世界交通运输工业发展的崭新篇章。

与福特不同，亨利·利兰对“大众车型”不感兴趣，而是一直致力于制造最好的汽车，他非常重视加工精度、制造质量和零件的互换性，并且认为这是汽车品牌迅速发展的关键。1908年，凯迪拉克由于成功实现标准化生产，成为第一家被伦敦皇家汽车俱乐部授予奖章的美国汽车公司，并因此有了“世界标准”的美名。1909年凯迪拉克公司加入通用汽车公司，此后在设计汽车时更加重视汽车的豪华性和舒适性，不断以突破性的外形设计和引领潮流的科技创新赢得了世人的推崇，不仅在美国成为无可争议的顶级豪华汽车品牌，而且获得了全球性的声誉。

在凯迪拉克骄人的百年发展史上，曾经在技术与品质上创造了无数个第一，事实上，那种源于品牌血液的果敢创新的先锋精神，在百年之中始终指引着凯迪拉克，令其不断突破，成为开潮

▲凯迪拉克 CTS 是品牌复兴后的第一款车型，多次获得国际大奖，其中3.6运动版0–100公里/小时的加速时间仅为6.7秒，男人开这款车向外传达的信息就是“我就是第一”。凯迪拉克 CTS 以钻石切割为灵感，设计出刀削斧凿般的线条，模仿 F117 隐形战斗机的内饰使得它绝对算得上豪华车中的另类，这样也彻底颠覆了凯迪拉克轿车在人们心中的固有印象，甚至也颠覆了所有豪华轿车的传统形象。

流之先河的领导者：1938年，凯迪拉克的特型60车型刚一推出，即成为时尚标准；1949年，凯迪拉克双门跑车“帝威（Coupe deville）”面世不久就以其超凡魅力夺得豪华车销售领先地位；而1953年的“埃尔多拉多（Eldorado）”敞篷车，则有着堪称惊世骇俗的外观设计……凯迪拉克这个有着百年历史的品牌，成就了汽车历史中的一个传奇。

从品牌诞生伊始，凯迪拉克就曾长期占据北美豪华车市场的头把交椅，但是近10多年来销量逐渐被奔驰、宝马超越。正是在这样的一种现实压力下，美国通用公司开始实施凯迪拉克品牌的全球复兴计划。随着多功能运动车SRX、世纪概念车16号以及运动型豪华轿车CTS的陆续上市，凯迪拉克逆潮流而上，将钻石切割的造型概念和隐形飞机的设计灵感、珠宝高贵的内饰风格、巨大功率的动力技术、智能高效的驾控系统等一一融入豪华汽车的设计体系，从众多圆头憨脑、世故老练的豪华轿车中脱颖而出，再一次将潮流的舵把抢回手中，在它的王者之路上掀起新的篇章。

那种源于品牌血液的果敢创新的先锋精神，在百年之中始终指引着凯迪拉克，令其不断突破，成为开潮流之先河的领导者。

在凯迪拉克的发展史上，有一辆产于1989年的“福利特伍德”加长车十分引人注目。该车全长1219米，其车身全白色，功能、内饰都堪称超级特制，其华贵的欧陆风

范与豪放的美式气度，大有王者气势，该车造价高昂，当年出厂价约合 2000 万元人民币。这辆车最初作为美国前总统老布什的礼宾用车，接待过许多国家元首和政府首脑，后被一位阿拉伯富豪看中高价购去当座驾。打开车门进入车内，仿如置身一个豪华会议室，车厢至少可以容纳 10 多人，内部设有电视机、卫星导航系统、无障碍通信系统等，非常完善。据介绍，该车至今保存完好，现在还可以以 200 公里的时速行驶。这辆车最为特别的设计是车尾厢上的检阅台，可以方便元首出席各类型庆典活动。此外，这辆车还曾凭借自身的防弹、防爆、防水、防震功能，成功保护了某国元首和政府要员，躲过一场致命的暗杀行动。当年这辆凯迪拉克“福利特伍德”加长车载着某国元首、国防部长、外交部长等政府要员，在途中遭反对派武装袭击。当时，前后保镖车上的警卫连死伤无数，而车里面的高官要员却安然无恙。

一切蕴含尊贵、备受推崇的艺术珍品，无一不是历经时间的雕琢和历史的积淀。100 多年的历史，让凯迪拉克有了其他品牌不可企及的恢宏气度，被多届美国总统选为专车。2008 年 11 月 5 日，美国总统大选结果最终出炉，奥巴马不仅成为美国第一任非洲裔总统，而且为凯迪拉克真正推进年轻化战略提供了一个绝好的机会和平台。自 1997 年开始，凯迪拉克便开始着手品牌复兴计划，首先需要突破的就是如何吸引年轻一代的关注度。与年轻明星们不同的是，美国新任总统奥巴马不仅代表了新时代年轻人的“美国梦”，其奋斗史更是凯迪拉克品牌“信念创造拥有”的真实写照。

据说，纯手工打造的“美国一号”凯迪拉克 DTS 将在奥巴马 2009 年上任时交付白宫。这辆造价达 230 万欧元的汽车呈黑色，长 6.3 米，重 3 吨，全车防弹并装载 12 厘米厚的装甲，一改老凯迪拉克总统座驾的扎实有余活力不足的面貌，融入了时尚气质，这款车将在未来 4 年里陪伴奥巴马巡游世界，这无疑将成为凯迪拉克新时代的最佳代言。以 100 多年的豪华精粹传承品牌，以领先时代的科技精髓勇拓未来，凯迪拉克的傲岸英姿，无论身处何地，都以其永远的夺目显耀当仁不让地成为人们关注的焦点。

西非 3650 天生长的珍贵树种、360 度的剧院级音响系统、30 天精工细作的皮革、V8 发动机所缔造的雄浑核心动力、7 年以上纽柏林赛道历练的底盘……这些顶级配置使得凯迪拉克的 SLS 赛威的视觉与触感均达到美轮美奂的境界。从外观到内饰到配置，从动力到操控到安全，SLS 赛威的每一个细节，都凝聚了凯迪拉克力求完美的品牌精髓，坚守着凯迪拉克品牌“出类拔萃”的百年尊贵血统，更成为极致豪华与尖端科技完美融合的典范。

创始人：阿尔弗雷德·登喜路
创始时间：1893 年　创始地：英国·伦敦

dunhill

炫示男人最优雅的格调

每个男人都有征服欲，然而登喜路却可以征服世界上的任何男人。从 1893 年打开奢华的魔法之门那刻开始，登喜路就给男人带来一种神秘的诱惑，仿佛是永远逃脱不了的魔咒。

登喜路

作为世界上少数几个只做男性商品的品牌之一，100 多年的发展历程和英伦独特的文化气息，使得登喜路有着传统、优雅的一面，而其创始人阿尔弗雷德·登喜路对体育、对速度的热爱，又使得登喜路拥有野性、自由的另一面。

1893 年，阿尔弗雷德接管了父亲在伦敦公爵街开设的专营鞍具、马衣等用品的皮革店，同年创立了自己的男装品牌。19 世纪末期的英国，工业时代已经来临，阿尔弗雷德意识到汽车工业发展迅速，便在伦敦开设了他的第一家汽车配饰产品专卖店，生产除了汽车以外的任何汽车配饰产品，从皮衣、驾驶帽、手套到长途驾驶必备的午餐筐篮、雨伞等，可谓应有尽有，其出售的所有产品都与男人有着直接的关系，因此可以说登喜路公司从开业的第一天起，就与男人结下了不解之缘。

早在 20 世纪 20 年代，登喜路就成为了英国王室的御用供应商，威尔士亲王大力向各国显赫要人推荐登喜路产品，尤其是它的传统礼服，备受英国皇室的喜爱。温莎公爵是英国王室成员中一位对潮流趋势和时尚品位都带来巨大影响的人物，集时尚品位和优雅风度于一身，第一次世界大战之后，大西洋两岸的时尚男士们都痴迷地追随于他，甚至模仿他所有的穿衣细节，而当时温莎公爵最常去的服装店就是登喜路的精品店。

dunhill
LONDON

dunhill
LONDON
dunhill
LONDON
THE NEW FRAGRANCE

相对于其他一些时装品牌来说，登喜路对普通人的形象提升没有多少帮助，相反，它对穿着者的气质形象有着微妙而苛刻的要求。2003 年 6 月 21 日，刚过 21 岁生日的威廉王子穿着登喜路的黑色晚礼服出现在《名利场》杂志的封面上，作为年轻一辈的古典绅士的缩影，威廉王子为登喜路作出全新的诠释，再次证明尽管世界上存在着为数众多的奢侈品品牌，但也许唯有登喜路兼具男性阳刚魅力与英国式的优雅风格。

并不是所有的英国品牌都能够像登喜路一样，在世界每一个角落都有资格站出来让挑剔的有钱人品头论足。登喜路这个百年的奢侈品品牌具有敏锐的应变能力，它总能够事先预估到人们想要购买什么样的产品。

在登喜路雪茄系列中，Aged Cigar 雪茄系列是备受人称赞的雪茄系列。仅凭其外观就足以征服人心，雪茄的外观十分精美，并贴有蓝色标签。此雪茄系列烟草选择都十分精良，而且混和合理，燃烧起来也特别顺畅均匀，风味更具特色，中等浓郁至浓郁，而且一点也不呛人，并带有淡淡的芳香。

无论登喜路男装或是登喜路皮具，它们和那些英国绅士一样，温和、优雅，没有太多累赘的修饰物，显得相当清爽，往往一个简单的设计就能给这份清爽染上一层高贵的气息，加上一道个性的光芒。

奢侈品是考虑细节的，因为美和细节而与众不同。登喜路既关注产品的外观也非常在意功能性，这在其皮具 Motorities 系列中尤为突出。该系列一款挎包的背后有几个小孔，这是专门为了手机而设计的，手机装在包里也可以听到响亮的铃声，就不会漏掉重要电话。事实上，登喜路的所有皮具系列都秉承了品牌悠久的历史传统，无论是硬框皮箱、手提公文箱，还是多功能拉链大提包均采用手工制作，将无与伦比的华贵材质和完美无缺的实用功能相结合，不仅设计精美，品质更无懈可击。

“所有产品必须实用可靠美观恒久而出类拔萃”是登喜路的品牌宗旨，阿尔弗雷德·登喜路一向富有冒险精神，这个精力充沛的男人曾经专门建立了登喜路专利开发公司来研发新产品，并在 1905 年获得了防风烟斗的专利。考虑到在经营汽车生意时结交的一些有钱绅士的需要，他还开设了一家经营高档雪茄的零售店。第一次世界大战后，登喜路确立了烟草和烟斗的首选地位。雪茄

dunhill

是优雅男人奢华生活不可或缺的，对奢华独到的理解造就了登喜路雪茄的成功。尽管登喜路雪茄不是来自于古巴哈瓦那，但还是受到了欧洲人的欢迎，尤其是那些英国的绅士们。

作为专门生产男士用品的奢华品牌，登喜路的香水同样受到了男性顾客的喜爱。自 1934 年登喜路推出了第一款香水后，这一品牌一直将简单的设计风格、完美无缺的香味和无与伦比的制作工艺巧妙结合，创造出极具英伦风格特色的香水系列。不断创新的英伦风情是登喜路区别于竞争对手的一贯作风，其推出的“欲望”、“恣意”、“纯净能量”等经典香水都十分畅销，每一款都如同时尚的艺术品，拥有独特高雅的特质，令人赏心悦目。

登喜路的产品众多，而这些产品无一例外地遵循阿尔弗雷德·登喜路的格言：它必须有用，它必须可靠，它必须美丽，它必须耐久，它必须最佳。这一格言在登喜路墨水笔上得到了最佳体现。一如卡地亚等珠宝公司，登喜路墨水笔往往是为了配合同一系列的打火机、手表等男士用品而予以“捆绑式”推出的。如专为领导者量身打造设计的“领导者”系列，精致完美的比例配上闪耀细微星芒的湛蓝笔身，充满登喜路内敛沉稳的优雅品味，简洁利落的设计有别于其他浮夸华丽的风格，唯有站在金字塔顶端的白领精英，才配得上这款让所有品牌黯然失色的行家精品。

从赛马会、板球、雪茄、烟斗、皮具、绅士服装、腕表、香水到男人需要的一切益智精巧的小玩意，登喜路全系列产品都可以说得上是精湛工艺与创新设计的完美结合，始终与极致生活品位画上等号。因此几乎每个有品位的男人都很喜爱登喜路的香水，享用登喜路的雪茄，同时希望通过登喜路的手表来知晓时间，用登喜路的墨水笔和文具给亲朋好友们写信。阿尔弗雷德最初开始管理登喜路这一品牌时，就把它定位成奢侈品，他认为世上总有一些人愿意为产品的卓越品质而支付额外的费用。如他所愿，登喜路这个华贵精致的品牌始终坚持以自己的格调在炫示男人的骄傲，不论时尚如何风云变幻，它总是走在精致生活的最前端。

◀如果说登喜路品牌旗下的诸多产品是一群现代绅士，那么 Tradition 就是当中最德高望重的那位。顾名思义，Tradition 系列皮具是忠于传统的极致体现，它抛弃了所有不必要的装饰，以极简式的“素颜”示人，方正轮廓与平整细腻的包面透露出男士刚毅的性格。该系列的皮具由手工纯熟的师傅在三个月内独立完成，其手工的精致透露出尊贵感，不禁让人想起昔日绅士与老字号店铺裁缝以及鞋匠一对一的服务关系。

创始人：马里·艾蒂安·尼托
创始时间：1780 年　创始地：法国·巴黎

CHAUMET
PARIS

风华绝代的冠冕之王

皇冠代表着至高无上的权威，而能够制作皇冠的品牌也必然是珠宝世界里的王者。在长达两个多世纪的发展历程中，尚美多次见证了王者的无限风光，也成功地彰显了奢华到极致的皇家气派。

尚美

尚美，作为法国最具贵族气息的品牌，1780 年便开始了品牌的传奇历史。其创始人马里·艾蒂安·尼托在法国皇后玛丽·安托瓦内特的御用珠宝匠奥贝尔手下学成出徒后，于 1780 年在法国巴黎开设了一家珠宝店，并且很快就得到了一批贵族客户的青睐，而真正使他声名鹊起的是在 1802 年成为拿破仑的御用珠宝商之后。由于尼托在珠宝制作方面天赋过人，再加上他对宫廷品味的了解无人能及，拿破仑执政时期的法国宫廷对他设计的珠宝十分青睐。尼托不仅为拿破仑铸造了加冕仪式上佩戴的皇冠和御剑，恰如其分地表现了帝国的强盛和皇帝的威严气势，还为约瑟芬等皇室女眷制作了无数华丽的首饰。1804 年，约瑟芬加冕时，尼托为其制作了著名的月桂枝叶后冠，展现出高贵的气质和独特的贵族品位，成为设计史上的典范之作。

19 世纪初，尼托制作的后冠及其他冕状头饰，成为王权与等级的象征，被誉为

CHAUMET
PARIS

"皇族印记，冠中之杰"。随着皇室订单的源源不绝，那些喜爱名贵珠宝的名流贵族们也开始纷纷佩戴着尼托设计的珠宝首饰穿梭于高级场合，并为其神魂颠倒，欧洲各国的各界名流均以拥有一件尼托手工坊出产的首饰为荣。

1815年拿破仑帝国衰落后，尼托的儿子弗朗索瓦·雷诺·尼托离开了珠宝界，并把其业务转让给了他的首席珠宝匠让-巴普蒂斯特·弗森，弗森的儿子让-威廉·摩雷也随即加入。他们从意大利文艺复兴和法国18世纪艺术中寻找灵感，创作了多款颇具浪漫主义风格的珠宝首饰，深受当时社会名流的喜爱。

近日在法国举行的一场艺术品拍卖会上，拿破仑用过的一把镀金宝剑，以高出底价三倍的481万欧元的价格成交，创造了艺术品界的拍卖神话。这把剑长97厘米，呈柔和弧线，是尚美的创始人马里·艾蒂安·尼托为拿破仑专门设计的。1800年，拿破仑率领法国军队与奥地利军队在意大利亚历山德里亚东南的马伦戈村展开决定性会战，奠定了法国的胜利。在那次战役中，拿破仑使用的便是这把利剑。

1880年，让-威廉·摩雷的女婿约瑟·尚美继承了经营权后，他以自己的姓氏作为品牌名称，使"尚美"作为一个顶级珠宝品牌的代表开始名传于世。进入20世纪后，尚美率先创出以铂金镶嵌宝石的皇冠制作方法，令名贵的宝石更为突出，此时的尚美逐渐走出宫廷皇室，开始被更多绅士、名媛们拥有。当时，作为社会地位的徽章和时尚元素的羽毛冠状头饰是尚美的主要产品之一，约瑟就像魔术师一样能让珠宝栩栩如生。这位设计大师发现了人造宝石的制作方法，并设计制造了众多带有瀑布、翅膀、蝴蝶、羽毛、龟壳、扇子图案的皇冠，还有各种颜色的珍珠项链，因而成为毫无争议的珠宝界领导者，使尚美从此拥有了一代又一代的忠实顾客。

尚美是传奇中的经典，经典中的传奇，它宠辱不惊地传承于世，在久远的岁月中沉淀出光芒。多少显赫的珠宝世家都黯淡了，尚美却依旧美丽。

持续两个世纪的风华，拥有200多年历史传承的尚美，一直代表着法国顶级珠宝工艺。要了解尚美这一品牌的风格，必须先了解其冠冕作品，这是该品牌的标志之一。从1780年至今，尚美已经为皇室贵族制作了1500多顶冠冕，而且至今从未停止俘获名流们的芳心。帝王时期，璀璨的皇冠是权力与威严的象征，现在精致的皇冠同样代表着成功。近几十年来，尚美虽然一直发展新的

珠宝制作技术，但冠冕仍一直是该品牌的重点，曾先后专门为伊利莎白二世女王、摩洛哥国王哈桑二世以及众多好莱坞明星设计过特殊式样的作品。著名歌星麦当娜结婚时，当她身着婚纱，头戴皇冠走向众人时，她的美丽与高贵不凡让观者倾倒，而她当时戴的皇冠也正是尚美为其特别制作的。

高级珠宝引人入胜之处不仅仅是它的尊贵身份，更致命的诱惑力是它背后那些不平凡的使用者。没有哪个品牌像尚美一样，几乎可以看做是拿破仑时代兴衰的见证者，而且在不同的历史时期赢得了各界名人的眷顾。在过去的200多年间，尚美一直没有停下进取的脚步，推出了Le Grand Frisson、Attape-moi…si tu m' aimes、Un amour de Liens，L' ABC… de Chaumet等许多著名的珠宝系列。此外，为了让骄人成就恒久闪耀，尚美更把其工艺才华扩展至钟表方面，推出khesis、Anneau、AqvilaII等不同的腕表精品，同样是无限创意与新颖风格的完美结合。凭借不断创造出来的精彩的惊世杰作，如今的尚美在珠宝、钟表等制作领域都占据了一席之地。历史是透明的颜料，时间给风华绝代的尚美涂上非凡的底色，它从每个时代汲取非凡的灵感，在繁华天地间迎风而立，不断创造着属于自己的美丽传说。

▲以月桂叶为设计主题的Frise珠宝系列以经典的设计，彰显了尚美这一品牌追求简约与和谐美的精神。该系列共包括项链、手链、戒指、耳环以及可做头饰的襟针等多款精品，设计独特，十分精美。法国第一夫人卡拉·布鲁尼·萨科齐在德国访问时，就佩戴了该系列的铂金镶嵌钻石的耳环和白金镶嵌钻石手链，尽显优雅风情。

创始人：让·巴度
创始时间：1918 年　创始地：法国·巴黎

JEAN PATOU
PARIS

世间最奢华的芬芳

对让巴度来说，设计时装是一门艺术，是在色彩的世界里进行剪裁，创造香水也是一门艺术，是在鲜花的世界里进行创作。

让巴度

作为 20 世纪二三十年代最伟大的服装设计师之一，让·巴度先生的许多事迹均已列入服装界的纪录。1918 年，让·巴度先生在巴黎成立了以自己的名字命名的时装屋。由于其设计的服装高贵典雅、简单大方，因此受到世人的喜爱。1921 年，在让巴度品牌的服装正式发表会前邀请了新闻界人士预先观赏，从此以后，时装界款待新闻界的预展便成为惯例，让巴度这一品牌也得以名扬天下。

1925 年，让·巴度先生开始进军香水业。在全球林立的香水品牌中只有两家拥有自己的专业调香师，术语称之为“NOSE”(鼻子，是香水行业中对制香师的尊称)，而让巴度就是其中一家。其专有的“鼻子”们都是嗅觉大师，他们要对成千上百种味道进行组合和比较，体会常人难以想象的细微差别，直至寻找到几种能够表达他们创意的香味，并调制成一款混合的香水，“喜悦(JOY)”就是其中最尊贵的代表。

“喜悦”于 1929 年面世，大量采用了

▲一般的香水调制时间不过一两年，像“1000”这款香水那样花了十年时间调制的更是绝无仅有。这款香水尝试过 1000 种配方，使用了大量的花材、制成丰富的香氛。1972 年，让巴度将 1000 瓶“1000”香水包装在精致的珠宝盒中，并特别标注了从 1 到 1000 的号码，并专门用劳斯莱斯车送到巴黎 1000 名最优雅的女性手中，一时在巴黎城内传为佳话。

保加利亚玫瑰、格拉斯的五月玫瑰及茉莉花等珍贵的天然原料，而且其天然成分的浓度也增加了一倍，这一创新之举使得“喜悦”成为了众所皆知的“世界上成本最昂贵的香水”，仅30毫升就需要至少10多万朵茉莉和300多朵玫瑰。尽管这款香水价格不菲，但推出后却大受欢迎。此外，自1930年以来，“喜悦”香水中玫瑰和茉莉独特的配方都始终如一，永远守护着这款香水那与生俱来的神秘。

除“喜悦”之外，现在常见一些的让巴度的香水基本都是20世纪70年代以后出品的，例如1972年的“1000”、1980年的“巴度男香（Patou Pour Homme）”、1992年的“烈火情人（Sublime）”、1995年的男香“旅行家（Voyageur）”和2002年的“Enjoy（喜爱）”等。让巴度香水是目前仅有的几个在其产品中大量采用天然原料精华的品牌之一，其卓越的香水产品，如“喜悦”、“1000”等都要求含有一定量的稀有而又昂贵的植物提取品，而其特别的定制服务更是让很多人神往。当顾客提出定制要求后，让巴度会派出专业的调香师对其喜好进行深入了解，而调制好的香水必须在顾客使用一个星期感觉满意后，才会真正投产。这种高标准的品质要求使得让·巴度这一品牌成为世间最美丽的礼物，俘虏了诸多人的心。

▼“喜悦”这款香水瓶身设计是内部装潢设计师路易斯·舒易的得意之作，他严格遵循了古希腊建筑黄金分割准则，使整个瓶身看似简单却又隐隐透出高贵典雅，而瓶盖上密封的结全都是用金线全手工精心打就而成。法国首席水晶制造商巴卡莱特公司在1974年特别为“喜悦”香水制作了一款水晶瓶，每一瓶上都有手工刻制的编号作为限量销售的标志。剔透水晶的熠熠光芒与“喜悦”香水的馥郁芬芳遥相呼应，让人心醉神迷。

创始人：诺伯托·法拉帝
创始时间：1968 年　创始地：意大利·弗里

FERRETTI

游艇中的奔驰

法拉帝游艇不仅仅是财富的标志，不仅仅是身份和地位的简单象征，还意味着对事业与生活游刃有余的把握，意味着一种领衔高端的生活方式。

法拉帝

深深热爱着海洋的诺伯托·法拉帝和他的兄弟阿莱桑多·法拉帝 1968 年决定自己造船，他们成立了一家名为法拉帝的工厂，并将一艘渔船巧妙改装成一艘舒适、可靠的游艇。这艘被称为“非洲热风”号的游艇成为法拉帝创业故事的一个良好的开篇。

20 世纪 80 年代，法拉帝开始专攻豪华游艇制造，到 20 世纪 90 年代发展成为中等尺寸的巡航舰式游艇制造领域的领导者。之后，通过内部设计和生产能力的优化提高，以及外部不断收购新的公司等扩张策略，法拉帝集团开始巩固并扩展其在豪华游艇市场的霸主地位。除法拉帝游艇外，法拉帝集团还有博星、丽娃、意达马等 8 个品牌，其在游艇行业的地位可以说鲜有对手。

作为欧洲第一豪华游艇设计制造公司。法拉帝集团生产的游艇尺寸从 7 米到 80 米不等，功能各异，能满足世界各地客户的多方位需求。为了让客户的体验更臻完美，法拉帝强大的研发队伍一直致力于研究最新科技在游艇上的整合与应用，而每一项新设计都是在“品质第一”的前提下，从一系列参数和必要的需求之间寻求完美的平衡点。

法拉帝游艇为法拉帝集团的旗舰品牌，为全球机动游艇设计、制造及销售行业的翘楚。如果说，11 米至 35 米长的博星开放式运动游艇是“游艇中的保时捷”，10 米至 35

米长的丽娃开放式或飞桥式游艇是“劳斯莱斯”，那么 14 米至 27 米的法拉帝飞桥式游艇则是“游艇中的奔驰”。其内部装潢精美，各种配置一应俱全，完美地结合了家庭休闲、商务交流和户外享受等功能，充分体现了现代生活的高质量与高品位格调。

法拉帝飞桥式游艇内部的设计要求也极为严谨，不同的型号会配以度身定做的顶级装潢及家具，从而打造出一个优雅、舒适的环境。这一“水上行宫”，具有魔幻般的吸引力，其致命诱惑不亚于精纯的海洛因，尝试一次就足以上瘾。

创始人：安东尼·勒考特
创始时间：1833 年　创始地：瑞士·汝拉山谷

JAEGER-LECOULTRE

钟表工艺至高无上的代表

从无限宽广的宇宙到无限细微的个体，时间以超然的姿态支配一切。积家钟表始终怀着这样一种信念，真正高贵的人绝对不会仅仅满足于钟表的赏心悦目，他们同时也注重钟表的内在美。

积家

生活在瑞士的汝拉山谷这个钟表艺术发源地的勒考特家族，很早就掌握了制表技术。1833 年，安东尼·勒考特发明了用来制造钟表齿轮的机器，之后他成立了自己的工作坊，也就是积家表厂的前身。由于其制作的齿轮零件品质出色，获得业界的垂青，安东尼·勒考特的名声很快在瑞士钟表界传开。

起步的成功激励了安东尼·勒考特进一步努力去实现他毕生最大的梦想——生产自己的品牌钟表，但即使这样，他也没想到他的工作坊会成为历史上最重要的钟表厂，而积家表会成为汝拉山谷中的盟主。到 1860 年时，他的公司规模已经达到 100 多人，专门生产钟表精密器件，先后推出上百种钟表机芯，从而奠定了其在瑞士钟表业中的地位。1903 年，安东尼·勒考特的孙子雅各·大卫·勒考特与法国精密航海计时器制造商积家合作，成立了今天的积家表厂。

出色的质量、创新的概念及细腻的做工，让积家表成为钟表界中的佼佼者，它旗下拥有“翻转系列（Reverso）”、“双动力系列（Duom è tre）”、“控测大师系列（Master Control）”、“高级珠宝系列（Haute Joaillerie）”与“空气钟（Atmos）”等代表产品，成立迄今已经获得 200 多个专利，堪称高级制表业界的典范。

钟表历史上许多重大的里程碑都是由积

家表创造的：1844 年，积家表厂发明了能够将测量的准确度精确到千分之一毫米的“微米仪”，使钟表零件的加工精度大大提高；1928 年，发明了空气钟，多年来瑞士政府因其能代表瑞士钟表的精神而将其作为官方赠礼；1931 年，积家表厂推出了可翻转腕表，成为钟表界中的传奇经典……此外，积家在三问表、日历表、响闹表、世界时区表、陀飞轮表以及机芯制造等领域都创下了佳绩。

自 1833 年成立以来，积家钟表一直以传统制表工艺的捍卫者自居，同时又是精确计时技术和设计领域中的先驱之一，无论在雕刻、搪瓷绘画技术、宝石镶嵌，还是在透视机芯等技巧方面，均显示出对钟表艺术更高境界的追求。因此，它不仅曾赢得了英国女王伊丽莎白二世的芳心，而且据美国奢侈品协会新近调查显示，在美国有钱人心目中的奢侈钟表品牌中，积家表获得了 78 分的高分，被公认为是奢侈名表之首。

积家，钟表界中的王者，有着显赫的地位、辉煌的历史以及昂贵的身价，其独具匠心的设计，时刻提醒佩戴者应该珍惜那些值得记忆的美好时光。

光阴一闪即逝，如果说时间能够铸就经典，那么它首先铸就的应该是腕表的经典。积家的“翻转系列”自诞生以来，历经 70 余载依然傲视群雄。

关于“翻转系列”的来历，有这样一个故事：据说当年塞扎尔·德·特雷去印度参加钟表促销活动时，跟一些英国马球运动员学习马球技艺。一次，这些运动员和他打赌，如果能提供打完一场球赛仍然完好无损的手表，他们定会大力帮助推销。闻听此言，塞扎尔·德·特雷竟然突发奇想：为什么不能把手表设计成可以反转的式样呢？他把这一设想告诉给雅各·大卫·勒考特，雅各对此想法十分赞赏，把研制任务交给表厂的工程师勒内·阿尔弗雷德·肖沃。几经周折，研制终于

▼为庆祝“翻转系列”诞生 60 周年，积家表厂自 1991 年开始陆续推出了 6 块翻转玫瑰金限量表款。而后八日链大日历视窗腕表的诞生，又再次把翻转表的技术与美学成就推向新的高峰。它的表壳加大，性能也更为精进，在完全不用重复上链的状况下，动力可储存长达 8 天之久，彻底突破表类极限。此限量表款以 950 纯白金和 18K 玫瑰金精心铸造而成，带领热爱“翻转系列”腕表的表迷进入到一个精密神奇的世界。

获得成功。积家表厂据此推出了一款全新的腕表，并将其命名为“翻转系列”。

欧美上流社会人士一直热爱骑马、滑雪、赛车等剧烈运动，而表镜很难承受运动中的撞击，而“翻转系列”腕表只需以拇指和食指轻转表壳，表镜就会翻转过去，露出坚硬的表底，以抵抗运动中的冲撞和震荡，因而它一面世就成为当时最好的运动表。发展至今，“翻转系列”已具有众多的款式，该系列分为机械机芯和石英机芯，有男款和女款之别，论款式又可分为古董表、影像表、装饰表、双面表、日期表、大号表等，款款都是精湛工艺、传统美学与先进科技的完美结晶。

除了在腕表的造型与功能方面不断推陈出新之外，技术也是积家表称霸钟表界的主要原因之一。提到钻石的镶嵌技术，积家有一种工艺独步江湖，堪称绝技，那便是雪花镶嵌法。这种积家专门的珠宝部门才有能力掌握的镶嵌法是由镶嵌师细心挑选不同大小的钻石，并任意地镶嵌在表壳上的，此过程正如雪花飘落，无特定之原则，因此每只表的钻石大小与数量均不相同。宝石镶砌是积家镶嵌师们所研发出的最新技术，它的特色在于以最自然的手法将钻石镶嵌好，呈现出钻石完美晶莹的光泽。这项创新的工艺再次提升了积家钟表的技术层次，让珍贵的宝石回归最单纯无瑕的一面，是珠宝镶工领域的杰出成就。

为能臻至完美，积家一再尝试着挑战钟表制造技术的极限，而一流的制作工艺加上昂贵奢华的材料，使得积家的一款款杰作将无形的时间转换为具体之美，带着名门世家的气派，不管出现在任何场合，都能展现出自己独特的气质，因而让收藏家为之迷恋，让佩戴者也能以最优雅迷人的姿态来掌握时间。

JAEGER-LECOULTRE
JAEGER-LECOULTRE

苏格兰威士忌的典范

男人与尊尼获加之间的关系，就像耶路撒冷之于朝拜者，因此真正的男人是无法拒绝尊尼获加的诱惑的，而这个世界则因为这种诱惑的存在，变得更加充实，更加美好。

尊尼获加

一位名叫约翰·沃尔克的年轻小伙子于 1820 年在苏格兰基尔马诺克开了一间杂货店，并开始尝试着用几种不同种类的苏格兰威士忌调配一种全新的饮料。令人意想不到的是，这种实验性质的调配竟然催生出一种享誉百年的极品苏格兰威士忌。之后，约翰·沃尔克以自己的名字为这款极品威士忌命名（中文通译为尊尼获加）。随着他精心调配的威士忌远近驰名，一个全新的尊尼获加王朝掀开了历史的序幕。

苏格兰是尊尼获加的故乡，宜人的气候环境赋予了尊尼获加柔和的清新气质，海风的洗礼更赋予了尊尼获加大海般的辛辣气概，而充满智慧的苏格兰人最终赋予了尊尼获加醇厚馥郁的内涵。约翰·沃尔克过世后，年仅 20 岁的亚历山大继承父业，并调制出一种全新的调配威士忌，命名为“古老的高地威士忌”，这就是尊尼获加著名的“黑牌”的前身。1867 年，亚历山大又设计出让人眼前一亮的倾斜式商标和方形酒瓶，在市场上创造出无可匹敌的威士忌。

从诞生之初，尊尼获加就一直力求保证纯正的血统，孜孜不倦地钻研威士忌

的调配工艺，以调制出举世无双的威士忌，即使在原料短缺的战争时期，也没有在品质上作任何让步。1908 年，约翰·沃尔克的孙子委托著名画家汤姆·布朗为公司创办人绘画肖像。之后，这个头戴礼帽、迈步向前的绅士形象便成为了全球知名度最高的商标之一。100 多年来，这个“行走的绅士”把尊尼获加一贯推崇的“永远向前”的品牌精神传递给全球亿万消费者。

经过一代代传承，尊尼获加这一品牌在全球拥有着至尊地位，现主要有尊爵（Premier）、黑牌（Black Label）、红牌（Red Label）、金牌（Gold Label，又称金方）、蓝牌（Blue Label）、绿牌（Green Label）等系列。在全世界最有名望的烈酒排名中，尊尼获加每年都能位列前三。1933 年，由于提供给伊丽莎白女王，尊尼获加被授予“皇家武士”的称号；在 1966 年，尊尼获加因出口业绩显著而获得女皇颁奖第一名；在 2005 年《福布斯》世界顶级奢侈品 100 品牌排行榜上，尊尼获加列第 12 位，是排名最高的威士忌品牌。

尊尼获加是开混合型威士忌先河的神奇酒品，它像一个火辣的女郎征服了全世界的男人。在任何一个烈酒酒吧，或任何一个喜爱威士忌的男人的酒橱里，你都不难找到它，它带给男人的是一种梦幻般的迷醉感。2005 年，为庆祝迈凯伦车队车队参与摩纳哥赛事 40 周年，尊尼获加特别馈赠给迈凯伦主席朗恩·丹尼斯先生一件特别献礼——尊尼获加“蓝牌”威士忌摩纳哥珍藏版。这款独一无二的威士忌由丹尼斯先生与尊尼获加首席调酒大师吉姆·贝弗里奇亲自调配，瓶颈围绕着共计 4 克拉的钻石，并镶有纯金标签，尊贵气质显露无遗。这款珍藏版尊尼获加的味道自然无可挑剔，不过面对 150 万元人民币的昂贵价格，相信世间没有几个人会舍得轻易品尝。

创始人：托马斯·巴宝莉

创始时间：1856 年　创始地：英国·伦敦

BURBERRY
LONDON

格子里的百年传奇

没有丝毫夸张，就能抵挡百年风雨，至今仍保持着一贯秉持的传统精神而屹立不倒，它就是让人喜爱，甚至令人尊敬的英伦风尚代表——巴宝莉。

巴宝莉

曾有这样一种说法，英国的巴宝莉、意大利的普拉达和法国的路易·威登是顶级品牌的三剑客，而巴宝莉浓郁的贵族风情，让人不禁想到英国王室的气派贵族品位。的确，许多英国王室成员最喜欢的服饰品牌就是巴宝莉。

1856 年，21 岁的托马斯·巴宝莉在英格兰汉普郡的贝辛斯托克开设了一家户外服饰店，以其家族姓氏命名，巴宝莉这一被时尚界公认能真正展现英国生活方式的品牌就此创立。一次偶然间，托马斯·巴宝莉发觉当时的牧羊人身上穿的麻质罩衫竟有冬暖夏凉的奇妙特性，便决定从中取经。经过几番研究，托马斯·巴宝莉于 1879 年以独特的手法制成了一种防水、防皱、透气耐穿的布料，当时他给这种布料起名为“轧别丁（gabardine）”布料。1901 年，托马斯·巴宝莉用“轧别丁”设计出第一款风衣。第一次世界大战爆发后，巴宝莉风衣被指定为英国军队的高级军服，在设计上改为双排扣，肩盖、背部有保暖的厚片，并在腰际附上 D 型金属腰带环，这样的修改是为了便于收放弹药和军刀等。后来这款实用功能至上的军用制服在民间也迅速流行开来，成为英国人防风抵雨的“武器”。英国人有穿风衣的习惯，而如今一提起风衣，许多人第一时间联想到的就是巴宝莉。

作为英国老资历的服装品牌，巴宝莉以

独特的布料、经典的格子图案、大方优雅的剪裁赢取了世人的欢心。格子之于英国，如同旗帜徽章之于意大利，在英国被称为Windows，是家族标志的象征。不同大小、不同颜色的格子代表不同的村落、地方或家族。1924年，巴宝莉注册了它的著名标志：格子图案。这种由浅驼色、黑色、红色、白色组成的三粗一细的交叉图纹，不张扬、不妩媚，自然而然地散发出成熟的韵味，当时被巴宝莉用在了风衣内衬上，后来几乎成为了巴宝莉的同义词。

巴宝莉的发展过程并非一帆风顺的，也曾经历过一段低谷阶段。进入到20世纪60年代，一成不变的经营模式、丝毫无创新的产品让巴宝莉在接下来的30多年里业绩平平。到了1997年，巴宝莉已经濒临亏损的边缘。这时罗丝玛丽·布拉沃担任了公司的

PRORSUM
BURBERRY
LONDON

CEO，她先是将巴宝莉品牌扩张到了每一个能扩张到的领域，之后又将巴宝莉细分为好几个品牌个性极其鲜明的副线品牌，难得的是此举没有给品牌原有的“奢侈基因”带来丝毫的损伤。在布拉沃的领导下，巴宝莉推出了新的精品设计、新的产品系列以及与众不同的广告宣传，终于喜获重生，再攀业绩高峰。

如今的巴宝莉不但成为身份、地位的象征，而且被誉为“能够让人一生永不落伍”的时尚之物。这个具有典型的英国传统风格的品牌就像一个穿着盔甲的武士一样，保护着大不列颠联合王国的时尚文化，并在不经意间流露出尊贵而又优雅的气质。

古典但不守旧，优雅但不刻意，巴宝莉把华丽、尊贵、清新等互不相干的元素融合在一起，人们只有从巴宝莉的产品中才能找到真正的英国味道。

1911 年，巴宝莉开始扬名世界，而这一切都要从挪威探险家卢阿尔·阿蒙森说起。1911 年，卢阿尔·阿蒙森成为了世界上最早抵达南极点的人，而他装备的户外用品和服饰均来自巴宝莉。为了向后来者证明自己完成了这次探险，阿蒙森在南极点上留下了一个巴宝莉的斜纹布帐篷，巴宝莉品牌也因此一举成名。在阿蒙森到达南极后，爱尔兰人欧内斯特·沙克尔顿决定首先横穿南极大陆，而他的探险队使用的也是由巴宝莉生产的户外产品。

在巴宝莉的品牌标识中，盾牌象征着“保护”，武士手持旗帜上的“Prorsum”是拉丁语，意思是“前进”。从这个标志中，我们可以更加直观地了解到巴宝莉——这个不断让英国传统个性品位获得崭新生命的品牌深邃的精神内涵。

除了独具英伦特色的服装之外，巴宝莉所创造的香水品牌在世界上也是首屈一指。巴宝莉公司最早的一瓶香水是 1924 年推出的一款集玫瑰、茉莉、橘花香氛于一身的淡香水，此款香水在当时受到人们的普遍欢迎，不过，巴宝莉的经典香水还是在 20 世纪 90 年代后不断推出的。1996 年，巴宝莉推出了第一款女士香水“伦敦（London）”，其清新的果香调和清爽自然的气质流露出女性俏丽的一面，成为当年的经典之作。1998 年，巴宝莉推出“周末（Weekend）”男女对香，其设计灵感来源于人们对于周末假期的期待，因为周末假期时家人聚会或者与情人浪漫出游是让人感觉很幸福的事，而“周末”男香和女香那时尚清雅的气息同样能给人带来轻松自在的感觉。

2000年，巴宝莉推出了日后广受欢迎的“触摸（Touch）”男女对香，以柔和中带有香料味的气息营造出某种织物的绵软质感。调香师结合带有香料味的前味、香甜的中味，再衬上木质的后味，为“触摸”打造出清淡的东方色彩。2002年，巴宝莉延伸了“触摸”的产品线，推出了宝宝专用香水——“宝宝触感（Baby Touch）”，此款香水不仅适合小孩使用，大人也同样适用。2003年，巴宝莉为使“触摸”系列更完美而推出了“柔情触感（Tender Touch）”，这款洋溢着浓郁花香味道的女性香水，整个香调熟悉而又清新，使人感觉犹如投入到大自然的怀抱。近两年，巴宝莉又推出了“红粉恋歌（Brit Sheer）”和“动感节拍（The Beat）”等全新作品。在世界诸多香水品牌中，恐怕没有哪个品牌可以如巴宝莉那般，既具备乡村风情又有城市格调，并且流行和经典并存。

▲巴宝莉的“伦敦”香水是为了纪念品牌成立150周年而推出的，被评论界喻为“真正的英国香水”，因为其香水瓶“穿”上了最能代表英国风格的巴宝莉式格子布料，甚至连包装纸盒都用了特殊的凹凸印刷技术，营造出立体而逼真的布料感。这款香水的女香散发着清新优雅的花香调，代表着优雅端庄，而男香呈现出朴素、不夸张、精致的琥珀木香调，表达出时尚的英国绅士风格。

历经时尚风潮的洗礼，巴宝莉一直保持着自己的经典和高贵，将一流的制作工艺、耐久实用的性能与简洁大方、优雅精美相结合，呈现给世人以最好的精品。在2009《福布斯》中国奢侈品市场调查中，该品牌稳居顶级服装品牌前三甲。

创始人：万尼瓦尔·布什　劳伦斯·马歇尔　查尔斯·史密斯
创始时间：1922 年　创始地：美国·剑桥

Raytheon

用蓝天谱曲，用舒适作词的飞翔乐章

雷神私人飞机是普通大众一个遥不可及的梦想，是超级富豪出行的代步工具，是所有喜欢自由的人们梦想飞上蓝天而渴望拥有的那双“翅膀”。

雷神

雷神飞机公司是一家多元化、国际化、以高科技为基础的公司，创建于 1922 年。早期业务在电子管领域，第二次世界大战期间成为电子管和雷达系统的主要制造商，之后又在导弹制造领域居于领先位置。1994 年 9 月中旬，比奇飞机公司和雷神公务喷气机分部合并组成雷神飞机公司，为全世界商界、民航通勤市场和各种特殊任务提供飞机和多种航空服务项目。

自从第一次飞上天空开始，雷神飞机便聚集了诸多航空纪录于一身，被公认为是世界上最安全、最实用、最舒适的商用飞机，被广泛应用于民用、商业、政府机构、私人、军用等领域，以优异的性能和先进的制造技术而名扬四海。目前，雷神飞机公司的产品系列包括从单发、双发活塞式发动机飞机、涡轮螺旋桨飞机到轻、中型喷气式飞机等多种机型，最低价格为 70 万美元，最高可以达到 1900 万美元。其中“豪客”系列公务机是众多产品系列中的佼佼者，共分为“豪客地平线”中型公务机、“豪客 800XP”中型公务机和“豪客 400XP”三种机型。

购买雷神的“豪客 800XP”这类比较豪华的私人飞机，其费用接近 1 亿元人民币，如果你觉得过于昂贵，可以购买“首相一号（Premier I）”。1995 年 9 月，雷神飞机公司宣布开始研制“首相一号”这一全新轻型喷气机。2001 年 3 月 23 日，“首相一号”获

得美国联邦航空局 FAA 认证。作为第一架通过认证的全复合材料机身喷气公务机，“首相一号”的单价大约 530 万美元，其采用新型碳纤维复合材料制造，强度是航空铝的 3 倍，重量却轻 20%。机上装备有先进的航空电子系统，另外大型液晶显示屏让飞行员“抬头可见”飞行信息，实现了飞行管理系统和数字式 3 轴自动驾驶仪系统完全一体化，集成化的仪表系统可让一名飞行员操纵自如。维护简单，噪音低，为驾驶者提供了一个绝对值得信任的驾驶环境。

“首相一号”被业内誉为专为富人准备的飞机，而对于那些有经济能力的人来说，选择这款私人飞机并不是炫富，只是使自己过上了另一种简洁而高效的生活而已。

创始人：乔治·派克
创始时间：1888 年　创始地：美国·简斯威尔

PARKER

架在手指间的贵族气

派克创造的不仅仅是一支支笔，更是一种精神和标志，因此，它所伴随的是目标远大，渴望成就未来，希望通过派克来表现其潜在能力的人群。

派克

如果说珠宝和华服让女人难以抗拒，那么同样精致的名笔也会冲昏男人的头脑。浑身装扮得体、无懈可击的时尚男士，如果不懂得为自己添置一支名笔，就如同江湖英雄缺少一把好剑一样稍嫌底气不足。真正有品味的人，知道在什么时候抽出一支什么样的笔。派克是真正超凡脱俗、卓然出众的笔中贵族，不然麦克阿瑟将军也不会用 5 支不同的派克金笔来签署日本的投降书。

作为世界上最古老的一家制笔公司，派克的历史始于 1888 年。这一年，美国威斯康星州真斯维尔的电信教师乔治·派克，因厌烦了给学生修笔而制造出了一种优质墨水笔，并创立了派克公司。乔治·派克认为只有“使产品更臻完善，人们才会购买”，这一经营哲学一直指导着派克公司致力于制造“更好的笔”。到了 20 世纪 20 年代，派克笔已经远销至欧洲、澳大利亚、印度和东亚。

1921 年，派克推出了奠定其墨水笔业王者地位的大红“世纪（Duofold）”系列。在此之前，笔杆大多只有黑色和褐色，而派

在派克的产品中，“派克 51”系列对世界上的墨水笔设计者们产生了深远的影响，这款笔因在派克公司诞辰 51 周年时问世而得名。20 世纪 40 年代期间，这款笔供不应求，以至于在战火纷飞的欧洲战场上，美国服役军人可以把它当做流通货币使用。

克推出的红色“世纪”可以说是一大创举。这款笔的笔杆采用耐久性塑料制成，为了展示其坚固性，派克公司曾将其中一支从3000英尺高空的飞机上扔下来，结果仍书写自如，这在当时引起了不小的轰动。此外，这款极其气派的墨水笔，享有25年厂家质保，并以每支7美元的售价成为当时市场上最昂贵的墨水笔。

1933年，著名艺术家约瑟夫·普拉特为派克笔设计了著名的慧箭标志，自此它成为优质书写工具的象征，多次出现在重大场合之上，见证了各种重要历史时刻：柯南·道尔用派克笔塑造了福尔摩斯，富豪亨利用派克笔签下了购买帝国大厦的合约，1972年美国总统尼克松历史性访华时给主席带来的见面礼是派克笔……从日本二战投降时的受降人麦克阿瑟将军，到美俄签署核裁军条约的布什与叶利钦，众多决策者都喜欢用派克笔签订方案和落实大计，在他们看来只有派克才有资格做历史的见证。

历史铸就了派克的辉煌，100多年来，派克一直坚持手工精作，造就了一款款绝代佳品，在世界笔坛享尽尊荣。现在派克不仅拥有“世纪”、“名仕”、“卓尔”、“云峰”、“威雅”、“首席”等多个系列，而且从墨水笔、原子笔、宝珠笔到自动铅笔、多功能笔等，各种各样精美的书写工具应有尽有。不管你选择奢华的限量笔或是快捷方便的原子笔，你都会感受到派克笔从设计到制造始终遵循着这样一个理念：每时每刻，寻求完美。

▼派克将东方艺术融入神奇的墨水笔世界，推出令人惊叹的限量版“世纪景泰蓝中国黄（Duofold Cloisonne）”，全球限量3900只。在亚洲，黄色象征成功与财富，大多数东方皇家建筑都使用了黄色。“世纪景泰蓝中国黄”它代表了工艺、艺术传统与东方的神秘。

创始人：威廉·迈巴赫
创始时间：1919 年　创始地：德国·斯图加特

MAYBACH

王者归来，君临天下

迈巴赫是个神奇的品牌，没有哪个汽车品牌沉寂了 60 余年后，一复出就有如此强的号召力。对迈巴赫而言，讨论科技含量有多高，用料有多足，已没有多大意义，当你身处迈巴赫车旁边时就可以体味到富豪们为何“趋之若鹜”。

迈巴赫

这个时代从来不乏经典，但能够穿越时间长河，走在时代前列的经典中的经典却并不多，很多时候它们使人们陷入一种只可意会、不可言传的状态，作为超豪华车的典范，迈巴赫无疑就是其中的代表。

1869 年，迈巴赫这一品牌的创始人威廉·迈巴赫接受好友戈特利布·戴姆勒的邀请成为 DMG 公司的技术总监，并于 1890 年研发出蜂窝式散热器，这一有效的发动机冷却系统为现代汽车的发明奠定了坚实的基础。1901 年，威廉·迈巴赫设计制造出第一辆梅赛德斯，这是汽车历史上公认的第一辆现代汽车。尽管 DMG 公司生产的汽车在随后几年里获得很大的成功，但威廉·迈巴赫却不幸成为公司内部利益争夺的受害者，先是他的总工程师的职位被别人取代，之后他的工作活动也受到限制，于是 1907 年他愤然离开了 DMG 公司。

1908 年 8 月 5 日，德国航空界的先驱齐伯林伯爵的飞艇在一场暴风雨中坠毁，威廉·迈巴赫主动跟齐柏林伯爵提议可以帮他制造一个新的改良发动机。这个协商的结果促成了 1909 年 3 月 23 日毕辛根航空器发动机制造厂诞生。除了飞艇的动力系统外，威廉·迈巴赫始终对制造汽车情有独钟。1919 年，他与儿子卡尔·迈巴赫利用 4 个梅赛德斯轿车的底盘建造了第一辆试验车，并进行了全面的实地测试，这就是迈巴赫汽车的辉

煌起点。从1922年起，卡尔·迈巴赫开始正式进入汽车制造业，并公开表示“要造最昂贵的轿车”。1929年，他制造成“迈巴赫DS 8”，该款车在当时被当成德国版劳斯莱斯般看待，迈巴赫也由此成为汽车家族中最耀眼的一颗星。

尽管早期的迈巴赫生产了豪华轿车、动感跑车、时尚敞篷车以及运动型活顶轿车等艺术品般的车型，其车主包括希腊国王保罗、荷兰的朱丽安娜公主、德国的隆美尔元帅等一批历史名人，但随着第二次世界大战的展开，1941年迈巴赫被迫停产。幸运的是，在经过60余年的沉睡之后，这个曾经显赫一时的超级品牌在梅赛德斯-奔驰集团的强力支持下复出。

重新复兴的迈巴赫进一步完善了梅赛德斯－奔驰独有的工程技术，并将其作为自身的标准配备。除了非凡的动力之外，极为

▲价值100多万欧元的超级豪华的“迈巴赫62 Welldendorff”在第75届日内瓦国际车展首次亮相时，即惊艳四方。为了体现个性化，车主姓名的首字母也可以加进典雅的长装饰条中。在这款车上镶嵌的珠宝、钻石等就已经达到了一辆普通迈巴赫的价值，因此它当之无愧称得上是世界上最昂贵的轿车。

MAYBACH ZEPPELIN
KLASSIK
SRS

舒适的悬架、几乎为零的发动机噪声和风噪以及惊人的敏捷性，使迈巴赫在许多方面超越了常规的汽车标准。这一象征着完美和昂贵的品牌，给富有的和有权势的人提供了一个新的购车选择，并以无出其右的气势席卷着豪华车的世界。

作为全球顶级豪华轿车，迈巴赫一直是德国汽车工业的骄傲，它代表着无与伦比的优秀品质，匠心独运的制作工艺，不断突破的科技水平，以及卓尔不群的尊贵气质。

与红酒、名画、古城堡一样，汽车品牌也是越有历史越显珍贵。对于年轻一代的汽车爱好者而言，迈巴赫是他们心中的神话。六七十年前，一辆迈巴赫就等于六座别墅，是当时最为豪华的汽车。经过 60 余年的沉默，迈巴赫这个历经沧桑的豪华品牌在 2002 年末重新进入到人们的视野时，其唯我独尊的风格，以及在安全、舒适、可靠及使用寿命等方面的杰出表现使其再度成为汽车世界的领导者。

▶如果把“迈巴赫 57”的油门一脚踩到底，车子加速的感觉就像飞机起飞前加速滑跑的感觉一样，所不同的是没有不安的躁动和烦人的噪音。后座上方的车速表充分满足了乘客的好奇心。令人吃惊的是，在不算平坦的山路上，这个近 3 吨重的庞然大物竟依然能轻松地以 100 公里 1 小时以上的速度行驶。置身车内，能感受到车轮的跳动却感觉不到车身的震动，拐弯时能感受到巨大的侧向力却感觉不到明显的侧倾……汽车陆上移动的最高境界不过如此。

目前，迈巴赫共有“迈巴赫 57”、“迈巴赫 57S”、“迈巴赫 62”、“迈巴赫 62S”、“迈巴赫 Landaulet”以及“迈巴赫齐柏林”这几款车型。其中“迈巴赫 Landaulet”在 2007 年的迪拜车展上首度亮相，被誉为“天价之作”。Landaulet 的原义是“活顶四轮马车”，其设计理念是在经典的“迈巴赫 62S”基础上发展而成的，搭载的 5.9 升双涡轮增压 V12 发动机可以提供源源不断的高效动力。2008 年北京车展上展出的“迈巴赫 Landaulet”为亚洲首发车型，这款售价高达 2548 万的豪华车的奢华已经超出普通人的想象范畴。与传统的敞篷豪华轿车相比，它更像是为富人准备的童话马车，无论在舒适性、动力性、安全性，还是在工艺品质等方面都堪称完美典范。

1932 年，“迈巴赫齐柏林 DS 8”敞篷版是当时声望最高的德

国汽车，代表了那个时代汽车工程技术的巅峰。2009 年，迈巴赫决定复活这款传奇车型。在 2009 年的日内瓦车展上，全新的“迈巴赫齐柏林”成为最贵的参展新车，其 1298 万元人民币的身价受到众多买家的关注。这款集优雅风格与最顶级的汽车制造工艺于一身的汽车，全球限量发售 100 辆，无论是车身的涂装，还是内饰的选材与工艺，都将品牌的豪华传统发挥到了极致，其性能方面更是超过了以往其他所有的迈巴赫车型，真正体现了迈巴赫的品牌理念：比梦想更进一步。

冰箱、酒柜、电话、电视、电脑、传真机……在车上你还想要什么，迈巴赫都能给你。它完全摆脱了量产车的销售方式，每辆车都是定做的，每位客户都由一名客户经理负责，这种一对一的服务方式是其他品牌所没有的。迈巴赫以实际行动证明：尊贵不只体现在车本身，它更是一种实实在在的感受。

创始人：盖瑞·亚当斯
创始时间：1979 年　创始地点：美国·卡尔斯贝德

TaylorMade

高尔夫球场上的创新先锋

以“制造世界上最好的高尔夫用品”作为追求目标的泰勒梅德公司，在产品研发能力、推陈出新的速度以及产品线的多样上，在业界可以说是首屈一指。

泰勒梅德

打高尔夫球向来被视为贵族化的休闲娱乐活动，近年来有越来越多的人爱上了这项闲适运动。在高尔夫用品领域，泰勒梅德一直是高尔夫用品的贵族，尤其是在球杆方面的技术创新和领先地位，在世界范围内都享有良好的声誉，是高尔夫球爱好者信赖的优质品牌。

1978 年，盖瑞·亚当斯在自己的家乡麦克亨利成立了泰勒梅德公司。在公司草创初期，他曾亲自背着他的金属木杆穿梭在高尔夫球巡回赛场上，希望能说服职业选手们将泰勒梅德的金属木杆放入球包中。1979 年，在加州卡尔斯贝德举行的冠军锦标赛上，泰勒梅德将自己的第一支金属木杆 M1 展现在世人面前。美巡赛选手隆·史崔克成为第一位使用金属木杆的职业选手，因为他试打后发现用金属木杆击球的距离比起他原来的柿木木杆远了很多。

在泰勒梅德成立的最初几年，金属木杆的市场并不被看好。直到 1982 年，当吉·西

泰勒梅德推出的“R7 XR 特别版”的发球杆以香槟金色作为主调，在杆头的 XR 标志上选用 24 镀金设计，令球杆散发醉人魅力，格外高贵。球道木杆则首次应用了泰勒梅德独有的 TLC 发球控制系统，通过调校两颗重量匣，球手可以调节球道，配合个人的挥杆动作，令击球更得心应手。而首度登场的铁杆则采用全新的超大型 440cc 钛合金杆头，具有较大的发球区域，使球手的击球更稳定。

蒙斯手持泰勒梅德金属木杆赢得了宾克洛斯比国家职业–业余配对赛的冠军后，泰勒梅德终于一战成名。

“工欲善其事，必先利其器”，打高尔夫球的第一利器便是球杆。通常，高尔夫行业的产品周期至少是 18 个月，但泰勒梅德推出新球杆的速度通常都很快，而且每一个新产品都有不同程度的突破。一直以来，该品牌不断分析球手们的击球习惯、力度等参数，并在杆身用料及设计上不断做出多番研究及试验，引进先进的技术，每支球杆都堪称传统美学及现代科技的结晶。

作为一个永不停止的创新先锋，优异的产品性能使泰勒梅德对职业球手和业余的高尔夫球爱好者都有极强的吸引力，该品牌的发球木杆、球道木杆、铁杆三大类别的使用率，在美国公开赛中一直稳居第一位。世界上很多优秀的高尔夫球选手都喜欢泰勒梅德的产品，从而也证明了这一品牌所具有的卓越性能与品质。

创始人：法孔度·百加得·马素
创始时间：1862 年　创始地：古巴·圣地亚哥

BACARDI

来自加勒比的热辣传奇

生活中并不缺少激情，缺少的是诱发激情的钥匙。这把钥匙可能是一段回忆，可能是一个眼神，也可能是一杯冰爽怡人的百加得朗姆酒。

百加得

作为制糖业的一种副产品，以甘蔗为原料生产的朗姆酒，早在 18 世纪初就征服了加勒比海地区的海盗们，因此获得“海盗酒”的绰号。作为朗姆酒中的至尊，百加得蕴藏着加勒比海的特殊风情，其口感清新，可以和任何饮料调和，被誉为“随瓶酒吧”，已成为朗姆酒的代名词。

百加得是由法孔度·百加得·马素在 1862 年创立的。在此之前，朗姆酒通常只是进行简单的蒸馏，与欧洲二次蒸馏酒的品质完全不同，虽然是最容易被人接受和享用的酒品，但一直被当做一种便宜的饮料出售，很少会出现在高级场所。为了生产出优质的朗姆酒，从西班牙移居到古巴的法孔度先生早在 19 世纪早期就开始进行各种蒸馏实验。首先，他引进了木炭柔和法，然后使用内侧烘烤炭化的橡木桶陈酿，从而配制成一种非常干净、顺滑且酒体厚重的朗姆酒。

随着第一种朗姆酒的出产，法孔度把朗姆酒的蒸馏工艺进行了革新，创造出了一种天然酵母，可以在蜜糖浆发酵过程中直接加入。在此之前，蜜糖浆只是简单地陈放，与空气中的成分结合自然发酵，这种发酵方法容易产生细菌杂质，而法孔度发明的发酵方法不但可以完善发酵过程，并且可以免于细菌侵扰，因此这种酵母菌发酵法被一直沿用下来。

古巴革命发生后，百加得家族逃往巴哈

BACARDI
DRAGON BERRY
BACARDI
DRAGON
BERRY
STRAWBERRY infused with DRAGONFRUIT
Strawberry Rum
BACARDI RUM
WITH NATURAL FLAVORS
35% ALC. BY VOL.
ENJOY WITH
GINGER ALE
INTRODUCING
STRAWBERRY RUM INFUSED WITH DRAGONFRUIT

IMPORTED
1862
BACARDI
SUPERIOR
BACARDI
ESTD CUBA 1862

马，在风雨飘摇中开始重新创业。经过不断努力，百加得终于得以重生，并发展壮大成为全球唯一一家私营的烈酒公司。

让活力迸发，让距离消融，百得加，一次次点燃人们生活的激情，唱响人们心中的无限渴望，在你举瓶浅尝的瞬间，将体验到前所未有的活力。

现在百加得瓶身上的蝙蝠标志已有100多年的历史了。据说，1843年，法孔度·百加得·马素与妻子阿玛利亚·莫罗定居圣地亚哥后，买下了一家小型蒸馏酒厂。当他告诉妻子阿玛利亚要创立一个属于自己的朗姆酒帝国时，阿玛利亚刚好注意到自家窗外房椽上的一群蝙蝠。当地人说这种蝙蝠可以带来健康和好运，她认为这是个好兆头，因此她亲自为丈夫设计了蝙蝠图案的酒标。此后，百加得朗姆酒就以其独特风味伴随着蝙蝠这一极具灵性的标志迅速深入人心，并逐渐成为全球销量第一的高档烈性洋酒。

▲ "百加得151°朗姆酒（BACARDI151°）"是百加得公司最著名的产品之一，通常要在橡木桶中储藏3年。由于其酒精含量高达75.5%，一般没有人敢直接饮用，它主要是作为调制鸡尾酒的基酒来使用的，口感令人回味无穷。

完美的酿造工艺源于对优异品质的一贯追求，从法孔度先生开始，原本极粗犷强烈的朗姆酒被成功地赋予了细致、柔和的崭新风貌。"百加得白朗姆酒（BACARDI CARTA BLANCA）"源自1862年，具有细致、柔和的口感，是目前最受欢迎的百加得朗姆酒；因陈酿8年而得名的"百加得8年朗姆酒（BACARDI 8）"在清爽的橡木香中融合了梅、杏、肉豆蔻及香草的气息，呈现出极佳的完美品质；"百加得冰锐朗姆预调酒（BACARDI BREEZER）"则以高档朗姆酒作为基底，混合多种新鲜果汁预先调配而成，兼具酒的烈性和水果的轻柔口味，其纯正的怡人口感让无数时尚人士沉醉其中，难以自拔。

此外，由于百加得的顺滑口感使其与任何饮品调和，都会有绝佳口味，因此大吉利、墨杰特、自由古巴等世界最知名的鸡尾酒都得益于它。可以说，如果没有百加得朗姆酒，这些传世鸡尾酒也就丧失了正宗的风味。无论是自身的甘醇，还是配搭成其他酒品，百加得，百年积淀成就绝代风华，以其非凡的魅力、动人的传奇完美演绎了加勒比的自由精神，在朗姆酒领域中一枝独秀。

创始人：汉斯·威尔斯多夫
创始时间：1908 年　创始地：英国·伦敦

ROLEX

手腕上的奢华

对于劳力士，有人喜爱其精确，有人钟情其坚固，有人欣赏其典雅……理由虽然不一而足，但有一点绝对可以肯定，就是每款劳力士手表都足以反映佩戴者的独特个性！

劳力士

劳力士，一个既没有陀飞轮表之类产品又没有数百年历史的腕表品牌，能够跻身世界顶级名表之列，足以说明其另有过人之处。

20 世纪初期是一个怀表盛行的时代，而年仅 24 岁的巴伐利亚青年汉斯·威尔斯多夫却独具慧眼，非常看好腕表的未来。这位劳力士创始人的开拓精神一直是现代腕表制造史上的佳话。1905 年，汉斯·威尔斯多夫在伦敦与当地人戴维斯合开了一个专门出售钟表的威尔斯多夫及戴维斯公司。当时怀表刚开始向腕表转型，不过由于佩戴方式的改变，新生的腕表很难适应手腕的剧烈晃动，因此时常出现走时不准的情况。汉斯·威尔斯多夫却以其敏锐的目光发现腕表将不可避免地成为计时产品的主流，他和戴维斯将经营的重点从传统的怀表转向了新颖的腕表，并开始研发自制新的表款。汉斯·威尔斯多夫改变了当时手表只注重外观装饰，而忽略内在质量的倾向，在走时精确性上狠下工夫，其推出的第一批自制腕表因质量高超而备受欢迎。

1908 年，汉斯·威尔斯多夫正式注册了劳力士（Rolex）这一商标，“Rolex”是“Royal（皇家）”一词的变体写法。也许是这个名字带来了好的运气，劳力士最终也得以成为制表业的帝王。1910 年，劳力士创制出体积小巧可佩戴在手腕上的表，把传统

ROLEX
PERPETUAL
28
GMT-MASTER II
SWISS MADE

的陀表及怀表统统送进了博物馆；1914 年，一只小型劳力士表得到矫天文台（Kew Observatory）的 A 级证书，这一最高评价代表着劳力士的精确度得到了承认，品牌顿时身价倍增；1926 年，劳力士制造出世界上第一只防水防尘表“蚝式表”；1953 年，登山家爱德蒙·希拉里戴着劳力士表登上了珠穆朗玛峰，而探险家雷诺夫费因也戴着同样的表征服了南极；几年后，劳力士又潜入了 1.08 万米深的海底……这些震惊中外的事实向世人证明了一点：劳力士是最好的。

对劳力士而言，"品质"绝不空言，它以对完美的执著和对尊贵的坚持，引领着手表行业的时尚，深得世界各界人士的信赖和追捧。

作为瑞士出产的名表，劳力士的设计、制作始终保持传统的风格，“蚝式恒动系列（Oyster Perpetual）”是其主打产品。1926 年，汉斯·威尔斯多夫发明了一款蚝式防水腕表，并正式注册。所谓蚝式，即仿造牡蛎的结构而来的防水装置。劳力士的“蚝式恒动系

在众多腕表品牌中，劳力士的庄重、实用、不显浮华的精致设计，深得收藏家们的青睐。如果保养得法，它的价值每六七年翻一番。1997 年，在香港拍卖行的春季拍卖会上，一只 20 世纪 40 年代制作的 18K 玫瑰金劳力士男表拍出了 22 万港币。而在日内瓦的拍卖会上，被越南末代皇帝戴过的一只劳力士金表，以 34.2 万瑞士法郎被卖出，这款表产于 1952 年，世上仅存 3 只。

列”无论从设计理念抑或工艺制作上，都是永恒不朽的伟大杰作。1927 年，当世界著名的游泳女将葛丽芝横渡英吉利海峡时，她手腕上戴的正是劳力士的蚝式防水表。在海水中浸泡 15 小时之后，此表分秒不差，丝毫无损。此事在当时的英国《每日邮报》头版新闻中，被誉为“制表技术最伟大的胜利”，“创造了一直认为难以实现的奇迹”。

除“蚝式恒动系列”之外，“切利尼系列（Cellini）”也承载了劳力士对尊贵品位的独特诠释，以及不容置疑的品牌准则：优质、美观与精准。每一只劳力士男款和女款腕表都是杰出性能与尊贵气质的超群象征，“切利尼－兰花系列”女表尤其高贵时尚，这款手表采用条纹图案珍珠贝母表盘，镶钻表圈尽享尊贵。

一般劳力士腕表的市场零售价约在 6 万到 15 万元人民币之间，而镶有金钻的表款的价格更高达几十万到几百万元。电影里关于劳力士的情节一般是这样的——流落异乡的落难旅客，靠着典当传家的劳力士取得了盘缠和资金，获得东山再起的机会。现实

▲用“华丽之至”来概括初见劳力士高级珠宝版“迪通拿”钻石腕表的印象，一点也不为过。整款表身由纯 18K 金打造，璀璨的钻石表面辅以粗体罗马数字时刻标示，显得雍容尊贵。三个刻度计表盘呈正三角形排列在表面的中央，暗含坚不可摧的王者霸气，而黑色的指针则象征了隽永的时间流逝，带给人无限的遐想。这款表防水效果极佳，坚固耐用，而且还十分保值。这是一款不用担心过时的腕表，甚至有人断言：这是人生中必买的表，除非你从来不打算戴表。

中，劳力士绚丽的皇冠标志里，同样暗藏着慑人的霸主气势，在无数富豪和贵族的手腕上灼灼其华，并被当成传世的珍宝，其地位更发展至与人类成就时刻相系，因此劳力士见证了无数体坛、探险、艺术及生活范畴上的历史创举。

创始人：尼古拉·罗密欧
创始时间：1918 年　创始地：意大利·米兰

热血青年的梦中情人

世界上很多顶级名牌车都是靠手工生产，用低产量、高品质、特殊设计来维持产品的昂贵身价，而阿尔法·罗密欧作为量产车却能与法拉利、兰博基尼等知名品牌齐名，这在汽车产业中是绝无仅有的。

阿尔法·罗密欧

20世纪初，来自米兰的贵族卡弗利尔·乌戈·斯特拉与法国汽车公司达拉奇合作在意大利生产汽车，后来由于经营方面的原因，双方关系破裂，于是斯特拉在1907 年将整个公司迁移到米兰，并且将它更名为 Anonima Lombarda Fabbrica Automobili（伦巴第汽车工厂，简称 A.L.F.A，中译为阿尔法）。

从创立伊始，斯特拉的造车目标就是朝生产高性能跑车以及跑车化轿车而努力，这位非常具有商业头脑的领导者在追求跑车性能的同时，也能兼顾公司的财务平衡，将跑车的先进技术应用到轿车制造中，以高品质的轿车销售所得来贴补研发跑车的巨额资金，由此奠定了阿尔法车厂“轿车精、跑车劲”的企业化造车哲学，从而避免了当时一些专门生产跑车的车厂被兼并的厄运。

1915 年，来自意大利那不勒斯的工业家尼古拉·罗密欧加入阿尔法车厂的经营行列。第一次世界大战爆发后，意大利卷入战火，阿尔法生产的大部分汽车都被征召担任载运人员与军械的任务，后来由于战事扩大而被迫停产。1918 年大战结束后，阿尔法公司由尼古拉·罗密欧接管，他在战火余烬中整建厂房，并将自己的姓氏嵌入厂徽中，响誉车坛的阿尔法·罗密欧品牌就此诞生。

在尼古拉·罗密欧的带领下，阿尔法·罗密欧旗下的车款一直追求卓越。从 20 世纪

20年代参加穆杰洛大赛开始，阿尔法运动型汽车在赛事上的表现一直十分优异，而在现实生活中阿尔法旗下轿车强烈的跑车风格也深受欢迎。然而，在20世纪70年代，社会政治问题以及能源危机使意大利经济举步维艰，当时的阿尔法·罗密欧公司同样处于困境，更新换代产品的失败导致公司不得不背上沉重的债务包袱。1986年11月，菲亚特集团收购了阿尔法·罗密欧公司后，投入大量的资金和技术支持，为这个曾经奄奄一息的品牌的东山再起创造了有利条件。

在经过一系列的尝试后，阿尔法·罗密欧公司决定通过新的产品来重新赢回车迷们的心，从而淡出各项赛事，更专注于将赛车制造技术工艺应用在轿车和房车的设计生产上面，从20世纪90年代后期开始又重新踏上它征服世界的浪漫之旅。

▲2008年，阿尔法·罗密欧推出全球限产500辆的8C Competizione，这款阿尔法汽车的最新力作代表着阿尔法与众不同的特殊元素：科技与激情。这款车的动力是一款4591毫升、90度V8发动机。其设计的目的很明确：无论在任何情况下都能带来充沛的动力，无论是在赛道驾驶还是日常街用都要如此。

阿尔法·罗密欧公司最初创立的时候，综合了意大利米兰市的市徽和米兰的中世纪时期的领主维斯康泰公爵的家徽，设计出一款独特的徽标。徽标左边十字部分来源于十字军从米兰开始远征的故事，而右边的龙形蛇图案是维斯康泰这一古老的贵族家族的徽标，维斯康泰的祖先曾经击退了使人民遭受苦难的龙形蛇。“龙形蛇”与“十字”的左右对立，使阿尔法·罗密欧的徽标具有浓厚的神秘色彩。

从某种意义上来说，阿尔法·罗密欧光辉的发展历史同时也是汽车、设计师、赛车及发动机的发展史，该公司设计出的一款款经典车型因外观优美、功能卓越而成为诸多驾驶者的最爱。

一提到罗密欧这个名字，我们就会想到莎士比亚笔下那个与朱丽叶相恋的翩翩男子，以及那段可歌可泣的爱情传奇，而在汽车领域，一提到阿尔法·罗密欧这一品牌，很多人最初的感觉可能并非浪漫，而是不可思议。从创立开始，阿尔法·罗密欧的造车目标就是朝生产高性能跑车以及跑车化轿车而努力，而从创厂至今，其旗下的车款的确也不辱使命。80 多年来阿尔法·罗密欧在赛事上的表现着实优异，而在轿车领域，阿尔法·罗密欧生产的轿车所具有的强烈跑车风格也毋庸置疑，尤其这些年来阿尔法出人意料地淡出各项赛事，更专注于将赛车制造技术工艺应用在家庭用汽车的设计生产上面。

1997 年，阿尔法·罗密欧公司推出的 156 型中高档轿车在法兰克福汽车博览会上亮相后，便以其创新时尚的设计和优秀的机械性能暗示着阿尔法·罗密欧传奇时代的重新回归。1999 年 166 型高档轿车粉墨登场，再次向世人展示了阿尔法·罗密欧的独特魅力，该款车拥有 E 级房车应有的豪华、舒适且安全的配置，同时秉承了阿尔法车型所有的运动素质，3.0 升 V6 发动机令该车动力澎湃，为阿尔法·罗密欧家族中当之无愧的新旗舰车型。凭借着坚持不懈的努力，阿尔法·罗密欧终于宣布自己的荣耀回归。

运动的血脉一直流淌在每一辆阿尔法·罗密欧车上，像 DNA 一样成为其不可分割的一部分，近年来推出的新款 156 型、166 型、GT、GTV 以及 8C Competizione 双门跑车、敞篷车和刚亮相的 MiTo 小型车，都是数一数二的精品。尽管阿尔法·罗密欧近百年的辉煌已经成为过去，但是如今其出产的经典汽车同样足以让人们热血沸腾。

RADIO 24
105.00 MHz

创始人：雅克·德·西格尔
创始时间：1354 年　创始地：法国·波尔多地区

国王垂青的佳酿

在拉菲庄园，时间仿若静止……从路易十五封拉菲堡酒为“国王之酒”的时代至今，王者们来来往往已不见踪影，唯有伟大的拉菲堡酒随历史一起来到今天。

拉菲堡

法国波尔多村里的维尔得耶修道院及周围的土地在 1354 年被分封到一位领主名下后，被重新命名为拉菲庄园。虽然当时已有人在此栽种葡萄树，但直到 300 多年后雅克·德·西格尔侯爵购下拉菲庄园，拉菲庄园附近的农田才真正成为整齐而有规模的酿酒葡萄种植园。

雅克·德·西格尔侯爵是当时世界酒业叱咤风云的一号人物，在他的领导下，拉菲庄园出产的葡萄酒成为当时法国以及欧洲各国宫廷宴会的主角，被诸多贵族名流竞相饮用。1695 年，雅克·德·西格尔侯爵的儿子亚历山大·西格尔继承了庄园，之后他掀开了拉菲堡酒辉煌历史的新篇章。18 世纪初拉菲堡酒打入伦敦市场，1707 年伦敦官方的公报上出现了拉菲堡的名字，当时英国首相罗伯特·沃尔波在任期间曾经每三个月就要购一桶拉菲堡葡萄酒。当西格尔家族的第

1755 年，黎世留当选为圭亚那地方总督，临行前，波尔多的一位医生为他开了一张独特的“处方”：常饮拉菲堡酒，它是令脸色红润健康的最有效也最美妙的“药”。此“药”果然灵验，甚至引起了国王的注意。黎世留回到巴黎后，一天，路易十五特别向他说道：“亲爱的将军，我实在要说，自从您赴圭亚那上任以来，您看上去至少年轻了 25 岁！”黎世留则回答：“陛下难道不知道我找到那能够使人恢复青春的泉水？我发现拉菲堡葡萄酒是一件万能而美味的滋补饮料，可与奥林匹斯山上众神饮用的玉液琼浆相媲美！”

U.S. REPRESENTATIVES
FREDERICK
WILDMAN
AND SONS
NEW YORK CITY
MIS EN BOUTEILLES AU CHÂTEAU
CHATEAU LAFITE-ROTHSCHILD
1976
PAUILLAC
APPELLATION PAUILLAC CONTRÔLÉE
SOCIÉTÉ CIVILE DU CHATEAU LAFITE-ROTHSCHILD, PROPRIÉTAIRE A PAUILLAC
PRODUCE OF FRANCE

三代传人尼古拉·亚历山大·西格尔获得法国国王路易十五加封的“葡萄王子”皇室称号后，拉菲堡酒从此跃升为国王垂青的佳酿。

在拉菲庄园之中，在那覆满沙砾的土地上，有些生命力旺盛的葡萄树甚至已经历经80年的风雨，它们只见过人手的劳作而从未听过机器的喧嚣。经历了岁月的沧桑，拉菲庄园仍旧坚持着严格的葡萄种植与传统酿酒工艺，因此700年后的今天，拉菲堡依旧是世界公认的葡萄酒至尊品牌。

1755年，尼古拉·亚历山大·西格尔去世后，西格尔家族因为继承人纠纷和法国大革命而失去了拉菲庄园的所有权。之后，庄园虽几易其主，但还是凭借之前积累的优质葡萄园和原班的酿酒师出产了令世人瞩目的佳酿。1855年，国王拿破仑三世下令对法国红酒核心地带——波尔多区的酒庄进行一次官方的评级。当时在多如繁星的庄园中选出了61个列级名庄，在61个名庄中又分为5个级别，拉菲排名第一级首位，此次的分级奠定了拉菲代表着“顶级一等法国酒”的概念。

1868年8月8日，詹姆斯·德·罗斯柴尔德男爵在拉菲前主人举行的公众拍卖会上以天价440万法郎购得拉菲庄园，这家当时已经具有200多年历史的葡萄酒庄园重新回到法国人手中，并被重新命名为罗斯柴尔德·拉菲堡（简称拉菲堡）。同年，最顶级的拉菲堡葡萄酒以6250法郎创造了历史上的最高售价，此价格在之后的一个世纪当中都未被超越。

经历了两次世界大战之后，罗斯柴尔德家族传人埃利男爵着手开始酒庄的重建和复兴工程。1955年是波尔多葡萄收成的巅峰年份，拉菲堡得以复兴，而其真正恢复元气，是由于1959与1961两个年份相继到来，拉菲庄园出产的品质皆优的葡萄酒十分受欢迎，其价格扶摇直上。

1967年，拉菲庄园由注重技术革新的埃里克男爵接掌，他是将拉菲堡推向现代葡萄酒巅峰的人物。埃里克男爵更新了葡萄种植技术和调酒技术，并率先在老牌酒庄中采用不锈钢发酵槽作为

对橡木发酵桶的补充技术，现代拉菲堡葡萄酒最佳口味由此确定。

进入 20 世纪 80 年代，拉菲堡在全球树立了顶级葡萄酒的口碑，征服了世界各地的葡萄酒爱好者。到了 2000 年，世界最有影响力的著名评酒师罗伯特·帕克为当年的各款葡萄酒打分时，拉菲庄园出产的葡萄酒获得了满分，这无疑是对其品质的最好认定。经过 700 年的风风雨雨，拉菲庄园世代由贵族执掌管理，其生产的葡萄酒拥有国王、总统级别的拥趸，时至今日依旧是法国顶级葡萄酒的代表；其拥有技艺精湛的酿酒师傅、酒窖工人和酒庄总管等专业人员，一直以酿造最高品级的葡萄酒为目标。从酿造技术到生产环境皆以最高标准要求，并不断完善以使质量更臻完美。

美国第三任总统托马斯·杰弗逊年轻时曾出任过美国驻法国大使，这位有着种植园主、商人、政客、法学家、外交官等多重身份背景的大使到了法国之后，被法国宫廷中的葡萄酒文化深深吸引。在 1985 年伦敦佳士得拍卖会上，一瓶托马斯·杰弗逊总统购买收藏并亲笔签名的“拉菲堡 1787”以 10.5 万英镑由《福布斯》杂志老板马尔科姆·福布斯拍得，创下世界上最贵的一瓶葡萄酒的纪录。

创始人：詹尼·范思哲
创始时间：1978 年　创始地：意大利·米兰

墨杜萨的致命吸引力

范思哲帝国的标志是希腊神话中的蛇发女妖墨杜萨，她代表着致命的吸引力，她以美貌诱人，见到她的人即刻化为石头，这种震慑力正是范思哲的追求。

范思哲

公元 1997 年 7 月 15 日，可以说是世界时装史上最为黑暗的一天。这一天上午 8 时 44 分，美国迈阿密海滩上的两声枪响震动了全球，国际著名的意大利时装设计大师詹尼·范思哲在他别墅的大理石台阶上遭到枪击，猝然死亡。而这一天的下午，华盛顿的泰森服装店范思哲女装的销售额比平常的销售量增长了一倍。次日，许多经营范思哲服装的商店门口出现了人们送来的鲜花、蜡烛、悼念卡……随后的几天，美国旧金山、巴黎、圣保罗、东京、新加坡出现了抢购范思哲服装的热潮，因为这是最后一批由詹尼·范思哲设计的作品了。

詹尼·范思哲 1946 年生于意大利南部的小镇雷焦卡拉布里亚，在做裁缝的母亲的熏陶下，他从小就爱上了剪刀和布料。1978 年，詹尼·范思哲创立了自己的服装公司，发布了第一个以范思哲命名的女装系列，并在位于维戴娜广场的范思哲精品店里出售，第一年的销售额就高达 1100 万美元。詹尼·范思哲把握机会的能力是一流的，其公司建立之初，米兰恰好要开始建立有自己风格的时装中心，而詹尼·范思哲撇开传统肃静沉稳的款式，用热情和创造力淋漓尽致地摧毁了所有人的视觉神经：那种混合黄、红、紫以至斑斓的色彩，动感金属网，斜裁线条，巴洛克风格，文艺复兴风格以及皮革、绸缎、毛皮等多种史无前例的搭配结合方式；

那种源自身体触感的设计美学和源自自我欲望表达的设计信念；那种与奢华年代相辅相成的新古典主义作风……在他之前，还没有人用过这么明亮鲜艳的色彩，这么大胆绚丽的图案，就是这种斗争着的和谐、充满诱惑力的性感与不能抗拒的激情，成就了范思哲的品牌特色。

作为一名杰出的设计师，詹尼·范思哲以其过人的才华一次又一次带给世人惊奇，他的设计俘获了众多女星的心，麦当娜、莎朗·斯通、伊丽莎白·赫本都经他的包装而风姿绰约，而埃尔顿·约翰、泰森、史泰龙、帕瓦罗蒂等男明星也是范思哲男装的忠实拥护者。他的客人名单里还包括戴安娜王妃、查尔斯王子等王室成员，因为范思哲时装中不仅有直抒胸臆的狂放不羁，还时刻流露出浓郁深沉的古典文化风情，非常适合气质高贵的人穿着。

▲在各种重大场合，范思哲高级定制礼服常是名媛们最具杀伤力的武器。尽管其标价最低也要15000美元，但仍然受到人们的青睐。因为范思哲善于采用高贵豪华的面料，借助斜裁方式在生硬的几何线条与柔和的身体曲线间巧妙过渡，该品牌的套装、裙子、大衣等把女人的玲珑曲线勾画得生动自然，充满无尽的诱惑。

VERSACE
THE NEW FRAGRANCE FOR WOMEN

詹尼·范思哲，这位伟大的设计师将意大利古典文化与现代精神完美结合，创立了范思哲这一品牌，动摇了时装界的旧秩序，并赋予时尚以崭新的概念。

詹尼·范思哲不仅使时装业本身的精神实质得到了升华，把普通的衣服变成了艺术，他还善于利用名人来为自己制造商业奇迹，此外他还造就了一批超级模特儿。在詹尼·范思哲之前，世界时装业只是由时装公司临时雇用一些模特儿参加表演，并没有靠时装业本身造就的超级模特儿。而詹尼·范思哲创立了自己的品牌之后，他把世界上那些个子最高、最漂亮的女模特儿都搜罗在他的帐下，经过适当的培养，让这些模特儿发挥出无穷潜力。模特儿在范思哲的时装走向世界方面发挥了极其重要的作用，詹尼·范思哲创造了“超模”一词。经他培养，一个超模的出场费可高达 20 万美元。詹尼·范思哲在世时，能拥有他的时装展示会入场券几乎是一种社会身份的象征。

1997 年 10 月，在兄长遇刺身亡后仅 3 个月，多纳泰拉·范思哲在米兰举行的盛大的时装展示会上第一次以范思哲首席设计师的身份推出了她的设计系列，之后在多纳泰拉·范思哲的主导下，范思哲品牌时装较范思哲本人掌控时更加多变。目前，除时装外，范思哲集团还经营香水、眼镜、丝巾、领带、内衣、箱包、皮件、瓷器、玻璃器皿、羽绒制品、床上用品和家具等，可以说将时尚设计带到了生活的每个领域。在范思哲的奢华世界里，你完全可以享受着这样一种生活方式，身穿范思哲高级定制时装，随意落座于布满迷宫花纹的范思哲沙发上，手捧一只安迪·沃霍尔设计的范思哲雏菊杯，优雅地享用一杯下午茶……

▼从 1993 年起，范思哲开始与德国著名的瓷器餐具制造商罗圣泰合作，联手演绎出了众多奢华的瓷器产品，把著名的墨杜萨头像和葛瑞卡回纹印到了全世界有钱人的餐具上。其推出的设计精美的茶具、餐具、花瓶、果盘等让家居瓷器变得更加艺术，只不过一套咖啡系列需要 10 多万元，这昂贵的价格自然让很多人望而却步，而那些舍得把范思哲瓷器买回去的，往往不会用它来吃饭、喝咖啡，而是当成可以增值保值的艺术品和“镇宅之宝”。

创始人：毕扬·帕克萨德
创始时间：1976 年　创始地：美国·纽约

bijan

无法仿造的液体钻石

昂贵的香水有“液体钻石”之称，而作为当今世界上最昂贵的香水之一的毕扬使那些真正的鉴赏家终于找到一款世界罕见的香氛。

毕扬

位于美国洛杉矶比佛利山附近的罗迪欧大道，是与巴黎的香榭丽舍大道、纽约的第五大道齐名的全世界追随时尚潮流的人最向往的商业街。在很多人眼中，比佛利山是财富名利的代表与象征，而罗迪欧大道以汇集世界奢华大牌专卖店和富人云集著称，这里包含所有南加州最名贵的店家，而且每一间名店都有其独特的建筑风格。什么叫名店？超级知名品牌的专门店，装修富丽堂皇，店员服务无懈可击，商品包装精美，价格昂贵，品牌标识代表着品质卓越、品位优雅。而位于罗迪欧大道北街 420 号的毕扬专卖无疑就是这样的一家名店。

毕扬的店主毕扬·帕克萨德出生于伊朗德黑兰，1973 年移民到美国，1976 年这位具有波斯血统的设计师在比佛利山上的罗迪欧大道开了一家专卖店，主要定制高级男装。罗迪欧大道的专卖店被誉为“世界上最昂贵的商店”，并且只有通过预约才获准进入店内购物，也只有世界上最成功的男士才有资格穿上这里 5 万美金一件的西装外套。

1981 年，毕扬·帕克萨德进军香水业，并成功推出了“毕扬男用香水”，现在一瓶 6 盎司的香水就要 3000 美元。1987 年，毕扬·帕克萨德又推出了“毕扬女用香水”，这款香水主要由依兰、水仙、柑桔花、茉莉、玫瑰、幽谷百合、橡木苔、天竺薄荷与檀香组成，由著名调香师彼德·伯姆历经两年半

的时间调制而成，其热情诱人的花香与充满异国情调的木苔味结合得非常完美，诠释了女性的优雅高贵。这款女香的香水瓶设计也非常独特，当香水用了一半时，不满的香水会成为各自分开的两部分，从视觉上挑战了万有引力定律。看似两部分组成的一个圆圈，实际上并没有经过任何黏合，而是一个无缝整体，此香水瓶因设计独特而申请了专利保护，而每盎司300美元的超昂贵价格更让这款香水成为诸多女人渴望拥有的极品。

目前毕扬的香水产品主要有“毕扬女用香水”、“毕扬男用香水”、“螺旋”和“淘气的毕扬”等，其顾客很多都是著名人士和企业名流。以浓郁花香与清柔果香为初调，毕扬的男香和女香给香水界吹来一阵新颖温情的风，成为各精品店陈列柜中的顶级香水品牌。

作为一家顶级奢侈品专卖店，游客必须提前预约才能在毕扬购物。毕扬专卖店主要经营男女服装、衬衫、领结领带、鞋子、丝巾、珠宝、手表、皮包、行李箱等，当然，最主要的还是香水。一直以来，香水总在世间男女中施展着浪漫魔法，它不仅是一种气味，代表着每个人不同的特质，更是一种制造记忆的方式，而每盎司300美元的超昂贵的毕扬香水以华丽热情作为标志，吸引了杰克·尼尔森、阿诺·施瓦辛格以及西班牙国王、日本皇后、沙特王子等知名人士，被诸多社会名流称为“宴会指定香水”，受到香水业界极高的评价，成为美国香水的一个典范和传奇。

▲如果到纽约旅行，一定要去罗迪欧大道上毕扬香水店领略一下毕扬的风采，这是目前为止世界上唯一一家毕扬指定专卖店，店中价值100万美金的水晶吊灯是由其生产的香水瓶构成的，充分显示出毕扬的实力。1993年，毕扬推出了以“螺旋”为名的另类女香。这款香水融合了花香、琥珀与东方三种调性，勾画出女人感性、妩媚及深度的一面。其螺旋状造型香水瓶子设计相当独特，如同DNA一样充满神秘色彩。

创始人：吉斯坦·奥托
创始时间：1916年　创始地：德国·慕尼黑

完美汽车的最佳代表

宝马营造了一种各项品质相得益彰的完美与和谐，通过对每一个功能得心应手的操控，使人们在体验完美感受的同时，领悟到一个意蕴深刻的哲理：科技是为人类服务的。

宝马

看到“BMW”这三个字母，你能想到什么？流畅的线条、舒适的坐椅、充沛的动力，还是良好的操控性？作为德系三大品牌之一的宝马，在近百年的汽车生产史中，为人们带来了数不尽的惊喜。

宝马的前身是“巴伐尼亚飞机制造厂”（简称BFW），这家飞机工厂于1916年成立，最初以制造流线型的双翼侦察机闻名于世。公司创始人吉斯坦·奥托从小就喜欢飞行器，在取得飞行执照之后，他曾多次获得飞机比赛的大奖。在航空领域取得的高度成就使吉斯坦对进军汽车领域抱有很大野心，不过令人感到遗憾的是，由于决策的失误，吉斯坦·奥托没能陪伴自己的汽车公司走得更远。1917年他退休后，由他一手开创的汽车事业在后人的手中继续发展壮大，并最终成为同行业中的佼佼者，为汽车历史写下了光辉的一页。

1917年，吉斯坦·奥托退休后，BFW公司开始重组，后命名为BMW（Bavarian Motor Works，中文译成宝马）。宝马公司最初以生产摩托车为主，1928年与德国北方生产汽车的艾逊力公司合并后才正式开始走进四轮世界。1929年，宝马推出的首辆汽车是将艾逊力公司最初生产的“Dixi315”改装而成的。1933年，在德国的柏林车展上，宝马展示了最新的303型，之后再延伸至315、319、320等，宝马的创作源泉由此长流不息。

如果说奔驰是成熟、稳重名流的地位象征，那么宝马则是年轻新贵的宠儿，在发动机研发等许多领域，宝马甚至超过奔驰，不论是在新车型那具有雕塑感的造型上，还是在内部系统的应用上都一开风气之先。目前，坚持走高端品牌路线的宝马，除了拥有经典的3系、5系、7系、X3、X5、Z4、M车系外，十几年前停产的6系也复活了。宝马公司的汽车总是具有双重性，一类像魔鬼，跑起来热血沸腾，尽显疏狂；另一类像神仙，开起来绅士气十足。宝马汽车的加速性能和高速性能在世界汽车界也数一数二，因而很多国家警方用车首选的就是宝马汽车。

现在，宝马集团已成为全球分布最广的高档汽车制造商。对于这一品牌，人们总是寄予厚望，希望它能制造出真正非凡的汽车，那种能激发人们的热情和向往的车型，而宝马的确没有让人失望，它那充满魅力的造型、无可争议的技术优势以及杰出的性能，足以让人魂牵梦绕，心潮澎湃。

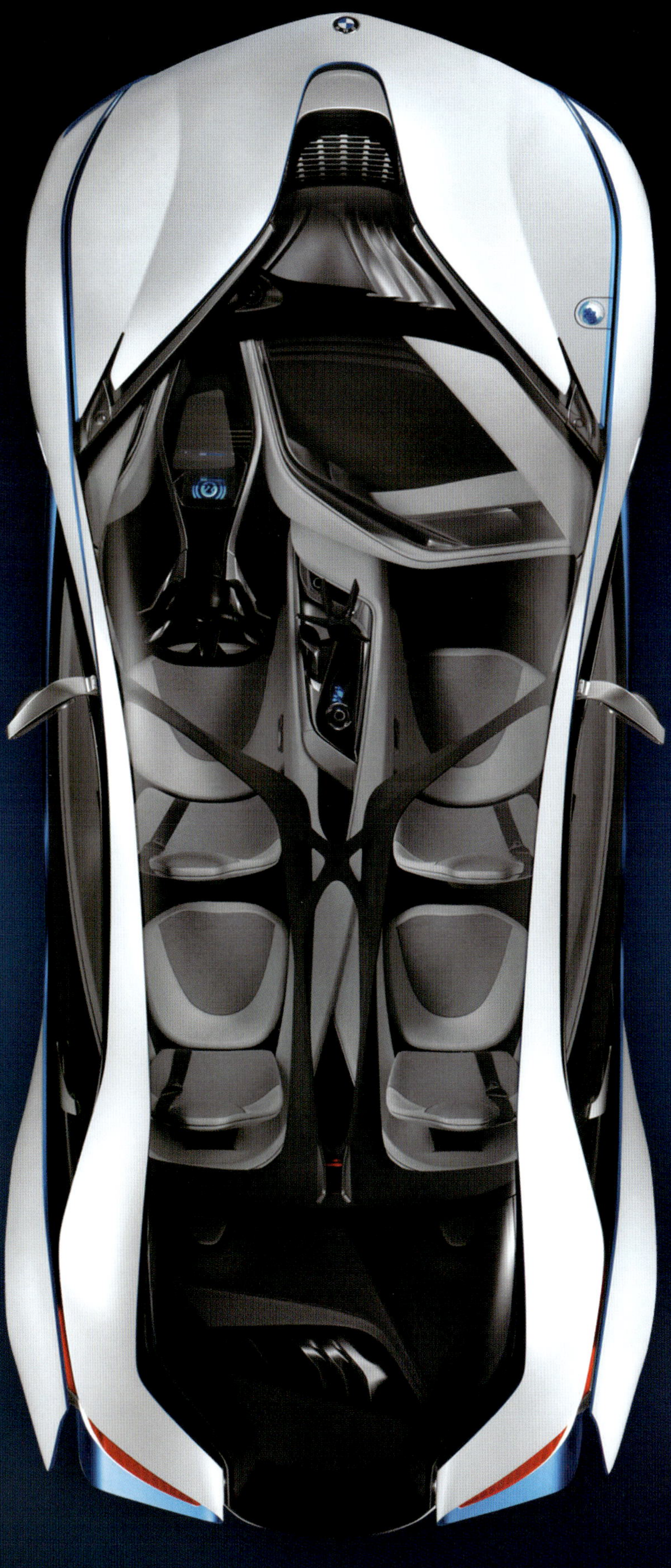

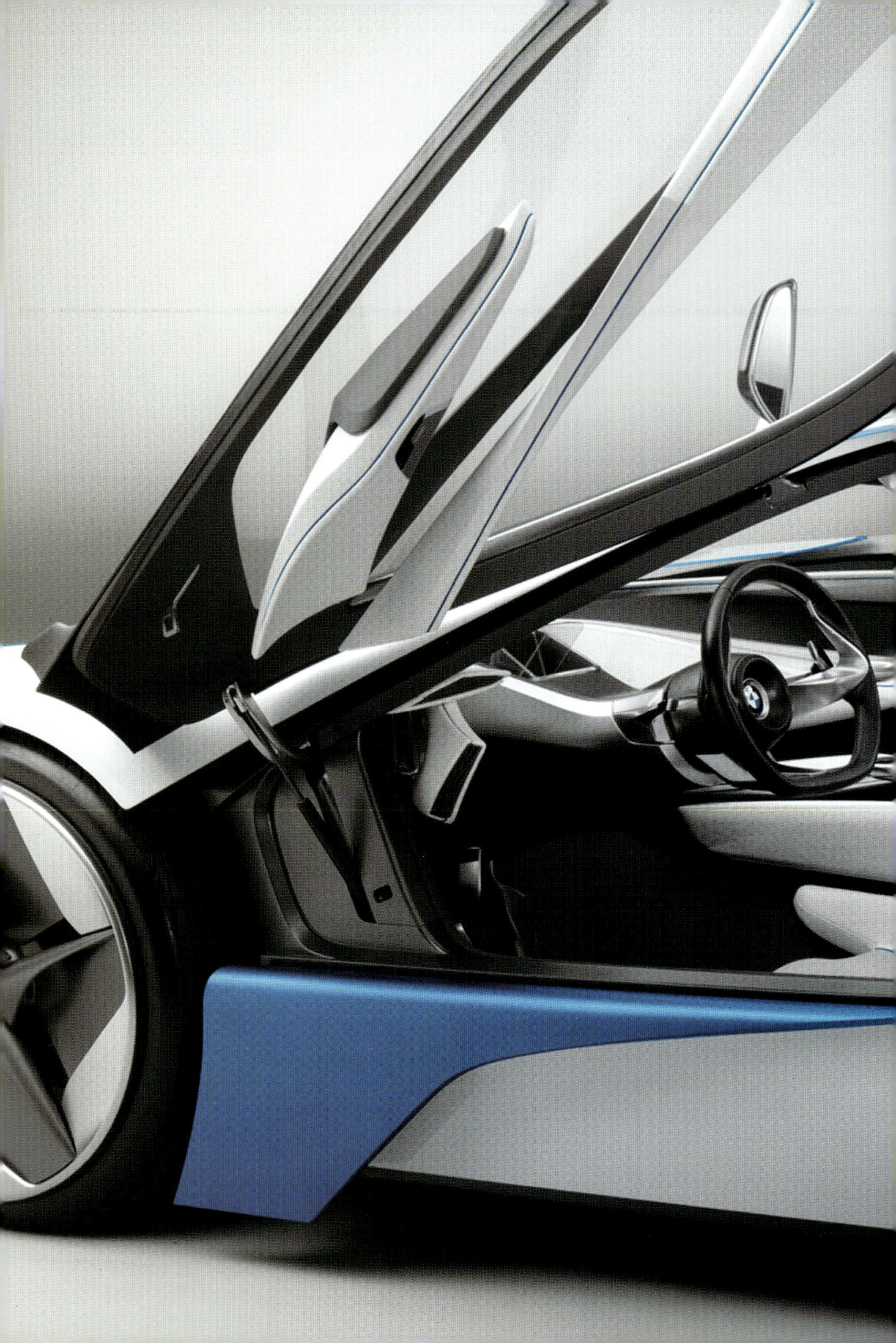

外国的品牌汽车被引进中国后，一定会被冠以一个中文的品牌名称，这个名称可以按原文的意思直译过来，也可以按原文的发音由中文表达出来。在众多的品牌译名中，“宝马”这个名字可谓是译得最经典出彩的，无论从精神到寓意，“宝马”都将这个世界级汽车品牌表现得活灵活现。

对于宝马，怎样的幻想和期望都不过分，因为宝马总能将之化为现实。可以毫不夸张地说，宝马的每一款汽车都是设计名师的沥血之作，都称得上是价值不菲的艺术品。

豪华不打折扣，这是宝马汽车给人的整体印象，稳健舒适、运动灵敏与安全无忧的完美结合永远是它的终极目标，雅致与时尚的和谐统一所焕发出的动人气息不仅渗透于内部整体，更在每个细节之处悄然流露，在不失非凡格调的同时透着极致诱惑。在

宝马80余年熠熠生辉的传奇历史中，无数先驱、发明家、才华横溢的工程师和满怀梦想的天才们，通过自己的辛勤努力让这一品牌的成功延续至今。

1999年，自从克里斯·班戈尔接掌了设计大权后，宝马开始扬弃原本融合典雅与运动的造型观点。克里斯·班戈尔1956年出生于美国俄亥俄州，他的职业设计生涯开始于替欧宝设计初级概念车，曾经做过菲亚特的首席设计师，1992年加入宝马。在成为宝马的第一个美籍首席设计师之时，班戈尔所面临的使命并非单纯去改造一款车，而是要重新奠定宝马新一轮的经典传承，这并非是一件轻松的事情。

◀在法国巴黎，宝马艺术车系列又出新品。当代艺术家杰夫·昆斯以其为天王迈克尔·杰克逊打造的3枚金树叶雕塑和黑猩猩、泡泡叶雕塑而知名。作为宝马第17辆艺术车的缔造者，杰夫·昆斯对媒体表示，他所设计的宝马艺术车包含了爆破、赛车与速度的主题，赛车是能够强力释放能量的车型，让人能够参与并超越那股能量。此次他带来了一款光怪陆离的宝马M3 GT2艺术车。该车全世仅此一辆，将参与2010年6月12日的勒芒24小时耐力赛。

2002年，班戈尔发布了他的第一个7系作品，彻底颠覆了宝马品牌原来所固执坚持的外形特征。虽然新车款在运动性能方面的表现依旧受到肯定，但宝马汽车的狂热追随者、媒体记者以及宝马公司内部的一些人士都对宝马新7系的设计风格提出了异议，尤其是车身后行李厢的突兀造型更成为了被争论的焦点，宝马车迷甚至在网上发起了解雇克里斯·班戈尔的自发签名，然而这一切并没有影响到宝马换代后车型在全球的大受欢迎。

进入21世纪后，人们在汽车价值观上的明显改变已经成了影响汽车走向的决定性因素，市场需求与汽车审美取向上的代沟成了让诸多豪华车设计师左右为难的问题。而宝马正是这场汽车年轻化运动的最大赢家，克里斯·班戈尔完成了宝马全系车型的改造工程，他监督设计了宝马1系列、3系列、5系列、6系列、7系列和Z4，虽然新款造型引发争论，但宝马近年来的销量却是屡破纪录，其推出的一款款新车一次又一次成为镁光灯下的耀眼焦点。

如果你认为"奢华"带给你最重要的感觉是"快乐"，那么被称为"比汽车还贵"的宝马摩托就是你最好的选择。

▲宝马标识采用内外双圆的图形，并在双圈圆环上部标有BMW字样的商标。中间的蓝白相间图案代表蓝天、白云和旋转不停的螺旋桨，喻示宝马公司源远流长的历史，既象征该公司过去在航空发动机技术方面的领先地位，又象征公司在广阔的时空中，对以先进的精湛技术、最新的观念，满足顾客的最大愿望的不懈追求。

德国的“汽车之父”戈特利布·戴姆勒在1885年制造出世界上第一辆摩托车，德国就此成为摩托车的诞生之地，而宝马摩托就是这块土地上最耀眼的明星，在摩托车的百年风云史上独领风骚。宝马生产摩托车的历史比生产汽车的历史更悠久，曾几度在世界摩托车百年风云史上写下浓墨重彩的篇章：1923年至1926年生产的宝马R32是公司生产的第一批摩托车，在当时已达到95公里/小时的极速；另一款令世人瞩目的摩托车是1925年至1927年间生产的R39，该车于1925年一举荣登德国摩托车冠军的宝座；1939年，宝马500CC在马恩岛高级旅行者赛上问鼎奖杯，被世人称为“30年代世界摩托之星”。

在摩托车领域，宝马一向是创新的同义词。它早年的R32车型采用“拳击手（Boxer）”双缸对置式发动机的设计已成为业界经典，历经80多年的历史，之后又被应用于最新一代“拳击手”车系中；1935年，宝马公司制造出世界上第一个弹簧液压式前悬挂，这种前叉一问世，立即风行起来，被全世界摩托车生产厂商所采用，并延续至今；1990

年，宝马首开先河，在其 K100RS 型摩托车上首次安装先进的 ABS 电子安全系统，从而成为世界上最早使用 ABS 制动系统的摩托车。

以航天工业起家的宝马，将飞翔天宇的力量转化为造车的激情，它是传统工艺的继承者、赛场上的佼佼者，更是现代科技的代言者。从 1923 年首辆挂有 BMW 商标的 R32 问世，到 1991 年 K75RT 成为公司的第 100 万辆摩托车，宝马一直刷新着摩托车坛的各项纪录，无论是在速度、工艺还是应用现代科技方面，都有令人惊叹的不俗表现。驾驶宝马摩托，你的唯一心愿就是：永远不要到达，永远在路上，享受此番愉快的旅程。

创始人：格拉尔多·丹纳曼
创始时间：1922 年　创始地：巴西·雷孔卡沃地区

皇家雪茄制造商

对于那些渴求精神完满的人来说，丹纳曼雪茄就像所有生活用品一样，是必不可少的。自我的提升、精神的充实、灵魂的升华是这些人真正想要的，无论是过去还是现在，这些恰恰是丹纳曼雪茄所倡导的核心精神。

丹纳曼

如果说除了古巴之外，世界上还有一个地方能孕育出上乘的雪茄，那么这个地方无疑就是巴西。巴西是世界上历史悠久的烟草种植地之一，早在 1663 年就产生了第一批烟草销售点，几百年来雪茄烟草一直是这个地区最重要的产品。巴西的巴伊亚州是世界上盛产最好烟叶的地区之一，其天赐的地理条件成了最适合丹纳曼雪茄生产的风水宝地。

丹纳曼从 1872 年起就在巴伊亚州建厂，其创始人格尔多格·丹纳曼原名考夫曼·丹纳曼，1851 年出生在德国的不来梅市。为了制造高品质的雪茄，这位先驱者于 1872 年来到巴西的巴伊亚州，在雷孔卡沃地区定居，并改名为格拉尔多·丹纳曼。经过多年的努力，格拉尔多·丹纳曼成了巴伊亚地区最大的工业家，1883 年巴西国王亲自赐封其为“皇家雪茄制造商”。

由于格拉尔多·丹纳曼先生在创立自己的雪茄事业的同时，还一直积极地兴建公共建筑设施，所以虽然他加入巴西国籍才一年，却在 1889 年被任命为圣菲利克斯市的市长。经过几年的发展，丹纳曼先生在巴西的知名度越来越高。1922 年，他作出了一生中最重大的一个决定：成立丹纳曼巴西烟草公司。

丹纳曼烟草公司创立之初一直发展顺利，但是第二次世界大战的爆发令其遭受重

创。巴西银行接管了这家烟草公司后，在 1954 年将其卖给德国。阴差阳错，创始人格拉尔多·丹纳曼的基业又回到了他的故乡。令人感到欣慰的是，这一优质品牌犹如被掩埋的珍珠一样重放异彩。从 20 世纪 80 年代至今，重生后的丹纳曼烟草公司的业务已经遍及世界各地，这是几代丹纳曼人辛勤耕耘的结果，并且以后的每一位后继人都始终为了扩展业务而兢兢业业。

丹纳曼雪茄可分为两类：一类是用巴西烟叶制成的，另一类是以苏门答腊烟叶制成的。正是这最外层的烟叶，奠定了雪茄的独特味道。巴西烟叶色泽较浓，味道也较馥郁，且保持醇和风味。苏门答腊出产的包皮烟叶则较为柔韧绵软，烟叶比较清雅可口，略带坚果味道。丹纳曼公司的各类产品均以其纯正的味道，受到雪茄爱好者的青睐。丹纳曼雪茄从形状上可分为大小两种，大雪茄中的“苏门答腊轻柔型（Lights Sumatra）”使用最佳苏门答腊烟草卷成，味道轻柔舒适；“巴西轻柔型（Lights Brasil）”的味道浓香醇厚，采用铝质包装，使该雪茄的味道可保鲜达数月之久。“苏门答腊鲜香型（Espada Fresh Sumatra）”以其柔和的芳香证明

一些人主张不同的时段应该选择不同品牌的雪茄：每天的第一支应该选择味道温和的乌普曼，午餐之后应该选择口感饱满的科伊巴，丰盛的晚宴之前应该选择能带来振奋感受的埃尔雷伊·德尔蒙多，休息的时候应该选择清新淡雅的的丰塞卡，难忘的时刻应该拿出珍贵的科伊巴……而格拉尔多·丹纳曼想告诉人们一件事：当你某一天找到了自己的“专情”，那么你就找到了真正的自我。

了它的产地；“巴西鲜香型（Espada Fresh Beasil）”的味道更醇厚，有一种特殊的清香。1994年，丹纳曼推出了一种创新产品，名为“丹纳曼情调型（Dannemann Moods）”的芳香小雪茄，大获成功，被消费者视为现代香型小雪茄中的经典。之后不久，丹纳曼又看准消费者对轻烟产品的需要，率先推出了“丹纳曼情调型过滤烟（Dannemann Moods Filters）”。此外，清香的“苏门答腊特种型（Speciale Sumatra）”以及馥郁柔和的“巴西特种型（Speciale Brasil）”等小雪茄也都获得了消费者的认可。

不论是过去还是现在，以客户的需求为主导一直是丹纳曼公司经营理念的核心，而100多年前格拉尔多·丹纳曼所倡导的格言——“贵族雪茄”一直是其发展的目标。这个具有悠久历史的品牌，生产的雪茄所散发的蓝色烟雾足以让人体会到自己的存在，因为它特有的芳香能够使你思绪平静，而不是让烟草成为捆绑大脑的枷锁，可以说，丹纳曼雪茄是打开人智慧大门的钥匙。

DANNEMANN

创始人：埃多尔·布加迪

创始时间：1909 年　创始地：法国·莫尔塞姆

极致中的极致

布加迪的香水要 5000 美元，布加迪的手表要 20 万美元，而布加迪的威龙跑车要 170 万美元，且限量生产，即使有钱，也未必都能拥有。

布加迪

只要对汽车多一些了解，你就会知道，无论是速度、动力，还是工艺、价格，布加迪都是超然于世，堪称世界汽车史上一道最为亮丽的风景。1909 年，埃多尔·布加迪在德国阿尔萨斯租下了一个停产的工厂，创建了布加迪公司，专门生产运动跑车和高级豪华轿车。由于埃多尔·布加迪在深谙汽车设计之道的同时又精通机械制造，因此他所制造的布加迪牌汽车很快便以出色的造型和令人震撼的性能征服了诸多王公巨富。此外，由于他在制造汽车时完全不在乎成本，这也让布加迪豪华轿车和赛车就此成为那个时代无法超越的巅峰。

埃多尔·布加迪生于一个艺术世家，除了在艺术上有很深的造诣外，他对各种机械设计技术也非常熟悉，所以他研制汽车时能将技术和艺术自然地融合在一起，以致人们区分不清他的作品哪些是艺术品，哪些是技术作品。为了追求机器与艺术的完美结合，埃多尔·布加迪制作了不少著名车型，其公司生产的跑车不仅在车速上曾创造过许多次世界纪录，而且极为豪华、精美。比如布加迪 T41 在 1927 年推出时，埃多尔居然用真金白银打造车身，这种近乎疯狂的举动让这款车卖到了 4.2 万美元，而同时代的顶级劳斯莱斯的售价也仅为 1.9 万美元。

从 20 世纪 30 年代起，布加迪在锦标赛上的辉煌岁月结束了，但完美的设计工艺却

让它声名鹊起。T50、T55、T57 等都是永留车迷心中的经典设计，而它们的设计者正是埃多尔·布加迪的儿子让·布加迪，这个极具天分的设计师，在其父亲的企业中担任设计部负责人。不幸的是 1939 年 8 月 11 日，在测试刚在勒芒比赛中夺魁的 T57C 时，让·布加迪因车祸去世。两个星期后，第二次世界大战一开始，德军便占领了位于法国的布加迪工厂。但埃多尔·布加迪本人不屈服于入侵者的威慑，坚持意大利国籍，从而受到迫害。纵横车坛将近半个世纪的一代著名汽车设计师于 1947 年寂然逝去，布加迪公司在他去世后不到十年便宣告破产。

1989 年，一位名叫罗马诺·阿蒂奥利的富有的意大利汽车经销商购得了布加迪品牌的使用权，使得这个神圣的品牌再度开始生产脍炙人口的汽车。1998 年，德国大众公司购买了布加迪的商标权，正式将其纳入旗下，布加迪这一品牌也由此进入到一个新的阶段。

在之后的每一年里，人们都可以通过几大车展看到布加迪概念车的身影，从 1998 年的 EB118 双门跑车，到 1999 年的 EB218

▲布加迪的“卫航（Veyron）”在没引进中国前，国内通常将其称为“威龙”。2008 年 3 月 19 日，布加迪正式授权上海宾利汽车销售有限公司为其中国汽车总经销商后，将这款车的中文译名定为“卫航”。在 2008 年第 11 届北京国际汽车展览会上，售价 2500 万元的“卫航 16.4”成为该车展上最贵的新车，也是唯一超过 2000 万元级别的新车。

▲2009年是布加迪的百年大庆，为此特意推出四款纪念车。虽然新车仍以“卫航 16.4”为基础，但以 Centenaire 为名，以便与普通版相区分。此外，在功能与外型上也有了很大的改观。除了将“卫航”的工艺和技术不断更新换代之外，布加迪公司还计划以经典的 T41 为原型生产一款 950 马力的超豪华轿车，这款车售价约 100 万欧元，采用限量生产的模式，从而吹响了进军超豪华轿车市场的号角。

四门豪华轿车，再到2000年巴黎车展的EB16.4全新跑车，数款堪称经典的概念车迅速恢复了布加迪品牌在世界上的盛誉。在2004年的日内瓦车展上，布加迪推出的“卫航”成为当时世界上行驶速度最快、最昂贵的汽车，这款售价140万美元的量产跑车的问世使布加迪真正重拾了旧日的辉煌。

2008年9月，布加迪的“卫航-爱马仕特别版”登陆上海，全车售价高达4300万元人民币。它不仅是世界上最贵的车，其技术参数也足以让其他豪华车黯然失色：最高可达407公里/小时的速度，从0到100公里的加速时间仅需2.5秒，时速400公里时紧急刹车系统会让车在10秒内完全静止。而久负盛名的爱马仕为其设计的奢华内饰，使这款车显得更加高贵。

驾驶布加迪是挑战，也是绝对的享受，在令人兴奋的发动机轰鸣声中，它带给人们的是热血沸腾的激情，是疾驰的快感，是可以抛开所有顾虑与迟疑的气宇非凡。

如果说英国人在汽车发展史上占有重要的一席之地，是因为他们的劳斯莱斯把豪华发挥到了极致；意大利人以自己的汽车历史为荣，因为他们的法拉利把速度发挥到了极致，而法国人则以布加迪为傲，因为布加迪曾经把豪华和速度两者都发挥到了极致。埃多尔·布加迪在制造汽车时，一直坚持捍卫着这个理念——汽车制造必须具有最高的手工艺水平。据说，他曾这样对本特利说过，“我生产的汽车是为了行驶，而不是为了刹车”。满怀艺术热忱的创始人埃多尔·布加迪赋予布加迪车高贵的血统，延续至今。在世界跑车王国里，布加迪不仅有令对手“望而兴叹”的速度，更在众多竞争对手面前竖立起让人无法超越的艺术丰碑。

布加迪一向有创造奇迹的“传统”。早在20世纪20年代，布加迪T13就是勒芒赛上的霸主；到了30年代初，T35已经为车厂赢得了超过1000场比赛的胜利，包括从1925年连续五年蝉联最著名的塔加·弗罗里奥汽车大赛冠军！赛车场上的辉煌岁月为布加迪跑车铸就了“永不言败”的气概，而完美的造车技术更使其在当今车界依然成就非凡。

2004年的日内瓦车展上，布加迪的力作“卫航”震惊了世界车坛，成为无可比拟的工艺以及梦幻般完美设计的最佳代言者。这款车名字取自曾经驾驶布加迪T57赢得1939年利曼桂冠的皮埃尔·卫航，该款车型堪称迄今为止最为强大而又最为完美的跑车，

16.4
GRAND SPORT

其最大功率为1001匹马力，极速407公里/小时，百公里加速2.9秒。人们很难精确地描述驾驶这款车地过程，因为根本没有和它同档次的车型可以作为参照。

布加迪的行驶速度所向披靡，但是它的生产速度却慢如蜗牛，布加迪对其出产的每一辆车都严格监控，对品质的苛求使得“卫航”虽价格昂贵却供不应求，因此驾驶一辆1001匹马力、极速407公里/小时、价值100万欧元的超级跑车的感觉，只有少数幸运儿才能知道，对于很多人来说，它注定是一个不可企及的奢华之梦。

布加迪的汽车，追求的是终极的速度，从“卫航”那昂贵的售价就能看出来拥有这极致的汽车的只能是极少数的人。既然人们不能拥有布加迪汽车，那也许可以有机会拥有带有布加迪标志的其他产品。为了庆祝布加迪成功推出“卫航16.4”跑车，爱马仕曾为其特别推出307高档手表，这款腕表使驾驶者在专心行车状态下不用旋转手腕也可清楚地读取时间，该表在2006年获得了国际手表大奖。2008年，布加迪推出了日历、香水等一系列精品，以供那些目前还无力购买超豪华车型的消费者选择。布加迪出品的东西都是限量版，其推出的Prestige Edition的香水限量推出400套，外观采用了3D雕刻技术，并涂上了一层24K金。虽然2800欧元足可以作为一款普通车型的预付款，但布加迪推出的这款香水实在是物有所值，更何况布加迪的EB标志会带给人无上的荣耀。

创始人：索帝里欧·宝格丽

创始时间：1884 年　创始地点：意大利·罗马

BVLGARI

出身名门的珠宝望族

宝格丽源自希腊，生长于罗马，征服着世界。也许没有几个珠宝品牌有宝格丽如此的好运，可以在艺术的土壤与幻想的天空之间自在驰骋，一路繁华。

宝格丽

当时间指向 2009 年，宝格丽这一意大利知名珠宝品牌已经走过 125 年的光辉历程。无论是在意大利还是其他许多国家，能够庆祝 125 年辉煌成就的企业屈指可数。125 年前，希腊银匠索帝里欧·宝格丽在意大利罗马开设了第一家银器店铺。靠家族祖传的手艺，索帝里欧·宝格丽赚到了事业上的第一桶金。1905 年，索帝里欧在儿子康士坦丁及乔奇亚的协助之下，在罗马康多提大街创设宝格丽总店。

从 20 世纪初，索帝里欧的两个儿子开始掌管家族事业。到 20 世纪五六十年代，全球摆脱第二次世界大战的阴霾时，宝格丽不仅以精湛的手工工艺闻名于世，而且逐渐摆脱了对法式珠宝的模仿，从希腊古典艺术汲取灵感，融合意大利文艺复兴美学及 19 世纪罗马金匠学派风格，形成属于自己的独特品位。此后，精明勤奋的宝格丽家族子孙们薪火相传，共同把最初那个罗马街头不起眼的小店经营成世界范围内的奢侈品王国。

宝格丽非常重视创新，是第一个以白金取代纯金做高价位珠宝底座的品牌。而且，它首先在选料上运用了半宝石，如珊瑚、紫晶、碧玺、黄晶、橄榄石等。其首饰色彩之丰富，常常令人叹为观止。为了使彩色宝石产生浑圆柔和的感觉，宝格丽还改良了流行于东方的圆凸面切割法，以圆凸面宝石代替多重切割面宝石。这对当时的欧美传统首饰

BVLGARI

20 世纪 90 年代，为了保护品牌的历史传承，宝格丽开始进行“古典珍藏”系列的收集。每一件珠宝，都是销售出去以后，再次被宝格丽以各种方式收购回来并加以珍藏。这些绝版的珠宝有着无与伦比的精美工艺，诉说着数十年来宝格丽珠宝设计风格的演化历史。正因如此，它们受到世人很大的关注，许多名流富豪都以拥有一款该系列的珠宝为荣。

工艺来说，称得上是一次冲击性的革新。宝格丽还开创了心形宝石切割法和许多新奇独特的镶嵌形状，这些创新在当时都属惊人之举，发展到今天已经成为标准首饰工艺。

1984 年，乔奇亚之子保罗及尼古拉分别接任宝格丽总裁及副总裁，他们的侄子弗朗西斯克·特拉帕尼则接任首席执行官。就任之后，特拉帕尼喊出了自己的口号，就是彻底使品牌现代化。而这样的选择在当时遭到了强烈的质疑甚至是反对。很多人甚至认为如此会导致宝格丽这样一个有着悠久传统的老牌子彻底垮掉，最终保罗和尼古拉两兄弟的鼎力相助才让特拉帕尼度过了信任危机。

在随后的十几年的时间里，特拉帕尼大刀阔斧地进行了一系列的改革，把宝格丽的触角伸向时尚的各个领域，也让宝格丽走出意大利国门，走向世界。从爱琴海边的希腊到地中海边的意大利，再到风光无限的世界各地，宝格丽从来都是分量十足的珠宝贵族。在矜持中张扬着个性，在优雅中释放着高贵的气质，它从不以喧嚣取胜，却没有人会忽视它的存在。

有时候出门在外佩戴太多的饰品，会显得很俗气，但如果你只在手腕上戴一块小小的宝格丽表，反而能在有意无意间流露出你的时尚和品位。

珍贵的材质、纯正的设计以及一丝不苟的雕琢，100 多年间宝格丽雕琢出一件又一件珠宝精品。经过长时间的佩戴，注重人性化设计的宝格丽珠宝会渐渐与个人服饰风格融为一体，成为个人品位的标记。因此，这个誉满世界的珠宝品牌始终备受皇室贵族与社会名流的热烈追捧，历史上曾有几位罗马公主竟不惜用领地来交换独一无二的宝格丽珠宝，索非亚·罗兰、奥黛丽·赫本、伊丽莎白·泰勒、妮可·基德曼等好莱坞影星也对宝格丽极为推崇。

珠宝向手表的延伸是奢侈品制造商的通行法则，宝格丽自1920年起开始制作铂金与钻石等珍贵材质的珠宝腕表，直至20世纪70年代成功奠定珠宝与银器生产商的优良声誉后，宝格丽集团开始扩展其制造精密腕表技术的实力，并大量生产腕表系列。20世纪80年代早期，宝格丽在瑞士成立了专门的制表公司，全面监管所有宝格丽腕表的创作与生产。1993年，宝格丽开始严格地筛选世界上最具声望的钟表零售商来经销其腕表的系列产品。

宝格丽并不满足于让手表成为珠宝的衍生产品，而是希望能生产出真正精密复杂的手表。为了能够掌握最好的钟表制造技术，宝格丽先后收购了几家瑞士高端制表领域的知名品牌，并主要生产女士珠宝腕表和针对手表收藏家的专业手表。比如“宝格丽Bvlgari”腕表系列是宝格丽于1977年第一款大量生产的腕表，最大的特色在于表框铭刻有两个重复的“BVLGARI”的品牌标志。2009年巴塞尔钟表展上，宝格丽推出了全新的“Bvlgari Bvlgari”系列仕女月相腕表，独具新意的月相显示功能与华美的密镶钻新月图案不仅巩固了宝格丽在珠宝腕表领域的地位，更加彰显出宝格丽精湛的专业腕表工艺，38毫米不锈钢表壳及镶钻白色珍珠母贝表盘，也将经典线条与当代设计融为一体。

宝格丽的腕表成功地结合了优雅与复杂机械兼容并蓄的设计，并由以保证高品质著称的瑞士认证标准进行制造。为确保所有的宝格丽产品具有相同的品质，宝格丽也以同样的精神和注重细节的态度制造香水，有专门的香水公司直接管理宝格丽每一款香水的创作、制造与经销的诸多环节。此外，宝格丽的丝巾、领带、袖扣和皮具都已成为奢侈品领域中的亮点，多元化经营策略使宝格丽品牌俨然已经成为精致生活品位的标志，在100多年的历史长河中，宝格丽始终将人们的视线吸引到最能彰显尊贵的细节之处。

创始人：奥莱·尼思
创始时间：1789 年　创始地：英国北部

OLANIES
奥莱·尼思

尊贵空间的艺术王冠

在曾经极度奢华的法国宫廷中，几乎没有人能在奥莱·尼思水晶灯的光芒下无动于衷，它宛如一盏悬挂在空中的艺术王冠，彰显着主人的尊贵地位与傲人财富。今天的奥莱·尼思不仅是财富与地位的象征，还成为凸显精英人士非凡品位与气质的闪耀点缀。

奥莱·尼思

英国作为一个有着丰富的历史文化资源与深厚的人文传统的西方国家，它以其古典与现代完美结合的艺术氛围和精致的文化生活享誉世界。诞生于法国宫廷，最终被英国人发扬光大的奥莱·尼思水晶灯就是最好的证明。它摒弃了 18 世纪法国华而不实的奢华主义，展现出英国传统的风雅气息，不仅显得庄重大气，还更具人文色彩。

作为宝辉国际灯饰集团有限公司的旗舰产品，今天的奥莱·尼思水晶灯沿袭了古老的英伦风格，正如构成不列颠人性格和文化的三重底色，他们含蓄、内敛，骨子里却拥有火一般的激情和狂野，同时散发高贵和优雅，奥莱·尼思水晶灯所追求的正是这种低调的奢华和内敛的激情。这也是奥莱·尼思水晶灯的个性所在，奢华在含蓄中由内而外自然流露。

诞生于法国宫廷的奥莱·尼思水晶灯，凝聚了奥莱的天才创想与人类工艺之极限，化身珍稀绝美的高级灯具，实现从水晶到水晶艺术的奢美进化。

18 世纪对于法国来说是天翻地覆的特殊世纪，时装、风尚和上流社会的高雅文化

极为流行，由此也形成了法国室内艺术兴盛的温床，水晶灯艺术就是在这一时期飞速发展起来的。在当时，能制作水晶灯的人寥寥无几，其中以奥莱的作品最具特色。由他制作的水晶灯既有古罗马的壮丽和淳朴，又具备了法国特有的辉煌与奢华之气，而这种风格深受法国宫廷和贵族青睐。

但奥莱对自己的作品并不满意，他认为一味地追新逐异和在细节上的费尽心机，使自己背离了艺术的精神品格，败坏了自己和欣赏者的品位。当奢华成为衡量艺术价值的唯一标准时，艺术离沦落也就不远了。于是，他在法国大革命爆发前夕离开法国，到英国寻求发展。

18 世纪的法国艺术追求的是享乐的原则，英国则不同。英国人把艺术看做可以营养人的心智，提升人的生活品质的养料，这是一种庄重而理智的艺术观点，也是新古典主义的最高体现。正如英国肖像画家雷诺兹说的那样“我们所从事的艺术以美为目标，我们的任务是寻求美、表达美；但我们所追求的这种美是普遍的美、智慧的美。”这种观点恰恰也是奥莱所要追求的。

奥莱的设计理念在英国获得了重生，当尼思公爵成为他的赞助人之后，奥莱进入到创作巅峰期。这期间，他摒弃了繁缛的设计手段，不再一味地追求奢华，而是用理智的智慧对待自己的创作，其作品呈现出严肃、深刻和庄重的艺术风格，极具英伦特色。这恰恰迎合了英国贵族们的喜好，从而也引起了英

国王室及贵族阶层的极大关注。为此，尼思公爵赏赐给奥莱大量的财富，并赐其尼思的姓氏，让奥莱·尼思成为尼思家族的一员。他的水晶灯也被人们称为“奥莱·尼思”，并一直流传至今。

无论是简约大气的时尚设计，还是精致华美的实用主义，奥莱·尼思水晶灯已经走向那个所有时尚元素都皈依的终极目标——奢华。

奥莱·尼思水晶灯最为动人之处在于其材质的选择与精湛的制作工艺。奥莱·尼思水晶灯选用施华洛世奇元素，因其对光线有极好的折射能力，使得整个水晶灯拥有宝石般璀璨的光芒，看起来格外耀眼夺目。此外，灯架材质的选用也极为讲究，要求铸铜排号必须达到65以上，远高于同行业数个量级，从而保证了铸件的表面光滑度；专业的弯管部选材厚度更是超过同行业25%，使灯架款型经久不变，数十年风采依旧。除此之外，昂贵的德国激光切割机等高科技生产设备，更为奥莱·尼思水晶灯的完美品质提供了最充分的保障！

奥莱·尼思和那个远去年代的传奇故事还持续地施放出强大的魅惑之光，催眠着今天的世界。奥莱·尼思的继承者们还在传承着这个尊荣名号的精神旨意，用更加现代的完美臻品延续传奇大师的无上荣光。

从研发设计到最后出厂，每一盏奥莱·尼思水晶灯都要经过12道原材料检测程序、22道产品品质检测程序和100多道生产工序，最后的成品还必须经过专家鉴定，各项指标达到完美的标准后才能允许出厂。

今天，许多世界顶级酒店都选用“奥莱·尼思”水晶灯作为装饰用灯，如迪拜棕榈岛亚特兰蒂斯酒店、美国拉斯维加斯酒店、英国伦敦朗廷酒店、日本东京文华东方酒店、印度香格里拉大酒店、澳门威尼斯人度假村酒店……这些奢侈豪华的人间天堂，无一不留下奥莱·尼思水晶灯迷人惊艳的光芒。

不仅如此，奥莱·尼思水晶灯还是上流社会精英人群的钟情之选，他们不仅是各行各业的翘楚，还是财富与权势的拥有者。百年前的奥莱·尼思水晶灯曾为奢靡、疯狂、任情纵性的王公贵族而明；百年后，它则为新贵阶层尊贵的空间和无上的荣耀加冕，这是对他们人生与事业的成功的至高礼赞！

设计师：约翰·艾利奥特

竣工时间：2004 年　所在地：阿拉伯联合酋长国·阿布扎比

Emirates Palace

仅为国王而建的奢华酒店

你有没有幻想过，住进充满阿拉伯风情的皇宫，过着酋长生活？你心目中豪华酒店的概念是什么？阿布扎比的酋长宫殿就如同阿拉丁神灯一样，你想什么就会带给你什么。

酋长宫殿

作为中东吸引奢侈品贸易的磁石，迪拜历来是这个区域的首选之地，而在阿拉伯联合酋长国的首都阿布扎比，全球第一奢豪酒店也应势而生。

建造费用高达 30 亿美元的酋长宫殿总面积达 60 英亩，位于阿布扎比西北的海岸边，是一座古典式的阿拉伯皇宫式建筑。远远看去，它有点像清真寺，也有点像传说中的辛巴德或阿里巴巴时代的皇宫。酒店最初是为迎接海湾合作委员会首脑会议在阿布扎比召开而修建的，故其原名为会议宫，后更名为酋长宫殿，由凯宾斯基饭店集团管理经营，2005 年开始对外营业。

酒店由英国著名设计师约翰·艾利奥特设计，这位曾经为苏丹和文莱的王宫贵族设计过宫殿的大师的设计基调庄重大方，富有浓郁的阿拉伯民族风格。饭店的圆顶是世界上最大的圆顶建筑，采用最新照明技术、特殊防腐材料和纯金制造，一到晚上就会自动发光，金光闪闪，而内部超过 1000 盏的施华洛世奇水晶吊灯，让酒店更显堂皇气派。

酒店内部共有 394 套客房，分为总统套间、宫殿套间、海湾豪华套间、海湾套间、钻石客房、珍珠客房、珊瑚客房和豪华客房 8 种，价格从 600 美元至 13000 美元不等。最小的客房面积为 55 平方米，最大的总统套间面积近千平方米。身处酋长宫殿，你会感觉到这是为国王而建的酒店，极度奢华。

在这里，一切的服务都经过细心经营。

想喝咖啡吗？银器盛装的咖啡、亚麻布的餐巾、碟子上的玫瑰花瓣、水晶状的方糖、新月形的杏仁软糖面包、进口的纯净水，女士还能得到一枝玫瑰花。

想游泳吗？有专门的服务人员负责为你打伞和浇水散热，还有人为你擦太阳镜和送吃的。两个游泳池绵延数个足球场那么大，其间点缀着按摩浴池。

想散步吗？住进这里的酒店，住客可在长达1000米的走廊漫步，不过在金碧辉煌间享受酋长式的闲情逸致，也许会让你找不到回房间的路。

想品尝美食吗？在这里，你可以品尝到包括阿拉伯、亚洲及意大利等地的美味。

想上网吗？酒店所有阿拉伯风情的墙壁背后，都装有光纤电缆，每位客人入住时，就会获发一部掌上电脑，无论在私人沙滩或洗手间，都能无线上网；而由召唤服务生到操控室内电器用品等，都尽在你掌握之内。此外，酒店的电脑系统还有完备的监察系统，住客更可要求将电脑系统与外界全面隔绝，免除黑客入侵。

想沐浴吗？沐浴服务生会给你一份菜单，上面有7种沐浴方式供您选择。甚至只需花几千美元，就可以在浴缸中装满香槟。

想安枕入眠吗？夜幕降临的时候，服务生会在床单上放上一小袋薰衣草，香气将渗入其中。然后他们会将薰衣草放在枕头下面，这样你就能在芬芳中安然入睡。

创始人：佛罗伦丝·南丁格尔·格雷汉姆
创始时间：1922 年　创始地：美国·纽约

Open for beauty.

Elizabeth Arden

通往美丽世界的红门

无论你是率真、充满活力的年轻女孩，还是自信、独立的成熟女子，又或者你是神秘高贵、令众人倾倒的人们眼中的魅力焦点，伊丽莎白·雅顿都能瞬间为你灵动的风采加分。

伊丽莎白·雅顿

在全世界爱美女性的心目中，有一道代表着通向美丽、健康的理想女性之路的门，它就是闻名于世的伊丽莎白·雅顿红门沙龙。在这扇门里，数以百万计的女人变得优雅、神秘，更加美丽。红门沙龙的创立者伊丽莎白·雅顿原名佛罗伦丝·南丁格尔·格雷汉姆，1878 年生于加拿大伍德布里奇，1908 年前往纽约谋生，两年后从亲戚手中借了 6000 美元创办了一个美容沙龙，并以自己的新名字伊丽莎白·雅顿命名，这个名字的灵感据说是来自小说家伊丽莎白·冯·阿尼姆和丁尼生勋爵的诗作《伊诺克·雅顿》。

伊丽莎白·雅顿的沙龙在当时有别于其他如同医院的美容沙龙，其装潢精致高雅，以粉红色作为基调，由于其大门为红色，因此被称为红门沙龙。除了提供最先进和最流行的脸部与身体全身护理外，该沙龙还销售高级服装、珠宝与化妆品，所以当时曼哈顿的很多名媛纷纷开着高级轿车前去消费，这使得红门沙龙的名气大增。

1922 年，第一款由伊丽莎白·雅顿自己配制的香水正式推出。之后，随着一系列安全有效的护肤用品的面世，伊丽莎白·雅顿的美容沙龙名气也越来越大，逐渐成为当时纽约上流社会女士的最爱。到了 1930 年，其发展规模已足以证明“美国只有三个品牌能享誉全球：可口可乐、辛格缝纫机和伊丽莎白·雅顿的香水”。

1966年推出的“第五大道”香水至今一直是伊丽莎白·雅顿最成功、最经典的香水代表作，也是最受现代时尚女性欢迎的一款香水。此款香水采用顶级的保加利亚玫瑰、菩提、依兰和茉莉等原料，具有独具匠心的“东西方合璧”的香型，香味清淡却不失持久，高雅又不失柔媚。其瓶身设计简洁大方，以曼哈顿的摩天大楼为瓶侧的线条，优雅利落。这款定位为东方香调的香水为伊丽莎白·雅顿公司赢得了香水界的重要奖项——FiFi大奖。而且伊丽莎白·雅顿夫人还特别要求，这款香水只能在纽约第五大道销售。

如果说有了香水，就有了令人蚀骨的浪漫和悯恤万物的慈悲，那么在传统与现代的交融中，不论经典能有多少不同的状态或境界，伊丽莎白·雅顿香水已尽得其精髓。在香水制造领域，伊丽莎白·雅顿这一顶级品牌推出的香水品种共有50多款，从典雅的“红门”到美丽的“太阳花”，从浪漫的“真爱”到经典的“第五大道”，伊丽莎白·雅顿这个成就了无数神话的香水，仿佛蕴藏着无限魅力，以别致优雅的浪漫格调令众多时尚爱好者为之倾倒。

对于伊丽莎白·雅顿的忠实顾客来说，这一品牌提供的某一款产品带给自己的美妙并不只存在于一时一刻，它那个性鲜明同时兼具情绪转折的芬芳，足以值得追随一生。

▲1999年，伊丽莎白·雅顿推出的“绿茶”香水源于古老的茶道传统，以绿茶为基质，混合了柠檬、柑橘、琥珀等成分，创造出天人合一的氛围，其清新的气味能舒缓紧张的情绪，令人神清气爽。这款香水一上市，就以其创新的思维与绿茶被首度引进香水调配而震撼了香水界。对于喜爱这款香水的人来说，它不仅仅是一种香水，更代表了一种健康的生活方式。

作为红门沙龙的创始者，伊丽莎白·雅顿夫人享有“香水皇后”和“头脑灵活的女实业家”的美称，她成功地创造了一个国际知名的化妆品品牌，改变了人们的美容观念，并得到了英国女王的皇室嘉奖。在只有演员才化妆的20世纪初，伊丽莎白·雅顿夫人被《生活》杂志评选为“20世纪最有影响力的美国人之一”，并一直引导着世界化妆品及香水的时尚风潮。

雅顿夫人的基本信条是：美容绝不是虚饰靓妆，而是将自然和科学巧妙地融为一体，衬托出妇女的天生丽质。她是提倡全身美容保健概念的先驱，也是第一位将全系列护肤品与彩妆品推介给美国女性的人，使得肌肤护理与化妆技术为全美乃至全球妇女所接

受，此外，种种独创与领先的思维更使伊丽莎白·雅顿成为美容界的翘楚。早在1932年，雅顿夫人就推出了第一个系列的各色口红，从而在化妆品领域中崭露头角；1933年上市的经典产品“八小时润泽霜”迄今仍深受广大消费者的青睐，成为名模、专业摄影师与造型师的最爱；1990年划时代的“新生代时空胶囊”以先进的科学研究为基础，突破抗老护肤的瓶颈；1998年雅顿将精纯的维生素C成分包裹在胶囊中，创造了另一波美白消费者的追捧热；2002年的独有的卷撕式“葡萄子面膜”将面膜保养推向更深层的领域；2006年的逆时橘灿精纯凝露带来革命性肌肤保养新技术，

beth Arden

堪称近 50 年来美容护肤史的一大突破……从率先研发胭脂、彩粉到研发旅行套装，从率先引进“居家 SPA 美容盒”到提出化妆品应与服装而非头发颜色相配的时尚理念，雅顿这一品牌始终走在美容界的最前沿，不断地给爱美的女性带来新产品与新理念。

1966 年，雅顿夫人逝世，身后留下了一个年销售额高达 6000 万美元的化妆品帝国。尽管雅顿夫人生前曾留下遗嘱，清楚地表明伊丽莎白·雅顿公司不可以被分割出售，然而由于经营不善，公司最后还是被迫出售出去，1989 年归属于联合利华集团。

虽然已经易主，但是伊丽莎白·雅顿没有就此将辉煌埋没。近年来，在联合利华旗下的伊丽莎白·雅顿公司一直致力于扩大包括护肤保养品、彩妆、香水在内的多元化产品线，这些产品不仅拥有优雅、时尚的包装，更代表世界上最美好的事物——传统兼容科技，优雅兼容创新，为全球消费者带来“绽放美丽”的新理念。

▼为纪念雅顿夫人，1989 年伊丽莎白·雅顿公司推出了著名的“红门”香水，其设计灵感就来自雅顿夫人开创的红门沙龙。这款香水含有依兰、兰花、百合等数种高贵的花香，其瓶体如同一扇红色拱形门。这款香水是伊丽莎白·雅顿最畅销的产品之一，适合聪慧、自信的成熟女性在比较正式的场合使用，使她们充满活力，并显现出其华贵性感的优雅气质。

创始人：萨尔瓦托勒·菲拉格慕
创始时间：1928 年　创始地：意大利·佛罗伦萨

Salvatore Ferragamo

王孙贵族的仙履奇缘

作为全球举足轻重且最具知名度的高级奢华品牌，萨尔瓦托勒·菲拉格慕以“装饰男女，从头到脚”作为座右铭，为时尚界留下了无数美好回忆。

萨尔瓦托勒·菲拉格慕

公元 2009 年 6 月 5 日，美国政府在国会大厦升起一面美国国旗，以此向萨尔瓦托勒·菲拉格慕先生致敬。萨尔瓦托勒·菲拉格慕先生于 1898 年出生在意大利的伯尼托，2009 年正值其诞辰 111 周年。这面国旗存放于一个镶有特制徽章的金字塔形盒子中，随后连同与仪式相关的一系列证书授予了曼达·菲拉格慕夫人。

萨尔瓦托勒先生自幼家境贫寒，9 岁就到那不勒斯给当地鞋匠做打杂学徒，13 岁时已经能制作出非常精致的皮鞋了。1914 年，为了实现自己的理想，萨尔瓦托勒前往美国加州，开了一家鞋店。当时正值加州电影业飞速发展，萨尔瓦托勒·菲拉格慕开始设计和制作电影拍摄用鞋。渐渐地，他的创作能力和高超手艺被众多导演、明星所欣赏，萨尔瓦托勒的鞋越来越多地在电影中出现，包括电影史上的经典之作《十诫》。萨尔瓦托勒从此和电影结下了不解之缘，被誉为电影巨星的专用鞋匠，奥黛丽·赫本、索菲亚·罗兰、玛丽莲·梦露等都曾是他忠实的顾客。

1927 年，眼见意大利缺乏资深的鞋匠，萨尔瓦托勒决定返回故乡。1928 年第一家以萨尔瓦托勒·菲拉格慕命名的公司在佛罗伦萨成立，当时这家公司有 60 多名员工。萨尔瓦托勒可以说是第一位大量生产手工鞋的人，而且在工业不断机械化的年代，他在

业务扩充的同时仍不依赖机械。1937 年，萨尔瓦托勒凭借软木楔形鞋跟获得时尚界历史上的第一项专利。即使在第二次世界大战时期，物资匮乏也没有使他的设计创意减少。他利用编染椰叶纤维和赛璐玢两种材料制造鞋面，鞋底则是用木和水松制成高跟松糕鞋和凹陷型鞋跟，并绘画或刻上颜色鲜艳的几何图案，或镶嵌上金色玻璃的装饰物，深得女性的欢心。

萨尔瓦托勒先生虽然在意大利创造了一个鞋业王国，但是他生前一直与美国保持着紧密的联系，他手工制造的一双双华丽而又精美的鞋，不仅极具创意，而且品质精良，圆了诸多王公贵族、绅士淑女的时尚梦，结下了一段又一段的“仙履奇缘”，而他的奋斗史不仅在意大利备受推崇，还被美国社会及成功人士奉为榜样。

萨尔瓦托勒·菲拉格慕的产品给予世人的绝不仅仅是一种全新体验，我们永远无法预知，它们所汇集的能量会让使用者在顷刻之间便发生怎样超乎想象的华丽蜕变。

1960年，萨尔瓦托勒先生离开人世前留下遗愿，要将自己一手创立的品牌壮大成一家“装饰男女，从头到脚”的公司。其遗孀曼达·菲拉格慕女士立刻肩负起集团董事长的重任。从最初的独力支撑到后来与六位子女齐心协力，菲拉格慕夫人克服艰难险阻，继承并发扬先夫奠定的坚实基础和优良传统，不仅保持了萨尔瓦托勒·菲拉格慕在鞋业界的品牌高度，还将最初的鞋类制造企业扩展至男女时装、手袋、丝巾、领带、香水系列等，发展成一家全线品牌。

萨尔瓦托勒·菲拉格慕的女装与鞋履的完美搭配，可谓珠联璧合。针织衫、马球衫和开襟毛衫服帖地束紧身体；卡其色棉缎和带蓬松衬裙的网状刺绣及膝裙；黑白花朵图案的棉质背心裙，外配针织外套，树叶图案的点缀，给整个时尚界一股清新的春风。

萨尔瓦托勒·菲拉格慕的皮包如它的鞋子一样出色，一向以简洁、耐用的风格而闻名，其做工十分考究，从整体到每一个小细节都做得尽善尽美，与那些欧洲著名皮具品牌相比，无论在款式上或是做工上都不逊色，而且款式优雅高贵，极富时尚感，刚柔并济，成功建立起“高贵典雅的奢华精品”形象，因此深受那些追求十全十美的名流钟爱。

如今，香水产业中已经拥有了不计其数的品牌，香水的种类成百上千，然而与那些虽热卖但味道平庸的香水相比，萨尔瓦托勒·菲拉格慕的香水无形、无色、无属性，却比声音和景象更能拨动世人的心弦。早在1998年萨尔瓦托勒·菲拉格慕就推出了与品牌同名的女士香水，以牡丹、玫瑰、鸢尾兰及铃兰等为原料，其充满诱惑力的

▼2009年，萨尔瓦托勒·菲拉格慕全新推出“寻梦海洋（Incanto Bliss）”女香，其别出心裁的装饰与设计，由享有盛誉的设计师西尔雅·德·弗兰斯担纲，无不体现着自由与快乐的法兰西异国风情。

花香为女性增添了魅力。1999 年又推出了与品牌同名的男士香水，由经典的若兰草、西柚及无花果叶等交织成的香味清新自然，而一眼即可辨别出的与女香配对的瓶身更是引人注目。

在接连推出的两款香水都获得成功之后，萨尔瓦托勒·菲拉格慕意识到香水市场的巨大潜力，为了能使其生产的香水同样成为同行业的领导者，2001 年萨尔瓦托勒·菲拉格慕成立了专门负责生产和销售香水产品的分公司。此后，该公司生产的“水晶鞋（Incanto）”等女香以及“美梦成真（Incanto Pour Homme Essential）”等男香都十分受欢迎，款款经典，其漂亮的外观、迷人的色彩、经典的韵味都让拥有的人觉得物有所值。

创造力、激情和韧性是菲拉格慕家族恒久不变的价值观，并代代相传。如今，提到世界知名奢侈品牌，萨尔瓦托勒·菲拉格慕将是无法忽略的名字，它从头到脚地装点着时尚人士，以独特的魅力不断扩大着自己的疆域。

▲在菲拉格慕公司，工艺意味着技术和精准。仅一双鞋的手工镶边工序就要花费数个小时。这一制鞋过程中的关键工序在于对内外材质的选择。内外材质都必须是至高品质的天然材质，并且通过加工提高可塑性，以便在第一次穿入时就贴合脚形塑造鞋形。正如萨尔瓦托勒·菲拉格慕在 1957 年所言，正是这些方法，才使得愉悦、优雅地行走成为可能。

创始人：戴·克劳塞
创始时间：1718 年　创始地：法国·波尔多

GRAND VIN
DE
CHATEAU LATOUR

上帝赐予人类的礼物

若说拉菲堡酒是男高音，那么拉图堡酒就是男低音；若说拉菲堡酒是一首抒情诗，那么拉图堡酒则是一篇史诗；若说拉菲堡酒是一曲委婉的轮转舞，那么拉图堡酒必是人声鼎沸的游行。

拉图堡

在法国，拉图堡是一个早在 14 世纪的文献中就已被提及的古老庄园，但直到 16 世纪才被开垦成为葡萄园。1670 年，这座古老的庄园被法国路易十四的私人秘书戴·夏凡尼买下，之后庄园的所有权一直在法国贵族之间转手。1677 年，拉图堡归为戴·克劳塞所有。到了 1695 年，戴·克劳塞的女儿玛丽·特丽丝·克劳塞嫁给尼古拉·亚历山大·西格尔侯爵时，拉图堡成为其陪嫁，当时西格尔家族是波尔多地区的名门望族，拥有拉菲庄园等几家著名的酒庄，尼古拉·亚历山大·西格尔更拥有“葡萄酒王子”的美称。

拉图堡在西格尔家族手中被掌管了将近 300 年，之后随着西格尔家族的衰落和法国大革命，拉图堡又数次易主。1841 年，伯蒙家族成为拥有拉图堡的大股东，由于当时拉图堡的股东多达 60 多位，为了使其不至于再次因为继承问题而导致股份的瓜分，伯蒙家族依法成为其法人。到了 1963 年，伯

在法国，只有最好的葡萄园所产出的葡萄才能酿造最好的葡萄酒。拉图堡最大的葡萄园中均为 12 年以上的葡萄树，其生长出来的葡萄才有资格酿造出正牌酒——“雄伟的拉图堡”。在酿造过程中，酿酒师们要定期对酒的品质进行鉴定，如果发现一些发酵桶内的酒质达不到正牌酒的要求就会将其淘汰。在如此精挑细选下，拉图堡平均每年正牌酒的产量只有 55%，遇到不好的年份甚至更低。

GRAND VIN
DE
CHATEAU LATOUR
2004

蒙家族不再愿意将拉图堡每年的利润分配给诸多股东，于是将庄园79%的股份出让给英国的波森与哈威两大集团，后来又追加到93%。这一消息传出后，震惊了整个法国，都视其同叛国行为无异。1989年，里昂联合集团出资近2亿美元把在波森与哈威集团手中的股份购回，按照当时葡萄园面积折算，每公顷的单价就值1400万法郎，也就是每株葡萄1800法郎，被誉为当时全球最昂贵的酒庄！

拉图堡的酒分为三个等级，一等酒即其正牌酒，名为“雄伟的拉图堡（Grand Vin de Chatour Latour）”，二等酒为“拉图之堡垒（Les Fortsde Latour）”，三等酒则以“波伊雅克（Pauillac）”命名，这三等酒被酒业界称为“三杰”。

1993年，法国春天百货公司的老板弗朗索瓦·皮诺尔以8600万英镑购下拉图堡的主控权，拉图堡才重回法国人的怀抱。拉图堡的佳酿，其实早在18世纪就已经被英国王室和贵族们所接受和欣赏，1855年被评为第一等级的庄园后更强化了拉图堡在葡萄酒界的地位。1964年是拉图堡最重要的改革之年，其率先在当地多家顶级酒庄中采用恒温不锈钢发酵罐代替老的木质发酵桶，这也让拉图堡逐渐摆脱了由于战争所带来的巨大影响，酒堡的生意也进入新的黄金时代。此后，拉图堡随着不断易主，很多设施也不断进行改造，从而成为名副其实的法国五大顶级名庄之一。

虽然拉图堡酒长期高质高价，但是很多购买拉图堡的酒的人并不是因为其享有盛名，他们更注重的是去体验极品葡萄酒的感受。毕竟这一经历了数百年沧桑的葡萄酒制造者，仅凭历史就可以让人心动，更何况拉图堡酒有着一贯的坚实硬骨，如铁一般固执的单宁，正如著名酒评家林裕森所形容的，它就像是一只壮硕的兽——除了时间，没有人可以驯服它。

GRAND
DE
CHATEAU
PREMIER GRAN
PAUIL
D VIN
E
LATOU

创始人：卢卡·巴萨尼
创始时间：1993 年　创始地：摩纳哥

Wally
贵族们的海上行宫

有人说，游艇是划分 1000 万和 1 亿身家的一个标准。事实上豪华游艇代表着一种生活态度，懂得欣赏的人才知道每一条游艇都是一件艺术品，才能体味出沃里那充满拉丁味的浪漫华美……

沃里

早在 1999 年，著名的《全景》周刊归纳了当时意大利有钱人的嗜好：沃里牌游艇、1 克拉大小的黄色钻石、哈雷摩托车、罗洛皮雅纳牌小羊驼毛披风、镶嵌水晶的古驰牌泳装。作为有钱人的嗜好之一的沃里是全球领先的高级大型复合材料游艇生产商，也是豪华游艇品牌中的典型代表，是意大利的卢卡·巴萨尼于 1993 年创立的。

以家用游艇为主打的沃里的诞生，颠覆了传统造艇观念，就是在追求速度、刺激的同时还要让游艇有家一般的舒适温暖，使游艇真正成为"蓝血"贵族们的海上行宫。从第一艘游艇开始，沃里已经成功推出了很多系列的奢华游艇。2001 年，沃里进军电动游艇市场，其引用独创的理念，融入尖端技术和创新的设计，开发出舒适、快速、易用的"动力"系列产品。该系列游艇成功地将工程技术与浓烈的风格设计融合，在确保安全和舒适的同时以高速航行，而且能够长期经受海上的风浪。

2005 年，沃里生产的"动力 118"在摩纳哥游艇展上首次亮相，由于它前卫的外形和大胆的设计而成为人们眼中的焦点。"动力 118"体长 36 米，船头呈 V 字形，具有灰绿色金属外壳。在室外环境下，船身随着光线和角度的不同会折射出不同的颜色和光泽，时而银灰，时而古铜，时而漆黑，有时候又会闪现出纯白的色泽，在碧蓝的海面上，如一把横空出世的利剑，锋行天下。

除了神秘的外形，“动力 118”的速度也不容小视，船舱里的三台喷水发动机提供的动力可以让“动力 118”从容不迫地以 60 节的极速巡航，而此时乘客的感觉就像在平地的豪华轿车里一样，游艇已经把海浪的颠簸减到最低。

除了豪华游艇，沃里还开发生产帆船和机动游艇，并且可以根据尺寸和滑板定制生产。每种沃里产品的设计均采用实际应用的开发方法所得，旨在使设计与创新技术浑然天成，生产出性能优越、安全可靠、易于操控且外观迷人的产品。因此沃里推出的产品不但在设计上极为奢华，而且相当科学和舒适，给拥有者既带来一种视觉感受，又带来一种全新的时尚生活方式。

沃里公司曾经卖出一艘名为“乌托邦”的游艇，其全长 71.6 米，拥有贵宾室、书房、健身房、休闲室等，其甲板能够起降直升机。当然，如此顶级的产品与服务，其价格也相当“顶级”：“乌托邦”价值人民币 7.5 亿元人民币，其每年的维护费用则在人民币 300 万元人民币左右。

最先进的技术、最豪华的配置使沃里成为海上行宫，船上的游客拥有国王般的权力，每一分钟都享受着皇室般的尊崇。因此，沃里游艇被誉为逃避世俗喧嚣的终极旅行平台，破风斩浪，那速度带来的刺激、自由驾驭的快感，也许只有亲临你才能体会。

创始人：乔凡尼·沛纳海
创始时间：1860 年 创始地：意大利·佛罗伦萨

PANERAI

不为时尚而改变的军表风范

意大利让世界着迷的东西有很多，专为意大利海军制作潜水仪器的沛纳海就是其中之一。虽然意大利海军在二次世界大战中表现平平，但是沛纳海却以其强悍的性格征服了世界。

沛纳海

如果说现代腕表品牌中也有流行、时尚，也有十足的发烧友的话，那应该就是沛纳海了；如果说现代腕表品牌中还有遗留下来的更具有军表风范和真正的实用主义至上的话，那应该就是沛纳海了；如果说现代腕表品牌中还有真正适合男人佩戴，也能够真正戴出男人味道和阳刚之气，但又不会过于夸张还懂得内敛的话，那应该还是沛纳海。

1860 年，乔凡尼·沛纳海在佛罗伦萨开设了一家钟表工坊，以制作精密机械闻名于世。自沛纳海建厂以来，其制造的产品几乎全部都涉及海军的绝密任务，因此其产品不仅是当时最先进的产品，而且由于专门的军事用途，沛纳海对空间和时间的测量，对品质和安全的要求都比一般标准要高出一筹。沛纳海最拿手的就是制造水中使用的测量仪器，例如罗盘、水压计、水下声纳等。1938 年，沛纳海公司正式为意大利海军制作了第一款手表——“雷多米尔”，它的夜光表盘可在黑暗的水下清楚地显示时间，此后成为意大利海军的永久专用产品，海军的突击队员人人都佩戴着一只沛纳海腕表。因此，在钟表行业里沛纳海的历史是独一无二的，既隐秘又惊心动魄，因为拥有沛纳海的人，并不是那些皇室贵族，而是出生入死的英雄。

由于沛纳海腕表一直为意大利海军所独家享有，一般消费者难以目睹其风采。直到

LUMINOR
GMT
28
PANERAI
Automatic
SWISS

1993 年沛纳海从意大利海军专用的“秘密手表”转为民用，其硕大的表壳和粗犷的风格立即风靡全球。1997 年，沛纳海被瑞士历峰集团纳入旗下。这一全球著名奢侈品巨头接管沛纳海的腕表生产后，大力推动其全球销售，先后推出沛纳海机械式自动上链专业潜水表、双时区腕表和可显示机芯剩余能量的动力储存表，军事背景造就了超大表盘，极简设计迎和了当今运动时尚的风潮，沛纳海逐渐成为深受世人喜爱的钟表品牌。

对于沛纳海来说，昙花一现的时尚潮流只不过是小小的插曲，能够维持自己的独特性，坚持自己的风格才是这个品牌最重要的精神所在。

白金材质、镶钻、珍珠腕带等固然是一款腕表的名贵之处，但绝非百分百的价值所在。设想你身处极度恶劣的生存环境，这些白金、钻石、珍珠又会有什么实际用途？在沛纳海的设计者看来，钟表很大意义上代表了一个人的时间哲学和生活观，简单是这个意大利品牌所要倡导的生活哲学，让人类的冒险精神得到高科技的安全保证是它始终坚守的原则。

沛纳海始终认为在简单里有美的存在，有真正的内容。虽然在腕表的内部可以有很复杂的零件，但对使用者来说，一定要让他们感到简单、容易、直接，沛纳海表就体现了这一观念。比如它的专利表冠护桥，这种护桥的一个功能是防水，另一个功能是固定指针，不会被异物带动读数，造成计时错误。这很重要，潜水员的手表是和自己的生命紧密联系的。至于设计成大的表盘和数字，也是因为这样才能戴到潜水衣的外面以方便在水下读表。

意大利的设计风格和瑞士的专业技术，使得每一款沛纳海表都拥有鲜明的品牌风格和优异的质量，它硕大的表盘、简洁干练的表面、标志性的表冠护桥，看起来就给人踏实放心的安全感。跟一些很时尚的表款比起来，你可能觉得它简单得过了头。但是，这一切都不是为设计而设计，而是最初从功能出发诞生的设计，从成为意大利海军军表供应商开始，一直到现在，沛纳海对性能

▼PAM00331 陀飞轮两地时间腕表是沛纳海于 2010 年推出的全新腕表，防水深度达 100 米，其采用沛纳海自制的 P.2005 精密机芯，表壳则沿袭 Luminor1950 表款 60 余年来所独有的磨砂钛金属表冠护桥，直径 47 毫米，位于 9 点钟的小表盘中，除秒针外，还有一个蓝色圆点指示器。该指示器与陀飞轮相连，因此其转速是小秒针的 2 倍，每 30 秒转一圈（即为此陀飞轮的转速），是腕表界最为复杂独特的运动表款之一。

的坚持以及大表盘的设计始终没有改变过。

沛纳海的品牌定位为运动、休闲领域中的高档腕表，曾推出了多款足以应对各种极限险境的超级腕表。在世界钟表史上，有这样一个故事：在巴黎的一个跳蚤市场上，有一个埃及人出售一只手表，引起了有关各界的注意。据传媒报道，那是他父亲十多年前在亚历山大的摊贩手里买来的，这只表曾经支援过意大利海军的 1941 年亚历山大港战役——它正是沛纳海的潜水表。在完成作战任务之后，这只外貌特殊的大表被逃兵遗弃，流落民间。如今又辗转到巴黎的跳蚤市场，经沛纳海公司的老工程师鉴定，这是相隔半个多世纪后唯一被人发现的亚历山大港战役军表。经历了一番沧桑，沛纳海的潜水表跟它的历史一样，迸发出耀眼的光芒！如今，沛纳海手表具有永恒价值的地位已为全球的收藏家所共识，这种共识不仅缘于其独特和纯正，也源自沛纳海沧桑的历史。

▲2005 年 9 月 22 日所举办的“唯一腕表（The Only Watch 2005）”拍卖会上，沛纳海一只铂金两地时间腕表（Radiomir GMT Platinum）以 76000 欧元成交，整整高出市价的 60%。这次拍卖进一步证明沛纳海腕表深受收藏家及鉴赏家的喜爱。

创始人：海瑞·温斯顿
创始时间：1932 年　创始地：美国·纽约

HARRY WINSTON

永世不变的名钻情结

在海瑞温斯顿用钻石铺就的“星光大道”上，无数高贵美丽的生命享受着君临天下般的荣耀。从皇室、贵族、政要到影视明星，每个人都对海瑞温斯顿的珠宝心生向往。

海瑞温斯顿

把钻石当做挚爱的钻石之王海瑞·温斯顿曾经说过：“如果可以的话，我希望能直接将钻石镶嵌在女人的肌肤上。”这句名言准确地表达出他那种常人难以理解的钻石情结。1890 年，海瑞·温斯顿的父亲雅各布·温斯顿和其他的欧洲移民一样，怀着对未来的美好梦想踏上了美洲这片全新的大陆。雅各布是一位手艺精湛的珠宝匠，他在曼哈顿地区开设了一间小型珠宝与腕表工坊。由于他的技术在周围的同类小店里数一数二，因此生意很快就红火了起来。受父亲的影响，海瑞·温斯顿从小就对珠宝怀有一份特别的感觉，在耳濡目染之下，掌握了制作和销售珠宝的技巧。

第一次世界大战后，许多贵族纷纷将手中的珠宝或收藏或低价出卖。继承了父亲的珠宝生意的海瑞·温斯顿把握住了这个机会，大量收购，并将这些珍贵珠宝重新切割、镶嵌，设计出更符合当时审美的新款首饰。这些首饰推出后立即得到众多时尚女性的喜爱。1932 年，积累了一定的资金的海瑞·温斯顿以自己的名字为名，成立了一家新的珠宝公司。

海瑞·温斯顿先生拥有的精准珠宝鉴赏能力，一直为人所津津乐道，而他灵活的生意头脑更是奠定海瑞温斯顿这一品牌尊贵地位的关键因素。他社交能力极强，在交际圈中左右逢源，结交甚广，各国的皇室贵族、

HARRY WINSTON

商业巨子、政坛领袖中，都有他认识的朋友。1943 年，海瑞温斯顿在奥斯卡颁奖典礼，为当年最佳女演员詹尼佛·琼斯提供配饰，从此与影视界结下了不解之缘，并被人们称为“明星的珠宝商”。

海瑞温斯顿这个超级名牌的荣耀，很大部分是其创始者海瑞·温斯顿先生收集、精研高级珠宝所赢得的。他曾经切割过很多历史上巨大的知名钻石，而且总能让钻石转手增加数倍的价值，比如他 1972 年买下的塞拉利昂之星（Star of Sierra Leone），其重量将近 970 克拉，是历史上重量最大的原石。一年之后，海瑞·温斯顿先生将其切割成 17 颗宝石。当时原钻的切割场景在全球进行了电视转播，可谓盛况空前。为纪念这一钻石史上的重大事件，非洲某国还发行了一套纪念邮票，这也让海瑞·温斯顿先生成为唯一登上过邮票的珠宝商人。

▲如果你想要带一款华丽醒目的戒指，如果你想要与众不同的心情，海瑞温斯顿的蝴蝶系列浓橙石榴石戒指会是你所要的。有人说，拥有一只海瑞温斯顿的戒指，就意味着与传奇为伍，而海瑞温斯顿用浓橙石榴石打造出华丽醒目的戒指，让人有如沐阳光的缤纷心情。其透过光折射显现出其独特的光芒，适合配戴于各种场合与活动；其颜色、光芒、硬度和稀有度展现出它独特的美丽，它能强烈展现出个人的独特风格，让人一见倾心。

由于身价无法估计，海瑞·温斯顿先被保险公司要求绝不能被镜头拍到清楚的长相，他的真实面目也必须于过世之后才能公之于世。1978 年，海瑞·温斯顿先在纽约逝世，其长子罗纳德·温斯顿成为了公司新任掌门人。与父亲一样，罗纳德有着天生优秀的商业头脑，不仅延续了公司的辉煌传统，还在原有的基础上进行了创新，让这个百年的老品牌焕发出全新的活力。不过他在继承公司之后也必须同样遵守保险公司的规定，从来不会正对镜头拍照。而这无疑也为海瑞温斯顿这一品牌增加了几分神秘色彩。

在星光璀璨的珠宝界，海瑞温斯顿有着至高无上的荣誉——钻石之王。迄今为止，这个品牌已经铸就了百余年的辉煌历史，并在珠宝界中书写了众多传颂至今的浪漫佳话。

美国一家调查公司关于“珠宝品牌地位指数”的研究报告指出，作为“最顶尖的钻石品牌”，海瑞温斯顿由于其巨大的声誉和地位，被奢侈品消费者命名为“顶级奢华品牌”。在该研究中接受调查的 500 多名消费者的平均资本净值为 1510 万美元，他们根据产品品质、独特性和排他性、社会地位和优越的客户服务这几项

标准，从预定的20个珠宝品牌中选择出最奢华的10个，海瑞温斯顿在该调查中力压蒂芙尼、伯爵、卡地亚等知名珠宝品牌，排名首位。

海瑞温斯顿珠宝的名声主要还是来自于出类拔萃的优异品质。首先，海瑞·温斯顿向来只挑选最出色的宝石原料；其次，海瑞温斯顿品牌的手工艺可谓无可挑剔。有时设计师宁愿牺牲钻石重量而为每颗原石找寻最适合的切割形状，尊重每一块原石的本型，最终让钻石闪耀出最完美的光芒。同时，独特的镶嵌手法也是其享誉国际的重要原因，最为著名的立体镶嵌法不仅保持了宝石原有的色泽，更将钻石最自然、纯粹的那一面呈现出来。

有人说，世界上的钻石腕表多如过江之鲫，一只堪称匠心之作的华美高级腕表却少之又少。为了破除这个魔咒，1990年，海瑞温斯顿又开始进军钟表界，挑战高度专业的复杂性能表，以展现其专业制表的实力。在打造顶级美钻的领域，海瑞温斯顿动辄花费一年以上的时间，为待镶嵌的项链寻找最合适的钻石，同样，在制作每一只腕表时，该品牌也从不吝惜花费大把的时间，而且坚持只用K金和纯白金打造表壳，不仅限量发售，而且还会为顾客免费提供世界知名保险公司整一年的遗失、盗窃保险费。

正因为坚持重质不重量的原则，海瑞温斯顿的腕表才能永远胸有成竹的捍卫“既是顶级珠宝，也是顶级机械腕表”的崇高地位。正因为有了将近一个世纪的品质保障，海瑞温斯顿才能让富豪名媛毫不犹豫地掏出上百万美元购买其珠宝，也能轻松说服新贵们为其新款手表放弃置办豪宅的计划。

创始人：特雷·马特
创始时间：1992 年　创始地：美国·纽约

HUMMER

道路的尽头是悍马的起点

狂野？不见得；豪放。也未必。随着在城市中的悍马越来越多，这个车型代表的已经不再是它所标榜的“全能”，更多的时候，它只表达了车和车主的一种生存方式：嚣张。

悍马

20 世纪 70 年代末期，美国陆军决定研制一种通用型的四轮驱动轻型卡车，主要目的是取代当时比较落后的多型号军用车，将多种型号的车辆统一成单一型号的车辆，以求降低采购成本、简化备件供应和维修，并于 1981 年向美国各大车厂招标。当时军方所要求的军用车需要符合高机动性、多用途、有轮（非履带式）等要求，简称 HMMWV。当时有三家公司向军方投标，并提供了 HMMWV 的设计蓝图。经过 10 年的激烈角逐，美国汽车综合公司（AMG）凭借长期生产军用车辆的经验优势中标，只花了 11 个月的时间就制造出样车。

AMG 公司的创始人特雷·马特是一位自行车制造商，1903 年成立了越野汽车部。1908 年，约翰·威利购买了这个越野汽车部，并于 1912 年成立威利斯-越野汽车公司。之后，这家汽车公司又多次易主，1971 年归属于 AMG 汽车公司，1980 年 AMG 承接美国军方一宗军车设计任务，设计出悍威越野军用汽车。

众所周知，美国国防部对其所用机械一向有严格要求，经过长达 8 年的测试，在 20 世纪 80 年代末，正式授予悍威“M”字编号，纳入军方编制并分发给各部队。1983 年美国军方与 AMG 公司签订了首批供应 5.5 万辆悍威的合同。据说 AMG 向美军交付第一批悍威，并在巴拿马第一次投入战斗

时，一辆汽车经直升机空投后四轮朝天，一群士兵将它翻过来，开了就走。

战争赋予了悍威无上的荣誉，滚滚的炮火也磨砺出了它的铮铮铁骨。然而悍威是时势造英雄的产物，从来不是凡夫俗子的玩物，而真正面向普罗大众的则是悍马。1992 年，AMG 转入了瑞恩集团，同年推出了悍威的民用车“Hummer”，音译“悍马”，它一面世即获得一些男性驾驶者的喜爱。

悍威外观刚烈，凶悍十足，军队要求汽车在几乎满负荷的使用情况下，其使用寿命也长达 12 年。应具有前所未有的动力性能、操纵性能及耐久性能，能够适用于各种特殊的路面，能够行

IPF
IPF
IPF
IPF
HUMMER

HUMMER
RACING

▲悍马 H600 加长版的外观延续了上一代悍马 H2 的设计理念，内饰豪华，标配了 3 个液晶电视、多媒体影音系统、GSM 车载电话以及全自动恒温空调等多种豪华设备。各种高科技的应用，把悍马 H600 加长版的奢华“武装到了牙齿”，其 4256 毫米的轴距与高达 229 万元的售价，似乎能更加彰显其另类的奢华。

驶许多运动型车辆无法行驶的道路。此外，它还要有高尺寸的离地间隙，大角度的接近角和离去角，车体宽，重心低，V8 柴油机，全时四轮驱动，独立悬挂，动力转向等。还有中央轮胎充气系统，驾车者可以变化轮胎气压，装配泄气保用轮胎，轮胎泄气时仍可以 48 公里的时速行驶 30 公里，而悍马除在舒适性、内部装饰、动力性能与军用型悍威有所改变外，车型外表仍保持一致。

“Hummer”的英文原意是蜂鸟，一种世界上个头最小的鸟，悍马这个拥有着威猛外形却起了个至柔名字的战车，带着掩饰不住的阳刚与美丽，成为很多铮铮硬汉的“梦中情人”。美国影视巨星施瓦辛格一人就买了两辆，美国篮球与拳击界明星都有人买进悍马，使悍马声名大振。

轧上半米多高的大石，涉过 80 厘米深的水，爬上 60 度的斜坡，穿越近一米深的积雪……这是悍马才能做到的事情，去别的车去不了的地方，做别的车做不了的事情。

驾驶悍马越野会使你明白一个汽车传奇是怎样诞生的。这是一种没有同类的车型，它超越了类别的限制，或者说它自成一类。

大多数成功的四驱越野车都是50%的机器性能加50%的驾驶员能力，而悍马的机器性能占90%。近半米的离地间隙，大得惊人的接近角和离去角，中央轮胎充气系统，这些无一不是一般四驱车梦寐以求的。悍马的铝合金车身经过热处理，组装时挡板先被黏合在一起，然后再用铆钉固定，由此产生的就是所向无敌的越野之王。

1992年，民用版的悍马H1投放市场，但毕竟购买这种车型的买家还是少数，H1并没有给AMG公司带来多少回报。2000年，通用从AMG公司手中收购了悍马品牌后，也充分意识到仅靠外形另类，毫无舒适性可言的H1很难获得更多的利润，于是在2002年推出了更适合日常使用的H2，其内部装饰豪华，设有真皮坐椅、中央信息显示系统、GPS卫星导航系统、DVD及音响系统、夜视行驶系统、移动电话座与手提电脑等，悍马H2上市以后迅速得到了市场的推崇，并捍卫了悍马在越野车领域的至尊地位。

悍马H2主要面对以下两类人群：独立的硬汉和成功人士。对这两种人来说，悍马都有吸引力。首先，其大胆的设计足以吸引人们的视线，谁看见悍马都会把它看成一部强大的越野车。悍马看起来、感觉上都传达了一种力量感、权力感和控制感。这些都是以上两类人群所追求的。具体地说，那些硬汉更愿意开着悍马去越野，去体验其各种功能的极限，而那些成功者则更愿意开着悍马在公

如果你不能容忍行驶在公路上还有人比你更嚣张，那么，你就买辆悍马吧！走在路上可以看见别人的车顶，这种藐视众生的强势姿态已经足够嚣张。悍马狂飙突进的风格带给男人无尽的英雄主义遐想，它是一种精神，每个人都可以做自己生命中真正的英雄！今天，悍马已经不再是远方战场上硝烟弥漫处或隐或现的传说，那渐行渐近的身影，清晰了不少悍马至爱者朝思暮想的梦想，炫耀着部分先行者的另类生活。

路上飞跑，以显示他们的大胆和成功。而悍马 H2 SUT 这款车最为大胆而坚固，具有令人向往的卡车式充沛动力。它可应对最苛刻用户的载人、载物要求，是通用汽车生产史上适应性最强的越野车，而“汽车”一词已经不足以诠释其内涵了。

专为年轻人设计的小型悍马 H3T 概念车最近亮相，骤然间引起了众多悍马车迷的注意。H3T 是一款单排皮卡车型，它虽是最小的悍马，长宽高仅为 4443×1893×1795 毫米，但它继承了悍马 H1 的反叛造型特征，也拥有美国军用车的基因。H3T 的两门两座式皮卡设计，是当今美国最为时尚的车用身造型。悍马 H3T 的外形就是皮卡，与 H1、H2 和 H2 SUT 这三个前辈都不同，它的顶篷可以电动打开，后窗也可以隐藏起来，从而形成一个完全开放的驾驶室。虽然你一眼就可看出 H3T 是悍马家族成员，但由于其车身尺寸要小些，线条也会柔顺些。

无论是悍马 H1、H2，还是 H3 等车款，在突显车主自我个性的同时，庞大的体型仍旧无法掩饰它是“吃油野兽”的事实。环保人士眼中最能代表污染原罪的汽车品牌，非霸气过人的悍马莫属。因此在 2010 年以前，所有悍马的车款都将变身成为可使用生质燃料的节能车款，对于那些提倡环保主义又喜欢悍马的消费者来说，这无疑是一个喜讯了。

游离于现代都市，悍马用一种“虎视”的姿态表现特殊的自己。没有人怀疑悍马身怀绝技，也没有人能说得清楚悍马究竟是否来对了地方。在高楼大厦间穿梭，在平坦的柏油路面上行走，拖着巨型发动机，悍马更多反映的是车主的一种征服欲，或者说一种内心深处对回归野性的渴求。

有悍马的那一天，心就野了。

KTM

创始人：安娜·苏
创始时间：1980 年　创始地：美国·纽约

ANNA SUI

游走于复古与奢华之间的精灵

如果说阿拉丁神灯是给那些上帝认为值得信赖、需要帮助的人的，哈里·波特的魔法是赐给勇敢而又有梦想的少年的，那么安娜苏就是献给世间那些美丽如精灵般的女孩儿的。

安娜苏

与众不同的眼光和独到的品位、前卫甚至叛逆的性格以及对美丽的梦想和执著，使拥有中国血统但成长于西方的安娜·苏成为时尚界的魔法师。身为第三代华裔移民，安娜·苏 1955 年生于底特律，小小年纪就已经将梦想设定在时装设计上。

1980 年，安娜·苏制作了 4 款服装，并展示在服装店里。不久，她从著名的梅西和布朗明黛尔百货公司获得了订单，安娜苏这个品牌开始建立声誉。不过，当时市场上充斥着香奈儿、卡尔文·克莱恩等一系列强大的主流品牌，安娜·苏所崇尚的服饰风格与当时的流行风尚格格不入。直到 20 世纪 90 年代，时装设计界遇到了重大变革，那就是无论在正式宴会还是在其他场合，人们不再从头到脚穿同一个设计师设计的服饰，安娜·苏知道展示自己设计的时机来到了。

1991 年，安娜·苏发布了她的第一场服装展示会，展示了她个人设计的服装，同时她还在《纽约时报》上将自己的风格描述为“现代摇滚和上流社会的混合物”。1992 年，安娜·苏在格林大街上开设了第一家旗舰店。仅仅两年以后，她就获得了纽约设计师协会颁发的佩里艾力斯奖，而她的小时装店也门庭若市，吸引了年轻时尚一族。

在西方的 T 台上，安娜·苏的面孔是一道东方的风景，她的父亲是广东人，母亲是上海人，这个身上流淌着百分之百华人血统

ANNA SUI
rock me!
Summer of Love

▲在2002年春天，安娜苏推出了旗下品牌第三款女性香水——“蝶恋”。这款香水的瓶身即是一只玻璃蝴蝶，仿佛在花间游戏。瓶中香水底部呈淡淡的橙橘色，渐渐向上反射出动人的粉桃红。这款香水的另一奇特之处是其金质的瓶盖如同蝴蝶冠冕般精致可爱。

的美国第三代华裔如今是时尚界最炙手可热的设计师之一，她的设计风格让你第一眼就能被抓住。她的色彩搭配总是出人意料，丰富却有着奇异的和谐。基本的款式轻巧、简洁，但是并不喜欢极简主义。她的作品注重细节，喜欢装饰。在每一季时装发布会之前，安娜·苏总是进行全面的市场调查，以便了解当前市场最关注的潮流。因此，她的设计总能保持一种激情和活力。

作为一名国际时尚界成名的设计师，安娜·苏的性格、天赋和才华帮助了她成为一名非凡的设计师。没有她，著名的T台便不够博大、不够丰富、不够公平。安娜·苏是一个非常有主见的设计师，她喜欢用自己的眼光来判定对时尚的取舍，时尚圈是她的梦工场，针线剪刀是她的魔术棒，她用天马行空时产生的奇思妙想创作出款款让人迷恋的时装，使“ANNA SUI”这几个字母成为仿佛被施以魔咒的流行密语。

安娜苏的魅力往往让人惊叹，这种品质也决定了只有那些超凡脱俗的精灵才可以真正拥有它，而选择了安娜苏，就是选择了让美梦成真。

在时装界占有一席之地之后，1996年，安娜苏在东京设立亚洲第一家精品店，并在日本掀起紫色旋风。精明的日本人从安娜苏的风格中看到了商机，伊势丹集团最终与安娜苏达成协议，授权艾伦比亚公司研制安娜苏品牌化妆品。1998年，安娜苏化妆品正式在日本诞生。为了让那些向往原创风格的女孩们找出专属于自己的香水，1999年安娜苏推出了一款用品牌命名的女士香水。这款又称为“魔镜”的香水的瓶身设计摆脱了传统的模式，像一面镜子般散发着神秘。凭借这一款香水，安娜苏在香水界成为独树一帜的经典品牌。

继1999年推出第一款香水后，安娜苏在2001年推出了“甜蜜梦境（Sui Dreams）”，这款又称“手提袋”的女香同样以独特造型给人留下了深刻印象，香水瓶被设计成拎包形状，从而铸就了这款梦幻香水的最引人注目之处。一直以来，安娜·苏擅长从多种艺术形态中寻找灵感，如2003年夏天推出的“洋娃娃（Dolly Girl）”，这款香水的复古的娃娃头瓶身引来无数艳羡的目光。2005年，在全球魔幻热潮的推动之下，安娜苏推出的“许愿精灵（Secret

ANNA
SUI
Secret Wish
ANNA SUI
安娜苏散发着甜美香味的“许愿精灵”香水是献
给每个对梦幻力量深信不疑的女孩的，经三面巧妙切
割的香水瓶具有湖水绿般的色彩，营造出奇幻森林的
氛围，而瓶盖上的可爱的水晶球顶端端坐的精灵，其
造型也十分可爱。一旦水晶瓶盖被打开，奇特的花果
香便会散发出来，令人回味无穷。

Wish)”女香以及 2007 年的“逐梦翎雀（Flight of Fancy)”、2008 年的“迷夜翎雀（Night of Fancy)”等香水使无数女性在芬芳中踏上精彩的梦幻之旅，无一不是经典的梦幻之作。

我没有发现有一种香水能充分表达出我的敏感，因此我决定开发出一种属于我自己的香水。我想要的香水能把我作品的精髓带到一个崭新的形式中——符合我的时尚感觉和生活方式的形式。

——安娜·苏

只要经过安娜苏的专柜，很少有女性不被其华丽而又神秘的色彩所吸引。紫色、黑色、西班牙红色，蔷薇、蝴蝶、娃娃，朋克、摇滚，华丽、古董……当提起安娜苏，每个人的脑海里都会涌现出一大堆词汇。根据这些词汇创造的安娜苏化妆品，受到了世界各地粉丝的疯狂追随。每次使用安娜苏的产品，就好像小女孩带着崇拜的心情，偷偷玩妈妈梳妆台上那些华丽化妆品的感觉。不管是奢华优雅的黑色雕花容器盒，小巧复古有各种蔷薇图腾的眼影盒，还是漆黑瓶身、顶端绽放娇艳黑色蔷薇的睫毛膏或口红盒，还是最经典的大四角方形蜜粉盒，精雕细琢的花纹让人想起妈妈时代的粉盒，这些都是安娜苏令人疯狂的地方。

▼一直以来，安娜苏推出的香水不仅味道迷人，其香水瓶设计也总是让人惊艳。2003 年夏天推出的“洋娃娃”香水的前味是清新的水果香味，接着是一股迷人的花香中味，最后以琥珀、麝香味结尾。这款香水的香水瓶是安娜苏著名的人体模型的复制品，其可爱的造型唤醒了每个女人心中童年时与心爱的洋娃娃嬉戏的美好记忆。

彩妆品大大拓展了安娜苏在亚洲的时尚版图，眼影、粉底、眼线笔、唇彩等都是安娜苏最著名的产品。从彩妆开始，安娜苏的产品线越来越完整，如今已经拥有服装、服饰配件、化妆品、香水、家居用品等系列产品，并在世界的许多地方设有专卖店，从而在全球女性中刮起了一股“SUI”风潮。对于一些人来说，安娜苏这一品牌也许会显得叛逆，显得另类，显得超脱和梦幻，然而对于那些渴望通过神奇魔力让自己变得更有魅力的女孩来说，安娜苏的每一款产品都会带给她们惊喜。

创始人：让·马爹利
创始时间：1715 年　创始地：法国

三百年干邑传奇

每一款马爹利干邑都凝聚了浑然天成的酿造与调配艺术，法国独特的艺术气质和“生命之水”创造出的干邑文化，完美融合在每一滴马爹利干邑之中。

马爹利

世界顶级白兰地均出自法国干邑，当地的土壤、气候、雨水等自然条件都十分适合葡萄的生长，因此这个地区所生产的白兰地自然成为酒中极品。作为历史最为悠久的干邑世家，马爹利的经典传承可以追溯到 1715 年，这一年，21 岁的让·马爹利先生离开了他的故乡泽西岛，来到干邑区，创立了马爹利优质干邑酒庄。

当时正值泽西岛向大不列颠走私白兰地最高峰的时期，而干邑区则正是出产白兰地的大中心区。凭借着旺盛的热情和敏锐的商业头脑，让·马爹利先生的公司迅速发展壮大，带有金雀商标的马爹利干邑也逐渐蜚声海外，得到拿破仑的总管家、奥地利王室、俄国沙皇以及英国国王等不同凡响的品鉴家们的交口赞誉，世界各地订单纷纷而至。

马爹利一直以“流动的艺术”为追求目标，从葡萄种植者到调酒师、蒸馏师，以及制桶工人等，都把他们深谙的精湛技艺世代相传，为了将这一佳酿培育成世界名牌，先后有八代马爹利人倾注了毕生心血。通过几个世纪的不断钻研与探索，对酿酒艺术的不懈追求，造就了马爹利芳香飘逸、回味深远的卓越口味。

MARTELL
COGNAC
J Martell
MARTELL
40%vol.
EXTRA OLD XO COGNAC
70cle
COGNAC
MARTELL,
DEPUIS 1715

▼法国每年收采的上百亿颗葡萄中，只有极小一部分才能用来制造干邑，其中60颗葡萄中又只有1颗才能用来酿造马爹利，而要制成一瓶“让·马爹利至尊”，则需要4000颗一模一样的葡萄。但这仅仅只是开始而已。马爹利的酿酒师们还要将这些极为珍贵的“生命之水”放入橡木桶中储存多年，因此如果你运气够好，有机会品尝“让·马爹利至尊”，不要忘记这不只是人们所能买到最好的干邑，更是代代相传，黄金般珍贵的遗产。

1988 年，马爹利公司被北美著名酒商施格兰收购，马爹利的第八代传人伯特里克·马爹利先生继续留任公司领导。2001 年，施格兰公司将马爹利转卖给法国保乐利加集团后，马爹利家庭举家搬到拿破仑的老家科西嘉岛，还与马爹利公司彻底断绝了关系。不过一个凝聚了近 300 年历史的世界顶级品牌，是不会就此销声匿迹的。保乐利加集团对马爹利颇为呵护，不但将其列为重点品牌加以精心培育，对其酿造工艺进行深入研究，还投入大量资金，在包装上下足功夫，使马爹利变得更加奢华尊贵。

对于让·马爹利来说，一款非凡的干邑就是一门非凡的艺术。马爹利干邑就是将生活凝聚为艺术的伟大的结晶。

干邑的世界与艺术密不可分，对于马爹利来说，将多达 150 种来自干邑区最出色的四大葡萄产区和来自马爹利橡木桶内的“生命之水”，调配出醇厚、丰富、口感平衡、品质卓越的马爹利干邑，就是将生活凝练为艺术的过程。秉承了创始人让·马爹利力求完美与富于创新的酿制哲学的“马爹利名士（Martell Noblige）”，从口感调配到外观设计均非凡出众。其独具现代风尚的瓶身设计，优雅细腻的温和芬芳，以及力度与顺滑并存的无瑕口感，特别适合具有高尚品味的年轻商务精英；积累八代珍贵酿酒经验，精选上佳葡萄，经悉心调酿而成的“马爹利 XO”，成为马爹利家族近 300 年酿酒艺术的结晶，XO 中之极品；马爹利每一种最好的“生命之水”都有半个世纪以上的历史，堪称滴滴珍贵，用这种“生命之水”精酿而成的“让·马爹利至尊”，诉说的是一段非凡荣耀的传奇，宛如一件凝固时空之美的稀世珍宝，是三百年干邑酿造技术的巅峰代表，适合具非凡意义的重大场合饮用。

“力臻完美”是让·马爹利先生的人生格言，也是马爹利的创业原则，时至今日，它依然融于每一款马爹利出产的干邑中。无论过去、现在、未来，马爹利干邑呈现给世人的永远是誉满全球的白兰地，这独一无二的“流动的艺术”。

自 1912 年在摩纳哥赫赫有名的巴黎大酒店推出至今，“马爹利蓝带（Martell Cordon Blue）”作为马爹利的旗舰产品，1936 年曾随同“玛丽皇后号”豪华游轮首航大西洋，1957 年出现在法国总统宴请英国女王伊丽莎白二世的酒宴上，1971 年日本天皇裕仁在结束访法行将离去前获赠的也是“马爹利蓝带”。在马爹利的所有干邑品类中这款酒独具一格，由爱德华·马爹利选用 30 年到 35 年的至醇干邑精心萃取而成，其中蕴涵着 250 种生命之水的精华。

创始人：雅克布斯·世派克　亨德里克-让·世派克
创始时间：1898 年　创始地：荷兰·阿姆斯特丹

艺术的极致与技术的巅峰

在制造者看来，一辆世爵就是一件独一无二的艺术杰作，而在购买者心目中，拥有一辆世爵跑车，也就拥有了一座快速移动的城堡，一架在陆地上飞行的战斗机。

世爵

如果你对荷兰的印象还仅仅停留在郁金香、木屐和风车上的话，那你就有点落伍了，因为除了这些，荷兰还出产世界上最昂贵的跑车，那就是世爵。1898 年，日益崛起的汽车工业令马车制造商雅克布斯·世派克和亨德里克-让·世派克兄弟两人决心跨入汽车制造行业。世派克兄弟可能从来没有想到会制造出全球顶级的跑车品牌，但凝结他们“务求细微之处彰显高贵”理念的“黄金典礼马车”在荷兰女王威廉敏娜的加冕仪式上的辉煌表现，令世爵品牌从此与王室和尊贵结缘。“黄金典礼马车”为世派克兄弟带来了无尽的荣誉，也使他们进入到职业生涯的转折点，投入到汽车制造业当中。为了更加适应国外市场，他们将 Spijker（世派克）中间的“ij”改为“y”，并将公司名称改为世爵（SPYKER）。1903 年，世爵树立了他们在汽车制造史上的里程碑，制造出了世界上第一辆六汽缸引擎及四轮驱动车。从 1904 年起，世爵开始扩张生产，在英国尤其大受欢迎并得到当地新闻媒体的热

烈追捧。英国当时著名的《汽车》杂志在1905年将世爵描述为“拥有底盘工艺和材料精良、发动和起步噪音低、行驶过程不起灰尘三项特性……”。1907年，悄然推出的世爵14/18HP旅行车在从北京到巴黎的著名拉力赛中荣获亚军，不仅创造了一段传奇，也令世爵公司的声誉达到新的高度。此次比赛使得中国民众见识了汽车，中文“汽车”一词由此产生并沿用至今。

▲世爵 C8 Aileron

概念车往往只能带给人们一时的兴奋，因为它们中的很大一部分不会变成市面上买得到的商品，即使投入量产也会变得非常中庸。不过，世爵 C8 Aileron 却是一个例外，量产版车型基本上原汁原味地保留了概念车的特征。这款车搭载了奥迪的 4.2 升 V8 发动机，同时提供六速手动和自动变速箱供顾客选择，其最高车速可达 300km/h，0 到百公里的加速时间约为 4.5 秒。

1914 年世爵与荷兰飞机制造股份公司合并，从那时起他们的标志正式确定为飞机螺旋桨和车轮的组合。不少汽车厂商早年都有过制造飞机或航空发动机的背景，但大多数公司现在只把这一历史融入车标或其他一些细节上，只有世爵还在车身造型上大胆地采用飞机的设计，其车身的侧面及顶部的进气口俨然就是飞机的翻版，车内仪表更是带有明显的飞机驾驶舱的烙印。

作为 20 世纪初汽车的先锋品牌，世爵在 20 世纪 20 年代享有的空前声望甚至超过劳斯莱斯。世爵不仅在众多耐力大奖赛中屡获殊荣，而且不断在技术领域创出新高，世界上第一辆六缸车、第一辆

四驱车等均出自世爵。如今的世爵仍旧延续其辉煌历史，并继续与尊贵、风尚结缘，旗下有世爵 C8 Spyder、世爵 C8 Laviolette、世爵 C8 Double12、世爵 C12 LaTurbie 这四个跑车系列，以及一款引领 SUV 全新技术的超级 SUV：世爵 D12 Peking-to-Paris。其中世爵 C8 Spyder、C8 Laviolette 等屡次获得工业设计大奖与展会大奖，充分证明了世爵是无可争议的世界顶级品牌的事实。

如果说，纯手工制作的传统标榜着世爵跑车的高贵身份，那么，与凡·高、伦勃朗的作品一起被荷兰授予“国家遗产”的荣誉则彰显了世爵的艺术价值。

对于今天的汽车业来讲，手工制作近乎一种梦。劳斯莱斯经营不善，迈巴赫改变制作工艺，只有世爵还在坚持这个梦。作为知名的极品豪华运动汽车制造商，世爵的汽车完全依据客户的需求量身定制，无论车主的要求怎样苛刻，它都会尽心尽力按顾客需求手工打造。

在这个高度现代化、自动化的时代，提起手工，也许有些人会认为那是落后的象征，然而在汽车领域，手工制造却恰恰是奢华的象征，体现了人性化的关怀与极致精良的质量。1898 年，世爵为

▼传承世爵的赛车传统，世爵在 2001 年推出 C8 Double12，这款车在 2001 年 9 月的法兰克福国际汽车展上首度亮相。两年后在 2003 年度首次参加最能体现汽车整车性能的勒芒 24 小时终极耐力大赛，就获得了同级别第 10 名和总排名第 30 名的优异成绩，成为首例公路版汽车参加国际顶级赛车并获奖的典范。最新的 C8 是一款绝对的皇家跑车，售价约 588 万元，人们已经不能简单地将它看做是驾驶的机器，而要当成一件艺术收藏品来看待。

荷兰女王献上的“黄金典礼马车”在当时用了 96 万个手工劳动小时。在当今这个充斥着流水作业的年代中，世爵依旧坚持手工造车。生产一辆普通的世爵，需要 725 个小时，如果客户有特殊要求，则需要 900 到 1000 个小时。要知道，生产一辆劳斯莱斯也只需要 250 到 400 个小时，法拉利才需要 125 个小时。由此看来，世爵跑车动辄千万元的价格也就不足为奇了。

世爵汽车不仅是单纯的艺术品，也是人们对一种尊贵生活方式的向往。在订购世爵汽车后，该车的底盘编号也就和车主对应起来了。车主还可以通过厂方提供的个人网页获得该车每个重要部件的信息。在制造的过程中，该车的制造单可以随时更新，所以车主能够及时跟踪自己所订购的汽车的制造过程和维护历史。通过工厂的个性化网页，车主还能 24 小时跟踪爱车组装的每一个步骤，获得绝对第一手的汽车资料，更可以根据个人喜好和品味即时更新配置。在当今的整个汽车工业中，唯有世爵可以提供如此个性化的服务。

◀2006年，世爵里程碑新产品——“世爵D12 Peking-to-Paris”超级多功能运动越野车（SSUV）在第76届日内瓦国际汽车展上正式向全球隆重发布，这标志着以前只专注于生产两座跑车的世爵汽车又增添了新的车系。该车型由当今最出色的工程师们手工倾心打造，拥有超乎想象的宽大舒适的内部空间以及世爵所一贯传承的贵族奢华的内部布置。更值得一提的是尽管是SSUV，世爵仍然按客户的要求量身限量定制其每一辆专属座驾，客户可以从数以百万计的搭配和配置方案中进行选择，继续享受的独一无二的至尊服务。

“飞行刀刃”是世爵与著名自行车制造商Koga联手为客户量身定做的自行车，由独特的最新的材料手工打造，钛制车架，铝制前叉，铝膜碳制的轮辐和挡泥板，华贵皮革包制的把手和车鞍以及特殊的变速系统使得“飞行刀刃”成为独一无二的自行车。车重仅12.8千克，车身结构与几何构架以及传动系统的非凡效果使得自行车的性能极致扩张。每款自行车都是为个性化制造并且分别编号，欧洲市场售价约为10500欧元。

世爵跑车尊贵豪华，世爵跑车的主人又拥有着怎样的身份与品位呢？据有关资料显示，目前，世爵的车主一般都拥有上亿美元的资产，在他们眼里，汽车已经远远不只是驾驶的机器，而是一件永恒的艺术收藏品。世爵迎合了他们的这种品位，提供了一个量身打造完全个性化艺术品的平台。当他们想拥有一辆超级跑车时，可能在其心中更多的是想拥有其他人所没有的独一无二，那么在他们可以作出的选择中，无疑世爵处于名单的首位。

创始人：蒙特·沃内
创始时间：1990 年　创始地：美国·戴滋堡

公路上的“航空母舰”

如果你觉得博思浩斯体态笨拙且体重超标，如果你不满意它巨大的“胃口”不断吞食你的金钱，如果你感到它有些怪癖让你无法适应，那不是说博思浩斯不够完美，只能说博思浩斯不适合你。

博思浩斯

蒙特·沃内是个狂热而且非常有天赋的摩托车爱好者，1990 年他制造出第一辆博思浩斯摩托车，其狂野的造型，桀骜不驯的风格，像汽车一样的排气声音，蛮牛一样的动力，吸引了无数好奇的眼睛，大家都在兴奋地谈论这是一款什么样的摩托车。由于备受青睐，1992 年蒙特·沃内在美国戴滋堡开设了一家新工厂。起初，工厂只提供成套的散件给狂热的爱好者，由他们自己组装和制造博思浩斯，1998 年开始制造和出售整车，并获得了摩托车迷们的喜爱，其订单源源不断。博思浩斯最经典的车型就是“霸王级别”的 ZZ4，这款车的净重达到 1100 磅，而这还不包括 11 加仑的汽油、3 加仑的机油、2.5 加仑的冷却液等，如果添上这些大概又会增加 100 磅的体重。因此，如果你平时缺乏锻炼，如果你手无缚鸡之力，最好还是不要去惹这款“巨无霸”，远远地站在旁边欣赏就可以了。

ZZ4 这款车最大的卖点就是震撼人心的总排气量为 5700CC 的液冷 V 型 8 缸发动机，拥有 355 马力的输出功率，405 牛米的最大扭矩，0–96 公里 / 小时加速只需 2秒，5 秒内便可从静止加速到 160 公里 / 小时，而且后劲十足。在这样规格的机器前面，本

田、川崎、凯旋，谁还敢嚣张？

除了超强的动力，博思浩斯还有许多与众不同之处：它的喷漆颜色丰满而且耐久，这是因为采用了独特的内置粉末式喷涂技术，这比传统的液体喷涂效果更好；整车到处银光闪闪，镀铬件随处可见，就连刹车油管的软管外面也是不锈钢；利用真空技术制造的仪表板非常有特色，安装在油箱顶部的成套仪表分别是水温表、机油压力表、电压表、带有转速表或时钟的大型速度表，整个布局干净利落，增加了博思浩斯特立独行的韵味。博思浩斯是独一无二的，要是你觉得车厂里的整车配置还不能完全表达你的个性，那么公司还提供许多选装件供你选择，比如风格迥异的座垫皮毯、行李箱、行李架、小型风挡，以及各种帽子、眼镜、夹克等配饰。如果车主非常想展示创造天赋，车厂甚至可以出售除了发动机以外的所有散件，供人发挥想象力组装一辆自己的博思浩斯，就像创始人蒙特·沃内当年所做的一样。

如果你已经拥有几辆摩托车并且对传统的驾驶方式感到厌倦，希望有辆又大又酷在任何时候都会引人注目的超重型机车，那就选择博思浩斯吧！如果你想成为众人瞩目的焦点，想做雷霆万钧的骑士，想进行别开生面的速度游戏，那就非博思浩斯不可！

创始人：波尔·乔恩·林德伯格
创始时间：1980 年　创始地：丹麦·奥尔胡斯

LINDBERG

眉宇之间，极简美学

轻巧、无螺丝、钛金属、超强柔韧性是林德伯格所一直追求的品质，只要它与你真正相匹配，你们就会融为一体，让你忘记它的存在，让舒适陪伴你的人生。

林德伯格

丹麦验光师波尔·乔恩·林德伯格先生在 1980 年制造了第一副以舒适、轻便和美观为创作特色的眼镜，林德伯格这个全球知名的眼镜品牌由此诞生。凡是戴过林德伯格的人，都会对它无重量的轻盈及人性化的工学设计深深着迷，极难再适应其他的镜架。

和许多国际成功的知名品牌一样，林德伯格坚信唯有迎合人性需求才能拥抱未来市场。其于 1989 年推出的 Air Titanium 镜架是世界上第一款无框镜架，能够适应各种脸型，质量仅为 3 克。独特的设计，加上轻如无物的质感，Air Titanium 镜架使眼镜不再是负累，荣膺日本最高设计奖项——最佳设计大奖，同时入选慕尼黑世界设计大展和巴黎大宫殿展，1995 年还被选入纽约现代艺术博物馆展出，此外，它还被英国泰特美术馆纳入馆藏系列。

林德伯格善于以最少的材料、最简单的方法去呈现最全面的功能性，用最简约的结构创造出最佳的舒适度，因而频获多项国际设计大奖：从最挑剔美学的法国，到一丝不苟的工匠手艺德国 iF 大奖，以及强调现代化精致的日本 G-Mark 设计大奖。十多年来林德伯格征战全球，无往不利，其在眼镜领域中的权威早已获得了全世界的公认。

除了“舒适工学”的主轴思考，这几年林德伯格也渐渐将“时尚造型”的元素列为

辅助轴线，最受欢迎的 Air、Spi 以及 Strip 三个系列的设计概念便是在两个轴线间移动。这些眼镜大部分是手工制作，一副镜框可以配置多副镜片，能够在近视镜、太阳镜、平光镜之间转换自如。此外，还可以在镜框上刻上自己的名字，让它成为属于自己的珍藏。

没有夸张的品牌 Logo 印在眼镜架上，以简朴和谐为主的林德伯格却是很多人梦寐以求的顶级品牌。据说当比尔·盖茨遇到沃伦·巴菲特时，曾会心一笑，“我们戴的是同一品牌的眼镜。”说的正是林德伯格眼镜。极度舒适与艺术性兼具的设计特点为林德伯格赢得了许多名人的青睐，在其顾客名单中包括丹麦女王玛格丽特二世等皇室主顾以及鲁伯特·默多克等社会名流，而这一品牌之所以具有如此大的魅力，正是因为品位人士通常不会把绚丽的装饰品戴在脸上，而林德伯格的眼镜具有高贵而时尚的气质，无论搭配何种服饰或出席何种场合，都能展现出佩戴者最美的一面。

林德伯格所有产品中最引人注目的是贵金属系列。由 18K 黄金、白金手工打造而成的贵金属系列镜架，可缀饰钻石和其他宝石。林德伯格的金匠能够根据个别要求将各种贵金属进行特殊组合。而收藏林德伯格金架的镜盒由真皮与胡桃木制成，同样能够根据需要铭刻专署名字。

创始人：路易·尤利西斯·萧邦
创始时间：1860 年　创始地：瑞士·桑维里耶

Chopard 闪耀着艺术之光的腕表典范

萧邦，在音乐领域，这个名字代表着一位才华横溢的音乐家；在奢侈品领域，唯有亲眼目睹，才能了解萧邦荣登顶级珠宝表之称的地位，绝非仅仅是因为价格上的高不可攀。

萧邦

在1860 年，才华横溢的路易·尤利西斯·萧邦以自己的名字在瑞士的桑维里耶创立了 L.U.C. 制表公司（Louis Ulysse Chopard，中文简称为萧邦）。因家族长久以来以制造手表闻名，再加上萧邦本人巧思独具，使得公司迅速名声鹊起，其制造的有高度准确性的口袋型定时器非常著名，当时的瑞士铁路公司在委任萧邦担任供货商后，这家公司火车误点情形竟然大大降低，由此让世人见识到萧邦计时器的精准。

1920 年，萧邦制表公司将工厂从桑维里耶迁移至钟表业的中心日内瓦后，开始生产宝石腕表，并且在世界钟表业中表现非凡。尽管路易·尤利西斯·萧邦在制表业中取得了辉煌的成就，但他的后代们对钟表事业却并不感兴趣。20 世纪 60 年代，L.U.C.制表公司的负责人保罗·安德鲁·萧邦面临了他人生中最痛苦的抉择：他的儿子中没有一个愿意继续经营萧邦制表厂。1963 年，建立百年之久的 L.U.C.制表公司被卡尔·舍费尔收购，这一品牌才得以流传至今。

如今，萧邦仍然是以家族企业的形式存在。一个公司由一个家族掌控，从不做市场调研，生产什么样的产品全凭自己的意愿，这样的管理模式现在已很少见了，也许只有在奢侈品行业才会出现。而正是这种与众不同的经营管理模式，使萧邦得以保障品牌的自主性，其诸多标志性佳作，如“快乐钻石

Chopard
SWISS MADE

(Happy Diamonds)”、“黄金钻石(Golden Daimonds)”、“L.U.C.男士腕表以及“1000英里(Mille Miglia)”等系列，都成为珠宝腕表制造业中的翘楚。

“快乐钻石”在萧邦表中有着举足轻重的地位，实际上正是“快乐钻石”将传统工艺和创新设计演绎得如此融洽自然，从而使其成为萧邦表的著名标志。这款腕表别出心裁的设计不仅打开了珠宝手表设计的另一扇窗，改变了宝石仅能静态镶于表面的呈现方式，也让人们在赏玩珠宝表时多了几分趣味。这一大胆独特的创造取得了巨大成功，萧邦“快乐钻石”赢得了1976年德国巴登金玫瑰奖，这是世界上具有至高荣耀的一个腕表奖项。

萧邦表在世界表坛，就像音乐大师萧邦之于世界音乐史，同样名声显赫，它虽然没有绕梁三日的余音袅袅，却也能不断地带给人以艺术的感动和喜悦。

以“萧邦”为名，无形之中为萧邦表这一品牌注入了浓厚的艺术气质，现实中的萧邦在世界表坛，就像弗朗西斯克·萧邦之于世界音乐史，同样名声显赫，从热情洋溢的加勒比日光海滩，到樱花飘舞的日本温泉，再到法国的香榭丽舍大道，甚至埃及的金字塔脚下，你都会发现萧邦华贵而时尚的身影。在珠宝制造领域，萧邦高级珠宝堪称“流光溢彩，完美无瑕”，与其他高级品牌的珠宝有所不同的是，其高贵在于通过珠宝来强调一种纯净、浪漫、飘逸的女性特质，而不是强调那种富贵的美态，所以漂亮的女明星都愿意佩戴它来展现自己的美丽，而不是用一些炫目的珠宝来掩盖自己的天生丽质。在第76届奥斯卡颁奖典礼中，查理斯·塞隆成为最佳女主角，她身上的晚装绣满水晶与萧邦钻饰系列交相辉映；第77届奥斯卡最佳女主角得主希拉里·斯旺克站在颁奖台上时，她佩戴的是萧邦花形镶钻的发夹；荣获第78届奥斯卡最佳女配角奖的蕾切尔·薇兹，佩戴的萧邦华丽的钻石耳环，璀璨生辉；在第79届奥斯卡颁奖典礼上，第三次获得奥斯卡提名的海伦·米伦勇夺最佳女主角奖的桂冠，她佩戴的是萧邦高级珠宝系列中以白色和深棕色钻石设计的胸针；在第80届奥斯卡颁奖典礼上，凭借《玫瑰人生》成为最佳女主角的玛丽昂·歌迪亚佩戴了萧邦的梨形宝石项链，光芒四射。事实证明，自2004年起，奥斯卡金像奖所颁发的最佳女演员得奖者都佩戴着萧邦的珠宝钻饰出席活动，因此萧邦被誉为奥斯卡的幸运之星，见证着全球明星的荣耀和喜悦。

▲萧邦珠宝推出的Croisière 2009系列从深海的珊瑚礁外观中吸取灵感，依照珊瑚礁的线条设计首饰。心形是爱情的图腾，为天下有情人寄予真爱永恒不朽的祝福。萧邦以18K玫瑰金和白金镶嵌成品牌标志性的心形首饰，融合了海洋的甜蜜气息和灿烂阳光，既有愉悦的休闲感，也不失独特的高贵气质。于蜜月假期中以此馈赠挚爱，一定能让她留下难以忘怀的美丽回忆。

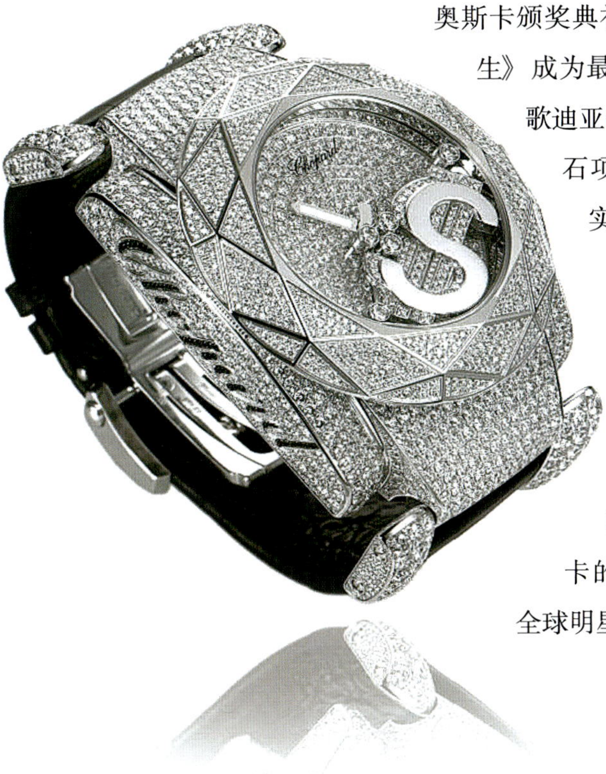

创始人：皮尔·德·莱斯托纳科
创始时间：1590 年　创始地：法国·波尔多

CHÂTEAU MARGAUX
GRAND VIN

回味悠长的玉露琼浆

1787 年，在美国第三任总统托马斯·杰斐逊评出的波尔多最好的葡萄酒庄园中，玛歌堡为首，此后的两个世纪中玛歌堡的葡萄酒一直是当之无愧的顶级陈酿。

玛歌堡

早在 1590 年，皮尔·德·莱斯托纳科在波尔多梅多克区建立了玛歌酒庄，这一该地区五大酒庄中比较恪守传统的酒庄由莱斯托纳科家族拥有了近百年之久，但由于女传子、子传女加上法国大革命期间财产曾被充公等复杂的关系，令其原有姓氏早不复存在。1802 年，马奎斯·德·拉·科洛尼亚侯爵买下玛歌酒庄，花了 14 年时间和精力设计建造了蔚为壮观的玛歌城堡。

1816 年，肃穆庄严的玛歌城堡建成后成为波尔多地区最宏伟的建筑之一，但是 20 年之后科洛尼亚家族却被迫将其出售，之后这座城堡连带其酿酒坊又经过多次的转让，直到 1934 年由波尔多大酒商皮埃尔·吉埃斯特收购，在他的精心管理下，玛歌堡出产的葡萄酒颇受好评。然而 20 世纪 70 年代初，由于吉埃斯特家族经营的葡萄酒贸易受到了波折，需要大量的资金周转，被迫于 1977 年将玛歌堡出售给希腊人安德烈·门采尔普洛斯。

安德烈·门采尔普洛斯原本在法国经营食品连锁，在接管了玛歌堡之后，他斥巨资大规模修缮了玛歌堡，在葡萄园里引入排水设施，建造新种植区，在酒窖里增加很多品种，用新的橡木桶窖藏葡萄酒，并建造当地第一个大型地下酒窖。当时很多人认为，这些改善的设施要等很长时间才能让这里的葡萄酒香飘万里，但 1978 年玛歌堡酿出的第

一瓶葡萄酒就让人见识了其伟大之处。1980 年，门采尔普洛斯去世后，他精明能干的女儿科琳娜继承了父业，在她的领导下，玛歌堡出产的葡萄酒开始走向世界，自此进入了辉煌时期。

如今，玛歌堡的葡萄酒产量大概为每年两万箱，其中 40%是正牌红葡萄酒“玛歌堡（Château Margaux）”，50%是副牌红酒“玛歌红亭（Pavillon Rouge du Château Margaux）”，10%是白葡萄酒“玛歌白亭（Pavillon Blanc du Château Margaux）”。

非凡的质量从来都不是偶然得来的，作为法国波尔多五大酒庄当中比较恪守传统的酒庄，玛歌堡迄今为止仍然保持着手工操作，在其他部分酒庄已经改为不锈钢的发酵罐时，它仍然坚持采用橡木发酵的酿造工艺。在玛歌堡中不仅窖藏着大量的顶级葡萄酒，还储存着早年毕加索、科克、达利和穆尔等艺术大师为玛歌绘制的酒标，而他们的报酬，便是玛歌堡的佳酿。据说，毕加索是一瓶玛歌堡酒换一张酒标；达利离开玛歌时，竟带走了整整 100 箱玛歌堡的葡萄酒。对于这一每年只产约 12500 箱葡萄酒的古老品牌来说，面对世界各地恒河沙数的忠实顾客，它根本无须去参加世界各地的酒类展销，因为其所生产的葡萄酒享誉全世界，在还没灌瓶之前就已经被全世界的酒商、收藏家们订购一空。

恩格斯曾经说过：“什么是幸福？幸福就是喝一杯 1848 年的玛歌堡酒。”红葡萄酒是玛歌堡的代表，其香味芬芳复杂，质地细致、浓郁，单宁丝滑有劲道，口味醇厚，细腻柔美，正如它的女庄主所说的那样：“如同带了天鹅绒手套的铁拳，柔中带刚……”

种植时间：1728 年
产地：牙买加·圣安德鲁

咖啡之王

牙买加蓝山咖啡的历史并没有太多的传奇色彩，但是它却创造了一个咖啡神话。如果喝上一杯上品蓝山，你就会理解当中世纪咖啡初抵意大利时，教皇克雷门八世啜下一口咖啡后，情不自禁地感叹“让咖啡成为上帝的饮料”时的心情。

牙买加蓝山咖啡

蓝山山脉绵亘于牙买加岛东部，最高峰蓝山峰海拔 2256 米，是著名的旅游胜地。蓝山山脉之所以美名流传于世，是因为多年以前抵达牙买加的英国士兵看到这座山峰笼罩着蓝色的光芒，便大呼：“看啊，蓝色的山！”这座山因而得名“蓝山”。

牙买加人种植咖啡有 200 多年的历史，1717 年法国国王路易十五下令在牙买加种植咖啡，1728 年，牙买加总督尼古拉斯·劳伊斯爵士从马提尼克岛进口了阿拉比卡的种子，开始在蓝山地区推广种植。美景润物，肥沃的火山土壤，清新的空气，湿润的气候，这所有的一切令当地出产的咖啡的口感与香味出类拔萃。不过，并非所有牙买加蓝山地区生产的咖啡都被冠以“蓝山咖啡”的标志，这里的咖啡有两个等级：“蓝山咖啡”和“高山咖啡”。蓝山咖啡占牙买加蓝山地区咖啡产量的 15%。事实上，只有在蓝山地区海拔 1800 米以上的 6000 公顷土地上培育出来的咖啡，才会被授权使用“牙买加蓝山咖啡”的标志。

由于制造蓝山咖啡的咖啡树全部长在崎岖的山坡上，因此采摘过程非常的困难，需要当地熟练的女工一粒一粒地采摘，而且采摘的时机也要恰到好处。采摘后的咖啡豆当天就要去壳，之后让其发酵 12 至 18 小时，此后对咖啡豆进行清洗和筛选，最后的工序是晾晒，必须在水泥地或厚毯子上进行，直至咖啡豆的湿度降至12%到14%。处理后的咖啡豆被放置在专门的仓垛里储存，需要时拿出来焙炒，然后磨成粉末。这些程序必须严格遵守，否则咖啡的质量将受到影响。

得天独厚的生长条件以及考究的加工制作过程，孕育出蓝山咖啡的独特风味，也使其跻身“极品咖啡”之列。所有外销的蓝山咖啡都必须经过牙买加咖啡工业局的审查，唯有通过专业品质管理人员“品尝测试”的咖啡，才能进入世界市场。如果有人把不符合蓝山咖啡标准的牙买加咖啡或者高山咖啡当做蓝山咖啡销售，一经发现，将被处以重罪。因为对品质的严格控制，近两个世纪以来牙买加蓝山咖啡一直是世界各地咖啡鉴赏家们最满意的上品，蓝山咖啡从质量来分，由上到下依次为：蓝山1号，蓝山2号，蓝山3号。最好的蓝山1号咖啡豆也称为珍珠豆，是从生长在海拔2100米高度的咖啡中精挑细选的小颗圆豆，是精品中的精品，其风味浓郁、均衡，富有水果味和酸味，能满足人们的各种需要。

高海拔产地使蓝山咖啡带着微微的酸味，极微程度的苦味短暂而不留存口中，入喉即转成微微甘甜的感觉，香醇的喉韵更让人意犹未尽。此外，将独特的酸味、苦味、甘味及醇味完美且均衡地调和在一起的蓝山咖啡的咖啡因含量很低，还不到其他咖啡的一半，极符合现代人的健康观念，因此喜爱蓝山咖啡的人称它是集所有好咖啡优点于一身的“咖啡之王”，全世界的咖啡爱好人士都为之深深着迷。

蓝山咖啡如美酒一样不可以喝太多，咖啡中独特的苦涩可以醉人，也让人清醒。醉倒时，人们往往会沉浸在回忆当中，慢慢品尝那一丝甜蜜；清醒时，会感觉得到从口中袭来的一股苦涩和幽酸，慢慢地沉淀在心里，又时而翻滚，飘出沉甸甸的香、浓郁的苦，让人回味无穷。

创始人：伊夫·圣罗兰　皮埃尔·贝奇
创始时间：1962 年　创始地：法国·巴黎

YVES SAINT LAURENT collection

凌驾于时尚之上

YSL，香水界最有名的 3 个字母，仿佛神奇的魔法棒，让所有拥有它的人瞬间华丽得不可方物。

圣罗兰

在法国时装界，嘉布莉埃·香奈儿、克里斯汀·迪奥和伊夫·圣罗兰并称为三大时装巨匠，如果说嘉布莉埃·香奈儿设计的时装中隐然有几丝贵妇气派，克里斯汀·迪奥在高雅中透着两分俏丽，而伊夫·圣罗兰则因爱好文化和现代艺术，所以其衣风有七分书卷气，三分色彩绚丽的离经叛道。伊夫·圣罗兰 1936 年出生在阿尔及利亚一个富裕的家庭，从小就对衣服感兴趣。1955 年，他被法国著名时装设计师克里斯汀·迪奥雇用，担任助理，开始展露其过人的设计创意。第二年，迪奥已有将近三分之一的时装皆是出自于伊夫·圣罗兰之手。

1957 年 10 月，克里斯汀·迪奥突然去世，因为当时迪奥公司担负了法国 50%的成衣出口量，他的去世给法国经济蒙上一层阴影，更重要的是法国人担心失去了迪奥，恐怕失去巴黎时装之都的桂冠。谁能继承迪奥公司？当时只有 21 岁的伊夫·圣罗兰被选定为接班人，一时成为媒体炒作的新闻。在次年 1 月 30 日举行的时装展览会上，他一反已成定规的紧身细腰风格，推出一种不规则四边形女装，令观众为之惊叹不已。当时的《纽约先驱论坛报》登载文章评论说，伊夫·圣罗兰获得了“时装史上最引人注目的成就”。

1962 年，伊夫·圣罗兰与朋友皮埃尔·贝奇一起开创了圣罗兰（Yves Saint Lau-

YVES SAINT LAURENT
rive gauche

▲圣罗兰于 1977 年推出的“鸦片”香水的瓶身外型就好似一只精致华丽的鼻烟壶，雕刻着罂粟花纹，充满神秘的诱惑力。此款香水采用由西洋杉和海狸身上提取的动物之香，并加入南国的新鲜水果和着有异国风情气息的香辛料融合配制而成，是东方调的经典之作。

rent，简称 YSL)，品牌成立之后的首场处女秀便引起了极大轰动，当他将自己设计的水手型短袖衣、梨型自然褶饰等 101 套服装公之于世后，赢得了时尚界的认可。

伊夫·圣罗兰是时装女神真正的“宠儿”，他似乎是为了时装而降生的天才，他在 1966 年推出的“左岸圣罗兰”将“中性化”概念引入时装界，女性们得以将优雅和舒适合而为一；他还首创衬衫式夹克，双排钮扣厚呢上装，1968 年大胆启用不戴胸罩的模特展示薄透时装，70 年代开创嬉皮服装潮流……1985 年 3 月 12 日，法国总统弗朗索瓦·密特朗在爱丽舍宫亲自授予伊夫·圣罗兰荣誉勋位团骑士级勋章，此后，伊夫·圣罗兰又夺走了数项设计大奖。

对于时尚界而言，伊夫·圣罗兰有如走在前端的先进改革分子，他能敏锐地察觉到时代的变迁，同时亦勇于挑战传统权威，他创造的圣罗兰这一品牌已经成为时尚界中的经典。

圣罗兰总是从传统与时尚中不断获取新生和灵感，从而在每个时刻都能呈现出与众不同的特色，它就像一件放在精致黄金饰盒中色彩夺目的珠宝，在全球市场上一直独领风骚。

在香水领域，伊夫·圣罗兰同样具有征服世间男女的神奇魔力，自1964年推出以其名字中第一个英文字母“Y”命名的女性香水后，从此与香水结缘。对于香水瓶的设计、香味的敏感、香料的选择，圣罗兰一直都是精益求精的，这一品牌旗下的不少作品已成经典，尤其是1977年推出的形象妖艳的“鸦片（Opium）”女性香水，以其辛辣、神秘的芬芳被公认为东方香型的代表品牌之一，曾风靡全球，成为永恒的传奇。此后，圣罗兰先后推出了“左岸”、“科诺诗”、“巴黎”、“爵士”、“恋恋深情、“梦幻巨星”等多款香水，在充满竞争的香水市场上独树一帜。

圣罗兰的香水魅力独具，其彩妆也不同寻常。自1964年推出第一个彩妆系列起，这一品牌始终传达着高雅、神秘以及热情的圣罗兰精神。圣罗兰的彩妆外观几乎都是光滑的金色金属，其中有两样被称为化妆品最经典的设计：明彩笔和蘑菇腮红。据说现在全球每20秒钟就能销售一支的奇妙圣罗兰明彩笔，它既不是凝胶，也不是粉末，而是透明、流动的乳液停留在粉、粉底或化好的妆容上。蘑菇腮红开始并不是圣罗兰的主打产品，而是某一年圣诞的限量版，一经发布却出人意料地赢得众多女性的欢迎。这是一个散粉妆的腮红盒，盒口有块圆形海绵，直接打开盒子就可以使用，由于用起来简单又自然，成为当时最受欢迎的化妆品。

2008年6月1日，伊夫·圣罗兰于巴黎逝世，享年71岁。这位时尚大师纵横流行舞台，呼风唤雨40年，创造了无数流行趋势。而无论时尚如何变幻，其亲手创立的圣罗兰始终是最知名的品牌之一，不仅在时装上的表现可圈可点，其版图也扩大至装饰品、香水、化妆保养品、腕表、眼镜等，虽然江山易主，但伊夫·圣·洛朗的精神将成为经典而长存，当人们讨论起华丽与优雅，第一个想到的名字仍旧是圣罗兰。

20世纪90年代开始，为适应发展，圣罗兰与古驰集团结盟，1999年汤姆·福特担任圣罗兰的设计总监。2000年8月，汤姆·福特在巴黎的洛丁博物馆举行首场时装发布会，圣罗兰开始以时尚先导者的形象出现。2002年1月7日，伊夫·圣罗兰在巴黎圣罗兰时装公司总部举行新闻发布会，当他在全世界媒体热切的眼神中，宣布告别近半个世纪的设计生涯时，全世界的名媛淑女都在哀叹上世纪的流行时尚被画上了句点。

创始人：莱昂内尔·马丁　罗伯特·班福德
创始时间：1913 年　创始地：英国·新港

ASTON MARTIN

英国绅士的战车

如果说速度可以用时间丈量，艺术可以用价值丈量，历史可以用未来丈量，那么阿斯顿·马丁则一直用速度契合艺术，用艺术融合历史，向人们展示了它在时间上的隽永、在艺术上的完美以及在未来的辉煌。

阿斯顿·马丁

买日本车，买的是工具；选择德国车，选的是机器；而拥有英国车，拥有的是艺术。这句话从一个侧面反映出英国汽车品牌已将机械制造艺术化的制造风格。作为英国汽车中的经典品牌，阿斯顿·马丁源起于 1913 年，这一年著名赛车手莱昂内尔·马丁和工程师罗伯特·班福德在英国新港市合作，开始制造高档赛车，公司当时的名称是马丁·班福德公司，1914 年他们生产出自己的第一辆汽车。马丁曾驾驶自己制

造的赛车在阿斯顿·克林顿山举行的山地汽车赛中获胜，为了纪念这次胜利，1923年马丁把公司和产品品牌都改名为阿斯顿·马丁。

胜利为阿斯顿·马丁公司带来荣誉却没能带来利润，公司业绩不佳被反复转卖。1947年，公司卖给了拖拉机制造商戴维·布朗，他成为阿斯顿·马丁公司历史上影响最大的人。他以字母DB（戴维·布朗的名和姓的前两个字母）为公司的汽车命名，这一命名方法持续至今。

在近100年的发展历史中，阿斯顿·马丁这家传奇车厂几乎从来没有赚过钱，而且被几经转手，不断靠大财团支持而生存，这主要是因为它从不生产大众化廉价汽车，而且产量不高。1987年，美国福特公司收购了阿斯顿·马丁75%的股份，1994年7月又收购了其余的股份，从此阿斯顿·马丁成为福特汽车的品牌之一。2007年，由于亏损而决定实施重组的福特汽车公司通过股权变卖的方式将旗下的阿斯顿·马丁公司出售给汽车投资联盟，这家企业由英国人大卫·理查兹和约翰·辛德尔领导。历经近20年的流转，这个传奇的汽车品牌终于重归英国人执掌，就此迈入新的里程。

阿斯顿·马丁汽车的标志为一只展翅飞翔的大鹏，从天而降，气势非凡，也寓意着公司大鹏般远大的志向。这一品牌从来不设

在英国汽车排行榜上，阿斯顿·马丁历来都紧随劳斯莱斯和宾利之后，即使是最便宜的阿斯顿·马丁DB7的售价也不低于13万美元，而装备V8发动机的V8 Vantage Sportshift Coupe以及V8 Vantage Sportshift Roadster售价约180万元人民币，装配了强劲的V12发动机的DBS则售价近370万元人民币。

计和生产那些跑得比人家慢的机器，旗下最著名车型 DBS、DB9、V8 优势（V8 Vantage）等均见证着其非同一般的实力。

和英国绅士那身剪裁得体的西服一样，阿斯顿·马丁带有明显的英式奢华痕迹，一丝一毫都透射出主人尊贵非凡的身份和英国人对于豪华的独到见解。

无可否认，作为英国一家典型的手工汽车小作坊，虽然早在1959 年阿斯顿·马丁就曾经在勒芒 24 小时赛上夺冠，但直到它让肖恩·康纳利扮演的詹姆斯·邦德在电影《金手指》中使用 DB5 作为 007 专用座驾，阿斯顿·马丁才走出欧洲，成为世界各国车迷心目中的超级轿车。阿斯顿·马丁的多款汽车都曾是 007 系列影片中邦德的座驾，为其出奇制胜立下了赫赫战功。阿斯顿·马丁和它最著名的车主詹姆斯·邦德身上共同拥有的低调的高贵，充分展现了20世纪 60 年代经典的英伦绅士风度，使它成为人们心目中的汽车

▲阿斯顿·马丁的新款 DBS 可以看做是跑车 DB9 和赛车 DBR9 的合体升级版本，是该品牌的第一款采用碳纤维制造车身车系，配置了 6.0 升 V12 发动机，最高时速可达到 302 公里。此外，该车还装备了可调节的悬挂系统以及更加灵敏的刹车系统，无论是在性能上还是外观上都堪称一流，更何况它还是万人迷詹姆斯·邦德的御用座驾。这款车 2008 年初首先在英国销售，售价约 13 万英镑。

DBS
DBS

经典，承载着英伦汽车的最后希望，以及对未来的憧憬。

2006 年 1 月 20 日，曾在 007 系列电影中出现的邦德专车——阿斯顿·马丁 DB5 现身美国亚利桑那州菲尼克斯的一家拍卖行。在被拍卖之前，这辆在银幕上陪伴邦德出生入死的跑车在田纳西州某汽车博物馆展出了 35 年之久。最终，在激烈的竞争中该车以 210 万美元的高价被一位姓名不详的欧洲买主买走，引起了全球车迷的惊叹。而在 2008 年 11 月上映的第 22 部 007 系列电影中，新款阿斯顿·马丁 DBS 成为邦德的御用座驾。

每次阿斯顿·马丁的推新之举都会引起车迷的广泛关注，其品牌一直是造型别致、精工细作、性能卓越的运动跑车的代名词，而最让人期待的是其最近展示的一款最新四门跑车“极速（Rapi-

de)”。这款车基于 DB9 车型开发，拥有 6.0 升 V12 引擎，并且在经过调节之后，功率上升到 480 马力，百公里加速时间不到 5 秒。你或者拥有保时捷 911S、宾利欧陆 GT 或者法拉利 575，但要是你无法长期忍受只能搭载一位乘客出游的话，那么“极速”会让你眼前一亮，它可以使用户既体验到四门轿车的便利，又能同时拥有顶级跑车的性能。

除“极速”外，2008 年阿斯顿·马丁公司还宣布要复兴“拉贡达（Lagon-da）”车型。“拉贡达”原是 1947 年阿斯顿·马丁公司收购的一家汽车制造厂的名字，但是直到 1961 年才作为品牌名第一次出现在一辆四门 GT 车上，而且该款车的产量非常有限，到 1964 年时这个品牌被终止生产。在 1976~1989 年间，阿斯顿·马丁公司也曾经使用“拉贡达”的名字来开发一些新车，例如手工制造的四门轿车和概念车等。在阿斯顿·马丁的发展历史上，“拉贡达”一直代表着豪华四门轿车，一款 1978 年产的“拉贡达”当时的国际市场售价相当于现在的 100 万元人民币。现在，阿斯顿·马丁公司决定复活这一品牌，预计量产版 2012 年发布，售价高达 100 万英镑。

尽管阿斯顿·马丁一直以生产跑车为主，在生产车型中，轿车并不多见，但是没有人怀疑它的能力，似乎没有什么领域是阿斯顿·马丁不能涉足的，它唯一不会做的就是生产低端廉价的汽车。一直以来，阿斯顿·马丁公司以生产纯正血统的跑车闻名于世，“拉贡达”豪华轿车的即将面世，又将使阿斯顿·马丁这一品牌在车型方面达至完美的协调。

◀阿斯顿·马丁的 V8 Vantage Roadster 是一款纯正的跑车，一流的引擎，尖端的工艺革新以及完美的质量保证完美地融合到这款车中，为敞蓬跑车赋予了无与伦比的全新体验。完美的比例，低沉的车身姿态，Vantage Roadster 既时髦前卫，又蕴含着阿斯顿·马丁经典的传统风格，传统工艺打造下的优雅线条体现了 21 世纪的时尚风格，纯手工制作的内饰无论工艺还是材质均属一流。

创始人：埃麦尼吉尔多·杰尼亚
创始时间：1910 年　创始地：意大利·特里维罗

Ermenegildo Zegna
全世界男人看齐的权威

要了解国际最权威的男装趋势，意大利则是首选，而要选择做工精良使人身价倍增的男装，意大利的杰尼亚则是权威。男人渴望杰尼亚就像女人渴望美貌，即使倾其所有，仍乐此不疲。

杰尼亚

早在 1910 年，埃麦尼吉尔多·杰尼亚在意大利比埃拉地区附近的特里维罗小镇成立了一家羊毛厂，主要生产天然优质纺织品。从创立伊始，埃麦尼吉尔多·杰尼亚就定下目标，要通过最上等的原材料和工艺创新以及积极推广品牌的方式创造出意大利最具知名度的家族企业。

1966 年埃麦尼吉尔多·杰尼亚去世后，他的两个儿子全权接管家族企业。兄弟二人齐心协力，在继承其先父遗志创造一流品质的纺织布料的同时，又进军成衣市场，并把男式服装的发展路线定位在世界顶级男装市场，推出了一流的男装品牌——杰尼亚。1968 年，他们在诺瓦拉开办了一间工厂，生产有袖上衣和裤装系列，新产品一问世便大获成功。从那以后，杰尼亚不断拓宽经营范围，其从不生产女装，而是将男士从头到脚武装起来，从衣服到裤子，从衬衣到领带，从皮鞋到皮包，从风衣到雨伞，形成了男士着装的完整系列。

西装是男装的重要组成，却绝不是千人一面的制服，其魅力在于个人风格的塑造。一套穿过的杰尼亚西装，放回衣柜，用衣架挂上六天，西装上的褶皱就会自然拉平，看上去就和刚刚熨烫过的一样。这种精良的面料和制作工艺，可能只有杰尼亚才能够做到。杰尼亚男装以其完美无瑕、剪裁适宜、优雅、古朴的个性化风格风靡全球，为消费者提供了很多选择余地，如手工制作的最为高级华丽的 Napoli Couture 系列适合正式商务场合，Sartorial 系列则提供了更多经典款式的选择，而 Zegna Sport 系列则为上班族们在周末时提供更为休闲的服饰，创造出了更为现代的都市感觉。此外，为了尽量满足越来越多的服装个性化要求，杰尼亚一直提供量体裁衣的服务，上乘的面料通过高级制作师的精心雕琢、细致剪裁、周到呵护至每个细节，令人感觉穿着舒适。因此在意大利，所有关心自己外表、喜爱新潮的男人，无论是政治家还是花花公子，都愿意身穿杰尼亚。该品牌一直是众多社会名流所青睐的对象，就连美国前总统克林顿、法国前总统密特朗、英国王子查尔斯等都曾在公开场合以杰尼亚示人。他们知道，世界顶级男装杰尼亚是男士展示自我、追逐时尚的首选。

▲作为完美服装的全新定义，超轻西装是杰尼亚毛纺工厂自行研发的成果，面料手感极为柔顺舒适，透气性强，由数量有限的澳大利亚产的美利诺羊毛织成，其纤维直径仅为 13 微米，裁剪起来需格外小心，专门用来制作顶级男士成衣。杰尼亚手工缝制的全球限量版超轻西装最低售价 13 万元人民币，全部在意大利设计，并根据面料对气候的要求在瑞士制作，纽扣采用兽类最坚硬的角质做成，而想要这样一套西服，还必须耐心地等上两个月。

百年来以高品质男装面料起家，进而拓展到世界顶级男装市场，杰尼亚以一流的剪裁工艺享誉全球，亦庄亦谐的风格也令许多成功男士对它青睐有加。配饰系列是杰尼亚世界的另一个写照，从奢华的行李箱到精致的公文包，还有现代感十足的眼镜，杰尼亚的每一款产品均精雕细琢，追求至善至美，展现了杰出的传统手工艺，并且完善了杰尼亚男士的衣橱装备，而身着杰尼亚的男人则永远透露着一股难以抵挡的魅力，彰显出一种高贵典雅的文化品位。

创始人：奥古斯特·阿加西　欧内斯特·弗兰西昂
创始时间：1832 年　创始地：瑞士·索伊米亚

LONGINES

用优雅征服一切

对女性而言，优雅是一种气质，一种内心的修养；对于男人来说，优雅更侧重于内在，诸如丰富的阅历、智慧、谈吐等；对于浪琴来说，优雅是一种坚持。

浪琴

在1832 年，瑞士人奥古斯特·阿加西来到索伊米亚的一个小村庄内的一家小型钟表店工作，这是他首次接触钟表业。不久以后，凭着出色的表现，他接管了整间店铺。阿加西对钟表品质要求十分严格，从购买零件到制造过程，皆经过严格监督，以“力求完美、优质保证”作为自己的座右铭。后来，阿加西的侄子欧内斯特·弗兰西昂接管了表厂的管理工作，并于 1867 年注册浪琴公司。也就是在这一年，浪琴表的首枚机芯 L20A 正式在新厂房投产。当时，所有的表都是用钥匙来上链的，首款浪琴表便突破了这一传统，采用杠杆原理以表冠操作机芯。同年，在巴黎世界博览会上，弗兰西昂向观众展示了他的全新计时器，并获颁赠一枚荣誉铜牌。也就是从这一年起，每只浪琴表都雕刻有飞翼

LONGINES
ISTITUTO IDROGRAFICO
R.MARINA
SWISS

AUTOMATIC
LUN

沙漏标志，象征着只有无限自由的创造力才能驾驭和征服漫长而又转瞬即逝的时间。

1880年，浪琴在瑞士正式成为注册商标，此后，无论在科技、运动、环球历险或飞行等领域，浪琴皆能凭着精确过人的计时屡创高峰，走在科技发展的前沿。1905年，浪琴打破传统怀表的框框，率先推出全球首款腕表，令一向藏于袋内的怀表变为时尚的腕上饰物；1927年，浪琴推出女装珠宝酒桶形腕表，其表壳全经手工雕刻，镶有40颗美钻及2颗蓝宝石，开启了珠宝表的神秘王国；1970年，在瑞士圣莫里兹举行的世界速降滑雪比赛中，浪琴腕表首次以数码讯号发放器将时间以电子传送方式直接显示于世界电视画面上。2001年，为庆祝第3000万只浪琴表诞生，浪琴推出了990只L990机芯限量纪念腕表，并荣获了瑞士钟表界最重要的“年度钟表”大奖……浪琴在全球屡屡突破制表技术，同时又不失优雅风范，其旗下拥有“名匠（Master）”系列、“黛卓维纳（Dolce Vita）”系列、“典藏（Evidenza）”系列与“嘉岚（La Grande）”系列、“康卡斯（Conquest）”系列等诸多款式，每一款都优雅华丽、工艺精湛，比如“典藏”系列的酒桶形表款说起来好像很简单，可是从美学的角度来讲，要做出对称而和谐的桶形表壳是很困难的，两边的比例就算只偏差了千分之一毫米，也会让人有种说不出哪里不对，却就是不舒服的感觉。2008年，浪琴又一次向我们展示了这个名字的传奇，如“康卡斯”系列呈现了品牌的动感优雅文化，而“名匠”系列的

全新型号逆跳18K金腕表充分演绎了品牌经典的制表传统……

一向温文尔雅，从来不会随波逐流，不论世界走向变动得如何激烈，浪琴依然有自己的一套制表典范，从来不会胡乱把风格转向，随便制造奇异款式来迎合潮流。我们会发现，50年前的浪琴跟现在的浪琴，气质上没有太大分别，仍然守卫着传统。不论时代如何交替，浪琴对于不同族群的消费者，皆充满了诱惑力。

如果你想显示尊贵，就去买欧米茄；如果想来点运动感觉，就去买天梭；当然你想天天换块手表，斯沃琪比较便宜；如果你想体现优雅，那么浪琴就是你唯一的选择。

1928年，浪琴表打造出第一个以“优雅”为题的广告后，其“优雅态度，真我个性”的品牌哲学一直未曾改变。喜爱浪琴的人对奢华、优雅及精准都有着特殊的偏好，而浪琴表所有的代言人无不阐释出优雅的自我个性。奥黛丽·赫本曾是浪琴表的形象代言人，而浪琴所选中的形象正是她20世纪60年代初的代表作《蒂芙尼的早餐》中身着黑色鸡尾酒裙的经典造型。此外，国际级名模戴珍娜·贝迪施及演员兼顶尖模特儿艾维雅·瑞儿也都是优雅与魅力的化身，一级方程式赛车手庞聪·达思则为活跃优雅的代表，可以说优雅气派贯穿浪琴的过去与现在，无数名人印证了这一品牌的时尚风范及地位。

2009年，浪琴以1945年特供给英国军队的一款军表为基准，复刻了一款全新表款。其黑色表盘的浪琴标志下有一个箭头符号，它从17世纪起就是英国国家财产标志，以后专门用来标志军用物资。表背铭文上镌刻的WWW代表Watch Wrist Waterproof，这是防水表的标记。这款全新的复刻版比旧版多了个日历显示，精钢表壳直径为38.5mm，而表盘、指针都是彻底的复古军表风格，令人追想英国军队叱咤风云的时代。

“优雅是一种姿态”一直以来都是浪琴的口号，但是专注于优雅并不意味着放弃运动。其实在浪琴的历史中，运动与品牌的关系一直息息相关。早在1899年，浪琴曾赞助由路易斯·雅曼达伯爵所领导的北极探险活动，提供专为极地各种气温变化所设计的五只怀表，其品质受到了使用者的赞扬。1904年巴尼船长驾船从美国到北极探险。在长达429天的行程中，浪琴的表能维持只有4秒的差异，准确度惊人。进入21世纪后，浪琴特别为当今时代极富胆识且热爱运动的男士打造了“极速（GrandeVitesse）”系列表款，为速度概念赋予生命，其灵感取材于汽车和摩托车的赛车运动。多年来，浪琴表一直为这一领域提供计时工具，成为新纪录的见证者。对极限的渴望是每一个追求者的永恒目标，由于浪琴表精准过人，使得许多探险家或探险活动都指定使用浪琴表，从而完成一次又一次的壮举。浪琴表在许多运动项目中为无数辉煌的瞬间计时，为世界纪录的刷新作出了贡献，它也是无数海、陆、空先驱者和运动员不可或缺的伙伴。

不论时代如何交替，不论是何种款式风格，浪琴这个跨越三个世纪的专业制表品牌在长远的历史当中，呈现的品质始终如一，而其优雅的魅力征服了无数世人。从19世纪30年代起，浪琴便在风景如画的瑞士的索伊米亚开始以其自身的品质诠释了优雅的定义，那就是优雅的运动、优雅的态度、优雅的设计、优雅的时尚……如果说有什么可以超越历史，那是时间；如果说有什么可以超越时间，那是不变的优雅。一时优雅不难，难的是延续170多年的优雅。优雅是浪琴最宝贵的“传家宝”，浪琴的钟表匠们也把这种独特的气质赋予到每只表的内核中，以奉献给那些喜欢接受新事物、有自信、追求时尚的人。

▲以1917年及1918年的表款为设计蓝本，2008年浪琴推出“优雅”系列的第七个版本，共三款，每款限量发行20只，分别以长方形、椭圆形及酒桶形作为表壳的造型，18K白金的表壳上镶以优质美钻，并饰以完全由人手雕刻的花形装饰图案，绝对是对20世纪初艺术风格的一种敬意。优雅的阿拉伯数字或精确如几何图案般的罗马数字配衬在布满轮廓线的表面上，堪称完美结合。蓝色的指针沿着分钟轨道运行，再配以标准表扣的洁净白色缎质表带，给予佩戴者高贵而又时尚的感觉。

创始人：卡尔文·克莱恩
创始时间：1968 年　创始地：美国·纽约

Calvin Klein

极简美学的一代宗师

和三宅一生的香水、村上春树的书、斯沃琪的手表、宜家的家具、哈根达斯的冰淇淋、芝宝打火机并称为“小资七件事”，对于卡尔文·克莱恩来说，并非娇情，它会熨帖每一个讲究精致雕琢者的毛孔……

卡尔文·克莱恩

在 1968 年，26 岁的卡尔文·克莱恩从好友巴里·施瓦茨那里借了 2000 美元，在纽约第七大道创立了以自己姓名命名的公司。卡尔文比任何一个设计师更懂得将时代融进服装，他的时装风格以简练朴实为主。当时是美国职业女性刚刚涌入社会的年代，她们需要的正是一种既能穿着挤地铁又能穿着赴晚宴的衣服。当时装零售业巨头克斯汀夫人看到卡尔文的那些具有极其简单的线条的衣服时，当即决定与卡尔文签下一张 5 万美元的订单，而且还为卡尔文·克莱恩这一品牌连续作一年的免费广告。

如今在美国，卡尔文·克莱恩是最受女性欢迎的服装品牌，因为其女装线条简洁，色彩多为土灰、褐色与白色等自然朴素的中性色，款式种类繁多，有上班或外出用的套装、人字呢裙装、羊毛衣和裁剪得体的长裤，还有一些将男式便装款式改良为女装的夹克、宽松的羊毛外衣等，这些实用的款式得到了女士，尤其是上班族女士的青睐。卡尔文·克莱恩的男装具有独特的中性设计风格，显示出都市男性的潇洒，具有不拘繁缛礼节的特点，符合生活节奏快的大都市人的生活方式需求。虽然其风格屡起风波，备受

争议，却影响了一代流行观念和时装设计观念。

随着卡尔文·克莱恩这一品牌的声名远播，其创始人卡尔文先生也名声大振，但他却一直崇尚低调，很少接受采访，甚至曾经尝试支付500万美元以阻止有关他私生活的书籍的出版，但他的名字却始终频繁地出现在人们的面前。Calvin Klein，这11个字母被印在内裤上面，勒在数千万男女腰间，成为一种生活方式的标记，甚至连他的女儿都埋怨说在男友内裤上常看见老爸的尊名。

内衣是一种最复杂的服装设计，它关系着材料、人体功效、服装力学、造型等多种学科的知识，卡尔文·克莱恩是内衣中绝对领军的超级大牌，是性感、简约、时尚的代名词。卡尔文·克莱恩女士内衣那流利的线条、昂贵的面料以及纤细的造型，对今天那些意识到身体曲线美的现代女性是再合适不过了。它充分关怀了人的身体，让女人变得更加自信、时尚和性感。

作为一名杰出的设计师，卡尔文先生认为与全裸相比，穿一

▲在纽约这座欲望都市中，同时有着世上最繁忙的华尔街、最奢华的第五大道、最惬意的中央公园，恐怕世界上没有哪个城市能像它一样，轻而易举地把人吸引到它身边，并以难以言喻的方式挑逗着人的感观。在纽约，卡尔文·克莱恩的产品总是备受推崇，其最新推出的“迷情晶彩限量版”女士香水在施华洛世奇的水晶瓶中闪耀着夺目的光芒，释放出恒久不散的芬芳，让人如同置身于梦幻之中。

点儿衣服更引人遐思。在推出男士内衣时，他选了前奥运撑杆跳运动员蒂姆·辛蒂劳斯出演广告，这位体育明星穿着卡尔文·克莱恩这一品牌的内衣站在一幢白色建筑前，背景是蓝色天空。白色与蓝色的对比，映衬着蒂姆·辛蒂劳斯的棕色皮肤，形成了一幅充满诱惑的画面。在卡尔文·克莱恩的品牌历史上，这也是第一个引发犯罪行为的广告，因为这个内衣广告太受欢迎了，以至于当时在纽约50多个贴有这一海报的灯箱被打破，海报被偷走。

▶20世纪90年代，女权主义兴起，女性喜欢嗅到男性香水所散发出来的诱惑异香，而男性反过来亦然，男女共用香水便成为这 时期时尚男女的共同爱好。1994年开始，克莱恩1号（CK One）香水就一直延续着全球香水界的经典与传奇。2009年的新款克莱恩1号香水以清新中性的气味、抛弃华丽的包装为诉求，成功俘获了那些试图打破传统樊篱的人，向全人类传达着共同分享同一个世界的精神。

为浪漫增添色情，为爱情营造情调，为平凡赋予传奇，在卡尔文·克莱恩的香氛中，我们不分种族、性别、年龄，共同分享。

卡尔文·克莱恩是一个极具现代精神的设计师，甚至可以称其为改变现代美国时装的人物，英国版的《格调》称誉他为“创造和整治秩序的王子”，这不仅因为他对时装设计领域的开拓、创新，更在于他强烈的商业意识和市场观念，他在广告、市场推广方面的成绩令人瞩目。

短短30年间，他建立了一个庞大而充满生机的时尚王国。在纽约的时代广场上，卡尔文·克莱恩醒目的广告牌早已是这个世界之都的名片，连《纽约客》杂志都这样写道：“看见了时代广场的卡尔文·克莱恩广告，我才意识到自己身处纽约。”

信仰完美主义的卡尔文·克莱恩先生不仅创立了一个世界上最

知名的时装品牌，同时也是20世纪末香水界的引路人之一。1985年，卡尔文推出了第一款香水“迷惑”。当时的美国社会纵欲享乐之风盛行，而“迷惑”正反映了当时人们的心态和社会风气，这款香水散发着茉莉花、檀香木、琥珀、麝香相融合所带来的芬芳，配以圆润的香水瓶，再加上令世人惊艳的广告宣传，不但在当时风靡了时尚圈，而且也确立了卡尔文·克莱恩香水品牌此后的市场定位。而真正让卡尔文·克莱恩这一品牌的香水名声大振的是1994年推出的“克莱恩1号”中性香水。虽然这款香水并不是历史上第一款中性香水，但其绝对是第一款真正改变了消费者对香水固有概念的中性香水，在香水界里掀起一阵潮流旋风，到今天依然有大批的拥趸。

如果说卡尔文总能预测到人们的需求，也许是因为这位设计大师不受昙花一现的流行趋势的影响，才能不断创造出一系列跟随时代潮流的香水。除了“CK One”、“CK Be”这两款不分年龄、性别的中性香水之外，CK 推出的“永恒（Eternity）”系列限量款、“冰与火（Contradiction）”和“真实（Truth）”等系列的男香和女香都十分畅销。一直以来，淡淡的 CK 香水的气味弥漫在世界的不同角落里，在一代代的年轻人之间构建起了一个美丽的梦幻王国。

2003 年，PVH 集团宣布该集团以 30 亿美元的价格收购了卡尔文·克莱恩公司，并宣布其未来的发展方向，生产“更好的男式及女式运动休闲服饰、配件”。“无论是设计服装、香水或家居，我的灵感总是来源于对现代男女生活的仔细观察。”卡尔文先生曾如是说。这位杰出的设计师有着极其敏锐的潮流触角，他总有办法设计出多数人所需要的东西，而又不让它们廉价到随便都能买到的程度，其品牌旗下的相关产品层出不穷，主要包括高级时装（Calvin Klein）、高级成衣（CK Calvin Klein）、牛仔（Calvin Klein Jeans）、内衣（Calvin Klein Underwear）等，另外还经营香水、眼镜、腕表等，其中最为知名的内衣、牛仔服、香水等都以性感的广告形象和出色的设计赢得消费者的青睐。虽然卡尔文先生已不再拥有自己一手创立的品牌，但是 Calvin Klein 这 11 个字母却仍旧在时尚帝国中屹立不倒，深受世间男女的喜爱。

►20 世纪 70 年代末，卡尔文先生进入了牛仔服装业，启用了当时刚刚成年的青春玉女明星波姬·小丝任其牛仔服装的广告女郎，这是卡尔文备受世人争议的众多广告的开始：年轻的波姬·小丝甩动着飘拂的秀发，一只手轻轻搭在臀部，用充满磁性的嗓音说出了那句闻名全球的广告语：“我和卡尔文·克莱恩亲密无间。”从那时开始，拥有 CK 的牛仔系列服装成为很多人的一个梦想。

创始人：拉尔斯·奥尔森·史密斯
创始时间：1879 年　创始地：瑞典·奥胡斯

ABSOLUT Country of Sweden VODKA

燃烧着的“生命之水”

它是世界上最受欢迎的高档烈酒品牌之一，它掀起了顶级艺术和时尚跨界合作的风潮，它经典的广告成为了全球设计界的创意典范，绝对伏特加，是餐饮世界中的一个绝对传奇。

绝对伏特加

伏特加，诞生于 14 世纪的俄罗斯，一位俄罗斯诗人曾深情吟诵：伏特加酒与伏尔加河一样源远流长。然而，绝对伏特加，来自瑞典的佳酿，凭借几百年的文化积累，反客为主，彻底置换了伏特加原有的俄罗斯文化背景。

作为绝对伏特加的前身，绝对纯净的伏特加酒是在 1879 年推出的，它的创始人拉尔斯·奥尔森·史密斯创造了连续蒸馏法，这种新工艺改变了以往瑞典酿酒工艺粗糙的历史，将整个酿酒过程中出现的小麦渣滓和水中杂质去掉，酿出的酒因而变得温润、纯净，口感更好。起初这种酒被称为 Tio-dubbelt Renadt Brnvin（即十倍净化的伏特加酒）。后来为了市场宣传，拉尔斯·奥尔森·史密斯将其更名为 Abosult Rent Branvin（即绝对纯净伏特加酒），他本人也获得“伏特加之王”的称号，享誉欧洲。

拉尔斯·奥尔森·史密斯去世后，其家族传人一直延续着他的专利技术，以生产最优质的伏特加酒。20 世纪 70 年代，拉尔斯·林德马克从祖先手里接过了接力棒，成为瑞典酒业公司总裁后，开始对这家广受赞誉的公司进行革新。1979 年，在 Abosult Rent Branvin 面世 100 周年之际，拉尔斯·林德马克决定出口一种新的伏特加酒，这就是现代蒸馏工艺所能制造的最好的伏特加酒——绝对伏特加（Absolut Vodka）。据说，在最初

◀在过去的几十年里，“浮夸风”日渐浓厚，经由小众潮人的引领逐渐发展成为一种全新的大众时尚趋势。绝对伏特加为其经典原味伏特加穿上了绚丽夺目的“黄金盔甲”，以ABSOLUT BLING-BLING 06圣诞限量新装让浮夸当道，让炫金出位。ABSOLUT BLING-BLING 06以自身独特的方式诠释了带有些许戏谑和张扬主义倾向的嘻哈文化经典。

VODKA
This precious vodka
of southern Sweden
inside is the real thing.
(80 PROOF)
EDITION

为这款酒命名的时候，原定的名字是“Absolute Pure Vodka”（绝对纯正的伏特加），由于英文 Absolute（绝对的）作为形容词无法在美国注册，最后就将 Absolute 中的 e 去掉，改作了 Absolut。虽然当初调查认为 Absolut 这个品牌名称不伦不类，念起来也不朗朗上口，但也正是坚持了唱反调，Absolut 名称的缺憾反而变成了该品牌的一个识别标志。

自从 1979 年以来，已经有 10 多亿瓶来自奥胡斯小镇工厂生产的绝对伏特加销往世界各地。为确保佳酿的纯良，绝对伏特加一直秉承单一酒厂、单一来源的理念，每一瓶绝对伏特加都出自奥胡斯，每一滴酒液都凝聚着奥胡斯特有的地域灵性。瑞典南方的特选冬小麦、奥胡斯纯净甘甜的井水，加上先进工艺酿造而出的绝对伏特加，质量上乘，口感独特而纯净，而且有辣椒、柠檬、黑加仑子、柑橘、香草等多种口味。作为享誉世界的顶级烈酒品牌，在人生最幸福、最惬意的时刻，绝对伏特加展现着恒久的魅力，为人们的味蕾、眼球带来激情与渴望的强烈冲击，使钟爱美酒者在静静的享受之中迷醉。

▲2007 年，绝对伏特加在巴西推出的 Air of Brazil 艺术展中 12 个艺术瓶中的两个成功量产上市。其中由著名艺术家 Nelson Leirner 设计的“巴西蝴蝶”首先在 8 月推向市场。由于“巴西蝴蝶”仅限量生产 84000 瓶，存世量不高，已成为稀有藏品。

"简单、纯净、完美"是绝对伏特加一直倡导的生活方式，这一品牌以其无与伦比的质量、完美无穷的创造力与飞扬的激情缔造了一个绝对经典。

长时间积累的产品高品质的口碑是绝对伏特加深受欢迎的原因，而创意、设计精妙的广告也为绝对伏特加的全球畅销助了一臂之力。1985 年，波普艺术大师安迪·沃霍尔对瑞典的绝对伏特加进口商坦承，他觉得任何一滴绝对伏特加都胜过香奈儿香水的味道。尽管他不喝酒，但是他却拿绝对伏特加当香水来用，而且十分喜欢其酒瓶的质感。他甚至主动要求为绝对伏特加酒瓶画一幅画，生产商欣然答应了。于是一幅只有黑色绝对伏特加酒瓶和“Absolut Vodka”字样的油画诞生了，并第一次作为广告创意在媒体上发表。没料到广告一发布，绝对伏特加的销售骤然增加。绝对伏特加公司看到了艺术价值与酒文化价值的互动效应，便将伏特加酒的传播定位为艺术家、影星、富豪、社会名流等群体，使它变成了一个时尚的、个性化的品牌。此后，在 20 多年的时间里，绝对伏特加的广告一直走着非功能诉求的道路，每一款广告都能给受众带来惊奇和视觉的美感。至今全世界已有五六百位画家为它的广告创作了自己的作品，然而还有上百位画家在等待为绝对伏特加创作的机会。无论这些艺术家来自何方，以何种形式，擅长何种风格，当他们的想象与绝对伏特加的品牌精神撞击后，就会迸发出智慧的火花，呈现给世人一件件经典之作。

什么是艺术，什么是商业，这样的问题对于大多数人来说都会感到头疼。然而当人们看到绝对伏特加的广告时，这个困扰就会随之释然。在著名的《美国艺术》杂志里，经常能看到绝对伏特加的广告，这些广告和其他印着艺术家作品的彩页混杂在一起，已经模糊了传统意义上的广告和艺术的界限。

绝对伏特加就像一位技术娴熟的调酒师，把音乐、服装、广告等所代表的艺术元素混合到散发着天然麦香的纯净液体中，调制出一杯杯颜色、口味各异的鸡尾酒，端到你面前，说“享用绝对生活的馈赠吧”。独特的瓶子造型、异类的广告以及百变口味交织在一起，使绝对伏特加有着令人一见倾心的魔力，正如其广告词所说：“只要盯着我看上一秒钟，你就会成为我的俘虏。”

▼绝对伏特加一直以推出炫酷原创的限量装而著称，2009 年夏天推出的全新的“绝对迷你吧（ABSOLUT MINI BAR）”限量装，再度延续了品牌特有的创意旅程。这款酒将“派对无处不在”的主题发挥得淋漓尽致，其造型简洁，以纯净的白色融入现代建筑的简约风格为设计主题，自然流露出仲夏夜的都会时尚气息。颠覆传统的对开式设计令盒身可从中间顶部向左右两侧打开，经典的原味绝对伏特加镶嵌其中，方盒可延展成 180°盛放冰块、水果及派对配饰等，使之瞬间变身为一个随身迷你吧。

▲2008 年岁末，绝对伏特加以华丽魅惑的假面舞会为设计灵感，推出了全新超酷的“假面舞会（Masquerade）”限量版。此款限量包装采用了突破性的酒瓶包装设计理念，周身遍布着红色珠片，光彩夺目，包装背后设有拉链，仿佛为经典绝对伏特加瓶身量身定制了一件华丽的假面舞会礼服，闪耀着夺目的光芒。至此，绝对伏特加化身为一个精心打扮的假面舞者，带领时尚人士将普通的夜晚装点成流光溢彩的假面舞会之夜。

创始人：赫拉齐奥·帕格尼
创始时间：1988 年　创始地：意大利·摩德纳

傲视群雄的“风之子”

你想做驭风之人，帕格尼就是风。如果你对满街所谓的豪华车已经厌倦，又希望能给自己的个性添加一个极致的注解，那么毫无疑问帕格尼最能诠释你的野心。

帕格尼

拉丁美洲有两位家喻户晓的民族英雄，一个是墨西哥的剑侠佐罗，另一个就是阿根廷车坛怪杰胡安·曼纽尔·范吉奥，他曾经在 1951 年到 1957 年间夺得了 5 次 F1 世界冠军。若干年过去，这片神奇的土地又诞生了一位世界瞩目的怪杰，他就是赫拉齐奥·帕格尼。在阿根廷出生的帕格尼自幼就是范吉奥的崇拜者，1982 年，已是赛车设计师的 26 岁的帕格尼依然默默无闻，范吉奥对他说：“你若想制造出世界上最美的车，就一定要去意大利的摩德纳实现梦想。”

年轻的帕格尼听从了范吉奥的建议，前往位于摩德纳的兰博基尼超级跑车公司，成为一名组装工人。不到 10 年，他成立了自己的摩德纳设计工作室，并在范吉奥的鼎力帮助下，顺利获得最顶尖的奔驰 AMG 发动机。本来，帕格尼打算将自己的跑车命名为“帕格尼·范吉奥”，可惜车神范吉奥过早地离世了。帕格尼不忍再用前辈名讳，在 1999 年正式推出自己的作品时，便取“安第斯山脉的风”之意，称其为 Zonda。

1999 年，摩德纳的 30 个工匠为帕格尼手工打造出他用 17 年设计的首款帕格尼车，第一代帕格尼 Zonda C12 静静停在日内瓦车

展的展台上，惊艳的外形吸引了无数目光。Zonda C12 是一辆拥有碳纤维车身结构、中置发动机的超级跑车，当时就有很多收藏家和车迷意识到该车的价值。后来的事实也证明，Zonda C12 除了与生俱来的极速天赋，也确实为拥有者们带来了丰厚的升值回报。

2000 年春，帕格尼推出了 Zonda C12S 新品豪华跑车，合成材料车身，搭配奔驰 AMG550 马力 V12 发动机，当年成功卖出 9 辆，售价 40 万美元。如今，这款车的年销量只有二三十辆，帕格尼一直坚持不再扩大生产，因为他相信“精品”只能限量，“精品”也仅仅属于那些真正懂车的少数人。

帕格尼像从科幻世界来到现实之中的战车，猎豹一样的流线造型勇猛中不失亮丽，并时时以一种高高在上的姿态，毫不掩饰对身后弱者的挑战与嘲讽。

当一部跑车的速度快到让任何一个对手都难以比肩时，它就可以被称做跑车世界中的超级明星了。帕格尼跑车就是这样一位明星，它有着意大利式的完美设计、德国式的精准装备，每一次出场都令人瞩目，令人狂喜。帕格尼跑车均以 Zonda 命名，因此又被称为“风之子”。

虽然帕格尼的历史不算悠久，但与世界上很多昙花一现的跑车生产厂相比，这个意大利的新一代超级跑车品牌有着得天独厚的发展优势。因为它在自行生产超级跑车之前就已经是一家成功

在刚刚发布了售价为 120 万欧元的帕格尼 Zonda R 后，2009 年帕格尼公司在日内瓦车展上又推出了另一款名为帕格尼 Zonda F Cinque 的车型。这款车搭载一台 7.3 升发动机，最大功率 678 马力，扭矩 780N·m，百公里加速时间 3.4 秒，0–200 公里/小时加速时间 9.6 秒。由于该车动力强劲，因此采用了碳陶瓷刹车盘，从时速 100 公里到静止仅需 2.1 秒。卓越的性能表现和超强的配置，使这款车的操控性能绝不输于任何一款同级车型。

▲与那些从流水线上走下来的汽车不同，帕格尼并不纯粹是工业化的产物，它身上展示的更多的是执著的个性坚守以及迷人的手工传统。世界上没有两部完全相同的帕格尼，因为在生产时，车厂会先考虑车主的意愿，甚至会先请车主到工厂来亲自决定材料、颜色等细节，包括动力和悬挂的调校等。

的合成组件供应商，所以车厂财政稳定；其次，帕格尼与梅赛德斯-奔驰的AMG关系密切，后者为其供应动力强大的V12引擎，无形中又节省了研发成本；另外，它在制造碳纤维车体方面具备专门知识和专业人才，而车厂主人赫拉齐奥·帕格尼又堪称优秀的跑车设计师，对“速度”拥有无比的热忱。从最大功率555马力的Zonda S到0-200公里/小时加速仅需9.8秒的Zonda F，奔驰AMG的V12发动机赋予帕格尼极强的动力与极佳的性能，每一辆“风之子”的极限速度都不低于320公里/小时。

挂上帕格尼徽标的所有车型，都无愧为超级跑车，即使是入门型号的标准版也有500马力的惊人动力。为纪念曾经叱咤风云的著名F1车手胡安·曼纽尔·范吉奥，Zonda F配备了大功率发动机，其油门反应异常敏捷，操控性极佳。在1000转/分状态下挂上6挡直接起步，这个对于普通轿车来说需要反复加速变挡或必须在高转速下才能完成的任务，对Zonda F而言只是小菜一碟。而售价120万欧元的Zonda R最高时速超过350公里，百公里加速时间却低于3秒，在2008年3月10辆Zonda R问世之前，已有6辆被提前预订。

在全球跑车市场中，帕格尼这一全手工打造的超级跑车，敢与法拉利、保时捷、兰博基尼等跑车界大腕一比高下。每一辆交付客户使用的帕格尼车皆具有超强的动力性能以及手工制作的尊贵质感，都用自身的优良性能诠释着帕格尼的造车理念：既能在赛道上驰骋、追求极致的动力，又符合道路用车的要求，拥有较强的安全性，这使得帕格尼跑车的身价愈发不凡。

创始人：休伯特·德·纪梵希
创始时间：1952 年　创始地：法国·巴黎

GIVENCHY

法式优雅，美式风华

纪梵希的世界没有夸张的线条、复杂的色彩、繁琐的累赘，而是用最简洁的方式呈现出一种优雅。纪梵希的优雅不是红酒的浓郁浪漫，也不是香槟的暧昧芬芳，而是泉水般的干净透彻。

纪梵希

休伯特·德·纪梵希 1945 年从巴黎艺术学校毕业后，涉足时装界的第一份工作是为巴黎捷法思设计室设计服装，之后又跟随过罗伯特·皮凯、伊萨·夏帕瑞丽等设计师，积累了丰富的经验。

1952 年 2 月，在时装大师巴伦夏卡的鼓励下，休伯特·德·纪梵希开设了自己的时装屋。同年，以“19 世纪旅馆特色”为主题首度推出个人作品的发表会。在这场以白色棉布为主，辅以典雅刺绣与华丽珠饰的时装展中，休伯特·德·纪梵希的创意才华令在场人士惊艳不已，同时也奠定了纪梵希这一品牌在时装界的高贵形象。

1953 年，休伯特·德·纪梵希的事业出现了重大转折，他遇上了年轻的女演员奥黛丽·赫本，此后，双方保持了长达 40 年的友谊。休伯特·德·纪梵希深谙赫本独特的气质，在他的巧手妆扮下，赫本散发出优雅风韵，与此同时，赫本则成为纪梵希品牌的最佳代言人，除了大部分戏服，生活中的赫本几乎是非纪梵希服装不穿。除了奥黛丽·赫本之外，休伯特·德·纪梵希还为许多社会名流专门设计服装，由于他既能设计华贵的宫廷式礼服，也能设计充满活力与时尚气息的

便服，并在不断变幻的潮流中坚守品质，因此美国前总统夫人杰奎琳·肯尼迪、英国温莎公爵夫人、摩纳哥王妃格雷丝·凯丽、影星索菲亚·罗兰和伊丽莎白·泰勒等都是纪梵希的常客。

在 20 世纪 50 年代，休伯特·德·纪梵希率先推出高级女士轻便装，1955 年他打出“自由线条”的口号推出了没有腰臀曲线的直筒式裙装，1958 年推出了漏斗式彩色外套，1967 年推出了信封式布袋装。凭借自己对于优雅品位的执著追求和与生俱来的时尚艺术天分，休伯特·德·纪梵希为时尚舞台献上了一场场散发着法式浪漫气息的盛宴。

1973 年，休伯特·德·纪梵希创立了他的男装王国，推出了纪梵希绅士男装系列，从此就和绅士画上了等号，为男士们增添了一份高贵。此后，纪梵希不仅在时装领域独树一帜，其出品的皮

GIVENCHY
Les Poétiques

具、领带等配饰也十分受欢迎。

1988年纪梵希公司因资金问题成为法国LVMH集团中的一员，但休伯特·德·纪梵希本人仍主理品牌时装的设计工作，直至1995年退休。1995年7月，68岁的休伯特·德·纪梵希举办了最后一次高级时装发布会，当他出现在T型台上时，全场响起了长时间的掌声，向这位伟大的时装设计师致敬。

半个多世纪以来，纪梵希以其结合了“法式优雅和美式风华”的品牌风格令众多世人为之倾倒，它的香水系列商品囊括了所有的年龄层，带给人们的绝不仅仅是沁人心脾的芬芳，更是一种超凡脱俗的高贵。

休伯特·德·纪梵希既能设计令人惊叹的华贵的宫廷样式礼服，也能设计充满活力的时尚服装，在香水领域，他同样屹立在不同时期的时尚潮头，在变幻莫测的流行中得心应手。在时装领域取得一定的成就之后，1957年，休伯特·德·纪梵希推出了他的第一款香水——“禁忌（L'lnterdit）”。这款香水含有强烈的刺激味道，却完美地捕捉到了青春少女的清新和浪漫，不仅开创了纪梵希不同一般的香水风格，而且为香水发展增添了高贵典雅的元素。

纪梵希的香水王国主要分为女用香水、男用香水及儿童用香水三大类，其中女用香水为三类之冠。在女用香水中，“依莎提斯(Ysatis)”、“爱慕（Amarige)”、“金色年华（Organza)”、“冰火(Eau Torride)”、“倾城之魅（Very Irr é sistible Givenchy）等皆为经典代表作，不同款式的女用香水同时表现出纪梵希的四个美丽的密码：高贵、勇敢、感性和激情。在纪梵希香水的衬托下，女人们变得既高贵又活泼，既含蓄又勇敢，既浪漫又充满激情。

从1959年的“纪梵希先生(Monsieur de Givenchy)”开始，纪梵希的男用香水一直表现出一种绅士的姿态，如“纪梵希绅士(Givenchy Gentleman)”、“新绅士（Givenchy Pour Homme)”、“牛仔绅士(Givenchy Blue Label)”等为男性量身设计的一款款独特的香水，让品香成为享受，是有品位的男士宠爱自己的绝佳选

有人说休伯特·德·纪梵希是“高级时装的最后骑士”，其出众的服装才能颇受时装界的巨擘巴伦夏卡赞赏。1968年，巴伦夏卡引退时，他的忠实顾客波尔·梅隆夫人困惑地问他“我们以后该怎么办”时，巴伦夏卡便拉着这位夫人的手走到对街，将休伯特·德·纪梵希介绍给她。两位大师之间的友谊一直是时装界的一段佳话，而在纪梵希的设计中明显地延续了巴伦夏卡沉着稳重的高贵典雅气息。

择。此外，纪梵希的男士香水类型很广，从运动型到成熟稳重型，每位男士必能找到适合自己的香水。

儿童用香水可算是纪梵希公司的一大突破。由于在法国涂香水已成为大部分人的习惯，因此1987年纪梵希公司联合法国童装公司“派与巧克力”精心打造了“小熊宝宝(Tartineet Chocolate)”这个系列，献给小朋友或刚开始使用香水的少女。这款香水前味选用柑橘，中后味搭配着温润清爽的花香，其清新自然而又可爱的特点使其风靡一时，成为法国第一品牌的儿童香水。

古典（Genteel）、优雅（Grace）、愉悦（Gaiety）以及纪梵希风格（Givenchy），这是纪梵希4G标识的构成要素，也是当初休伯特·德·纪梵希所倡导的品牌精神。从1952年在法国巴黎创立到1988年被LVMH集团收购直至发展到今天，纪梵希这一品牌在时装、彩妆、护肤品及香水、家居用品等领域都取得了不俗的成绩。50多年来，虽历经不同的领导者，但纪梵希的4G精神却未曾变动过，它一直保持着优雅的风格，在时装界几乎成了优雅的代名词。一直以来，人们对纪梵希钟爱不已，属于纪梵希的优雅篇章，依旧精彩动人。

▶纪梵希2009年推出的“玩酷男性淡香水（Play）”，简单却不失精致的数位瓶身风格，传承纪梵希经典木质调香水——香根草的特色，彻底体现新时代男性的玩酷精神。在整体香氛结构上，从温暖木质调中变幻出两种截然不同的组合。香水瓶身比例精巧，触感细致光滑，构造极简纯净，其经典造型融合古典魅力与当代气质，香水外盒采用黑白分明的纸盒设计，再饰以银色镶边及红色内衬，精致程度仿佛纪梵希时装再现。

RWD
PLAY
FFWD
PLAY
THE NEW FRAGRANCE FROM GIVENCHY

创始人：阿伯拉罕·路易·宝玑
创始时间：1775 年　创始地：法国·巴黎

Breguet

光荣历史的见证

宝玑的创始人或许没有想到，两个多世纪以后，他亲手缔造的宝玑品牌将穿越几百年的时间，在世界各国的名流贵族的腕间生辉。被时间阻隔开的人，也终将被宝玑联系在一起。

宝玑

18世纪 90 年代的一个晚上，法国外交部长夏尔·莫里斯·德·塔列朗–佩里戈德的公馆里，正在举行一场奢华的晚会，法国上流社会的一群精英汇聚一堂，来自瑞士纳沙泰尔的阿伯拉罕·路易·宝玑也是其中的一员。

这位制表业天才 1747 年出生于瑞士，自幼就显示了对复杂机械的非凡天赋，他 15 岁到凡尔赛学习钟表制造，接受全面的钟表学理论及实务训练，并很快脱颖而出，受到法国皇室的青睐。因此当他在晚会上从口袋里掏出一只表时，周围的客人们立即聚拢过来，想要看看他发明了什么杰作。只见宝玑先生把手中的表扔到跟前的地板上，然后捡起来请围观的客人们检查是否损坏。令在场的客人们无不惊讶万分的是这款坠地的表居然毫发无损。原来宝玑发明了一个新的避震装置，可以保护手表免受撞击震动。

如果说宝玑表在我们的文化传承中拥有一个特殊的地位，那是因为其创建者阿伯拉罕·路易·宝玑不仅在 1775 年创建了一个顶级钟表品牌，而且还建立了整个高级制表业为之膜拜的标准，有一些创新发明甚至以他的姓氏来命名，比如：宝玑式指针、宝玑式数字、宝玑式游丝等，后人因此尊称他为“表圣”。这位钟表天才认为制表不是一门技巧，甚至也不是一门艺术，而是一门科学。1795 年，他发明了陀飞轮，并于 1801 年在

REF. 7639
750
BREGUET
Nº 4193
Breguet

法国巴黎取得专利。据说，装备这种技术的手表机芯往往由 70 到 100 个部件构成。最初，陀飞轮是因为应怀表长时间处于同一垂直面的实际使用状况，避免地心引力的下拉力量对摆轮与游丝造成影响导致走时误差所设计的精密机制。而腕表并不会长时间处于同一垂直面，因此，陀飞轮的实际功能相对减弱，但是由于其需要精致手艺因此魅力不减。宝玑先生绝不会想到 200 多年后的今天，这个当初专司一职的实用装置，今天却成为各品牌比拼制表技艺的标志性装置。相同的表款，有陀飞轮装置的会贵出十倍。

自宝玑先生之后，许多制表师们一生沉醉于陀飞轮的制造和新形式陀飞轮的创造过程中，因此积淀着丰富历史内涵的陀飞轮，在制造技术上可以不断花样翻新，外观形式上又花样百出。真正的制表大师愿意用陀飞轮来彰显品牌实力，而腕表的主人，则愿意用这种精致而昂贵的机械装置炫耀身份与品位。

有人说，选择宝玑手表就是将历史佩戴在自己的手腕上。当你拥有了一只宝玑表，你就会明白，宝玑是真正的贵族，代表了钟表行业的顶峰。

任何产品发展到极致，都以艺术品形态流传于世，钟表也不例外。欣赏宝玑的钟表，就如同在回顾现代钟表业精彩的技术发展史，1780 年宝玑制造出的第一款自动上链怀表，1782 年又制造出一块金壳珐琅自动上条怀表，它具备了两问报时、60 小时动力储存显示功能、双发条盒等功能，这是目前为止人们知道的宝玑最早的自动怀表。闻名遐迩的宝玑 No.5 号表款是宝玑先生专为圣米亚特伯爵制作的，于 1787 年开始制作直至 1794 年 3 月制成，所以又被称做 1794。这款古董怀表是运用动力储存显示的最好见证

1801
2001

Breguet

物，它具有 60 小时动力储存功能。同时，它还附加了多种功能，如两问报时、月相盈亏等。在今天看来，这款著名的怀表应该是动力储存多功能表的先驱了。

强烈的辨识性和夺目的璀璨是宝玑超凡脱俗的特征，精美绝伦的设计和鬼斧神工的手工技艺奠定了宝玑在表坛不可取代的地位，而每一历史时期的社会名流、风云人物的钟爱又书写着宝玑钟表的历史传奇。法国国王路易十六、路易十六的王后玛丽·安托瓦内特、俄国沙皇亚历山大一世、英国维多利亚女王、英国首相丘吉尔、普鲁士威廉一世和美国前国务卿杜勒斯等，虽然彼此并不处于同一时期，但是都有一个共同的联系，那就是都是宝玑表的钟爱者和忠实顾客。科学家爱因斯坦和作曲家柴可夫斯基也曾是宝玑的忠实用户，巴尔扎克、普希金、大仲马、雨果等文豪的著作中也都曾提及宝玑表。这些数不清的欧洲皇族、历史名人都是宝玑表光荣历史的见证！

如今，宝玑表的表系在不断地扩大，Tradition，Classique，Classique Complications，Marine，Héritage，Type XX，Reine de Naples，High Jewellery watches 等各放异彩。在宝玑制表工作间里，制表师们依旧遵循宝玑先生在两个世纪以前的风范，将先进工艺与恪守不渝的传统技术完美地结合在一起。在这个标准化机械化产品风行的时代里，每一只宝玑表都是个性孤品，每一只宝玑表都有一个专门的独立编号，此外，所有宝玑表的新型号的表壳均饰以币纹，这俨然成为了宝玑表最大的标志。因此，宝玑表的价格没有上限，虽然昂贵得令人难以想象，但外表并不张扬，没有花哨的装饰却处处透着精湛的工艺，由内而外散发着尊贵。当我们评价一件艺术品，宣称其为经典之作时，就表示了它蕴含了三个阶段：过去、现在以及未来。宝玑无论过去、现在还是将来，都是真正懂得腕表和追求高品位生活的人的最爱。

▼2005 年宝玑公司重新复刻了路易·宝玑著名的 No.5 怀表。棘手、复杂的再版复原耗费了数月时间，目的就是要使复制品与宝玑当时手制的绝世精品如出一辙，绝无二致。宝玑原创的机芯被彻底拆解、照相，全部依样复制。

对于现代的唯一让步，是选择一款现代擒纵机构以确保运行更加完美。于是，一款充满技艺天才和永恒美感的杰作得以复活。这款表全球只复刻生产 5 只，每只的价格是 1500 万元人民币，可谓是钟表界的杰作。

创始人：约翰•道奇
创始时间：1914 年　创始地：美国•底特律

地平线上的力量之王

道奇战斧是霸王级别的车，是采用极限工程技术的流动艺术品，它粉碎了所有的传统意义上的对个人交通工具的惯常的思维模式。

道奇战斧

每一款车就像一个人，都有属于自己的生命，都有属于自己的性格，而每一款车的命运都各有不同，因市场表现不同或者灿烂或者黯淡。每一款车的性格也都有所差异，因为设计者为它们做了不同的定位，也因为设计者出于不同的目的让它们来到这个世界。19 世纪 90 年代，当道奇公司的创始人约翰·道奇和他的弟弟霍瑞斯·道奇最开始在加拿大建立了道奇自行车公司时，他们并没有想过日后会进军汽车行业。1903 年，由于道奇兄弟生产的机械设备非常出色而获得的良好口碑，道奇公司开始为福特汽车制作发动机、底盘和所有的传动部件的配件，双方一直保持着良好的合作关系。

1913 年，道奇兄弟注意到福特公司准备自己生产汽车部件，于是兄弟二人在密执安州重开了一家大型工厂，以巩固其作为全球最大汽车部件供应商的地位。1914 年 7 月 17 日，道奇兄弟正式组建了道奇汽车公司，约翰·道奇任总裁，专门做管理工作，而霍瑞斯·道奇专门从事技术研究工作。1914 年 11 月 14 日，第一辆道奇汽车驶下组装线，真正完成了从两个轮子到四个轮子的飞跃。这款车的销售情况一直很好，并且表现出了很好的耐久性，在欧洲备受青睐。

约翰·道奇过世后，由于销售量和利润下降，道奇汽车公司开始出现经济衰退。1925 年，公司被卖给了纽约银行。1928 年道奇汽车公司被日益发展壮大的克莱斯勒汽车公司收购，成为克莱斯勒汽车公司的一个分部。随着 1998 年克莱斯勒和戴姆勒·奔驰的合并，道奇现在成了戴姆勒·克莱斯勒汽车集团的一个车系。

每年，道奇的设计小组都会推出一些离经叛道之作，有时候甚至可以用“异想天开”来形容。发展至今，道奇已经拥有“蝰蛇（Viper）”、“酷搏（Caliber）”、“锋哲（Avenger）”等多个系列，而最让道奇闻名于世的是道奇战斧（Dodge Tomahawk）的面世。2003 年，在底特律举行的北美国际车展上，最夺人眼球的不是各式各样的豪华轿车和跑车，而是不怒自威的道奇战斧，当这款摩托车咆哮着驶入公众的视野时，所有在场的人都惊呆了。

被赞誉为“滚动的艺术品”的道奇战斧是世界上最昂贵、速度最快的摩托车。它实现了人类对于未来造车科技最大胆无畏的尝试，而裸露的重金属外形又弥漫着怀旧的机械时代的韵味。

21 世纪之初，道奇公司的设计人员曾经提出这样的设想：“将‘蝰蛇’排量 8277 毫升的 V10 发动机塞进摩托车会怎样？”后来，公司将这种“异想天开”变成了现实，2003 年的车坛上出现了一款世界上最引人注目、最离经叛道、最快、最昂贵的摩托车：道奇战斧。自从四轮单座的道奇战斧威猛亮相之后，无数车迷都对其心醉不已，因它而起的劲车狂潮从美国本土蔓延至全球，这款车也成为克莱斯勒在革新领域内里程碑式的杰作。

道奇战斧重 681 千克，搭载了“蝰蛇”跑车 V10 发动机，排量高达 8277 毫升，相当于 5 辆本田金翼旅行车的排量，这个强悍的“心脏”可以支持它达到 640 公里 / 小时的极速，这样的速度可以和小型飞机媲美。不仅如此，这款摩托车四轮配置打破了摩托车的两轮传统，颠覆了人们对交通工具的传统认知模式。为了获得更快的速度，即使在转弯的时候，设计者也要求车体倾斜不能超过 20 度，为了实现这一目标，道奇战斧采用了全悬挂式车轮，在高速转弯时四轮着地，既保证了速度又保证了行驶的稳定性。

你想听听道奇战斧发动机令人热血沸腾的轰鸣声吗？想亲自驾驭这样一个“世界之最”吗？想享受其他人艳羡的目光、疯狂的惊叫吗？想挑战 640 公里/小时的极速纪录吗？但是想要实现这些梦想颇有些难度——克莱斯勒集团目前仅限量售出 9 辆复制品供爱好者收藏，每辆价格高达 55.5 万美元，相当于 3 辆奔驰 S600 豪华轿车的价格，而且车主在交款后还要等上漫长的 90 天才能与自己的爱车“亲密接触”。

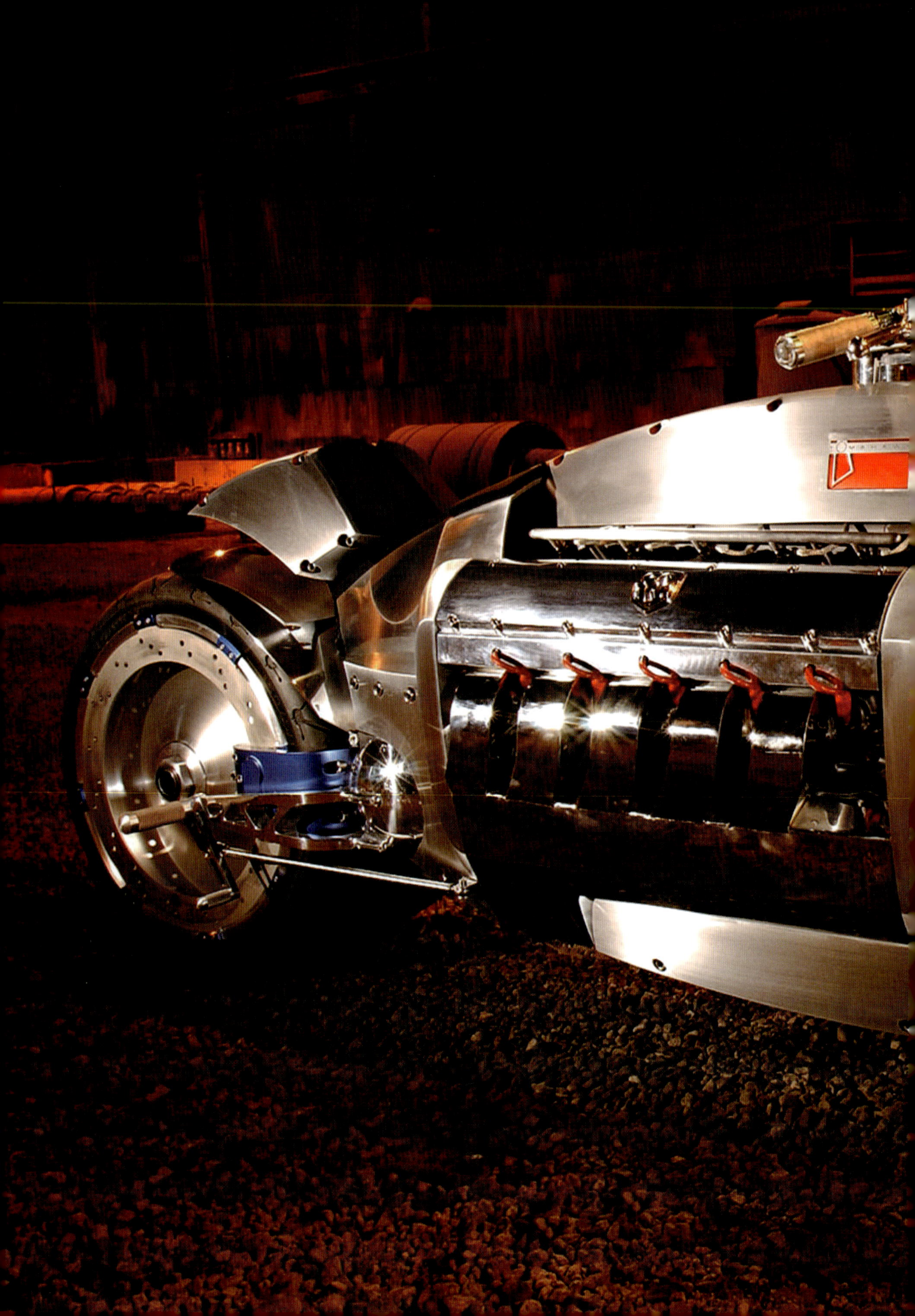

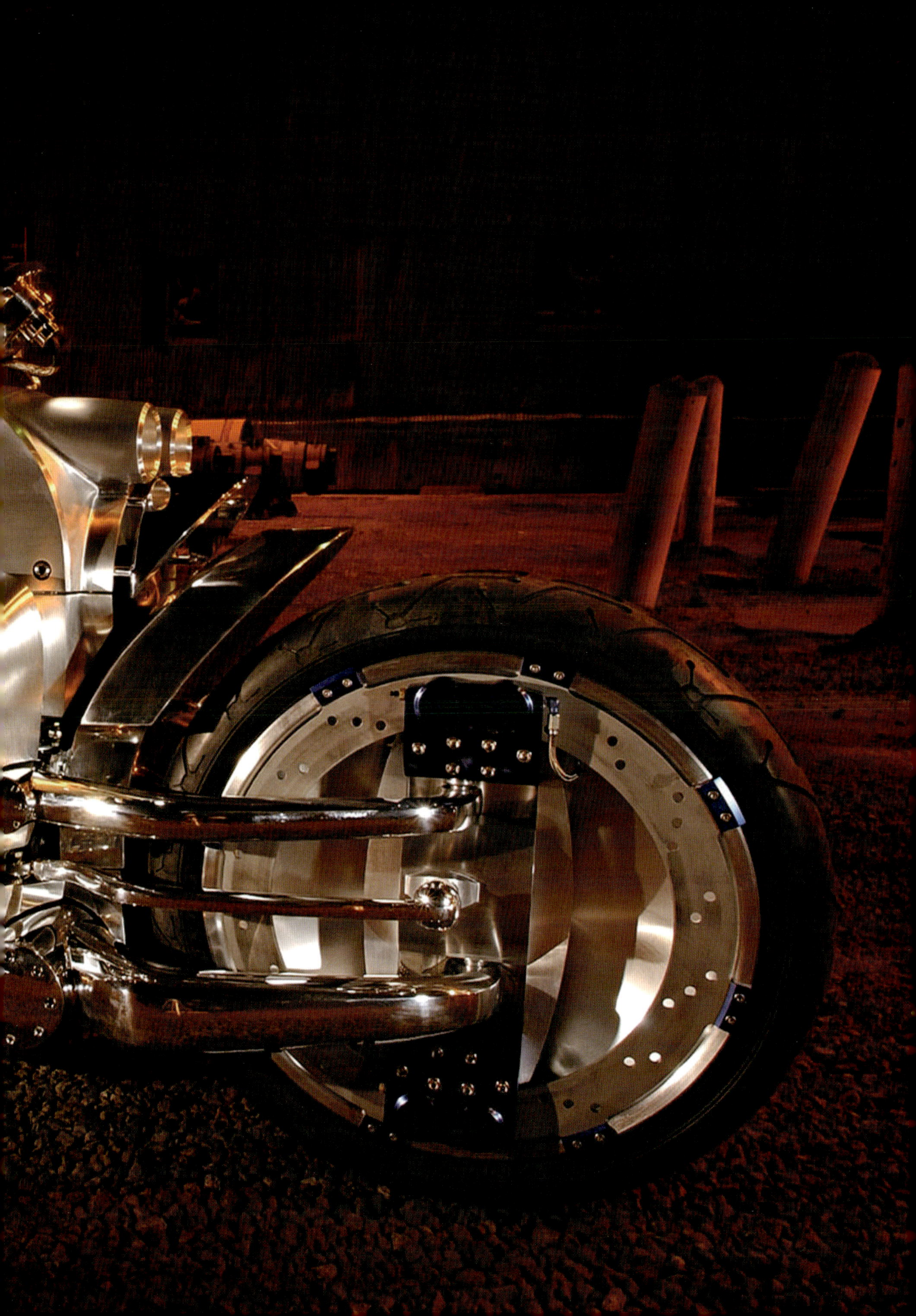

创始人：玛莎拉蒂四兄弟
创始时间：1914 年　创始地：意大利·科隆拿

亚平宁半岛上的优雅传说

现代科技、运动风格、优雅线条与精湛技艺，提起玛莎拉蒂，人们往往会想到这些词语。这个具有“世界最美车型”的速度精英，为世人慷慨奉献了正宗的意大利驱动艺术。

玛莎拉蒂

众所周知，意大利汽车领域有“二王一后”，“二王”是指法拉利和兰博基尼，而“一后”则是指玛莎拉蒂。

1914 年，玛莎拉蒂家族的阿尔菲力·玛莎拉蒂、埃多勒·玛莎拉蒂和欧内斯特·玛莎拉蒂在意大利的科隆拿成立了玛莎拉蒂公司，并于 1926 年生产了第一辆汽车 Tipo26。阿尔菲力·玛莎拉蒂曾亲自驾驶着 Tipo26 型汽车参加了汽车比赛并赢得了奖项，玛莎拉蒂赛车因而扬名天下。其后的 10 余年间，玛莎拉蒂公司又相继推出玛莎拉蒂 V4、玛莎拉蒂 4CTR、玛莎拉蒂 4CL 等经典车型，并以其性能与品质的完美结合在诸多国际汽车比赛上屡获殊荣，令世人刮目相看。

1932 年 3 月，阿尔菲力·玛莎拉蒂永远告别了他心爱的赛车事业，他过早的离世虽然没有影响到玛莎拉蒂的赛车在赛场上捷报频传，但玛莎拉蒂公司却因经营不善而每况愈下，曾多次出售部分股份，勉强维持着品牌的独立。第二次世界大战中，玛莎拉蒂公司开始生产机械工具、电器元件、火花塞和其他电子设备。战争过后，为早日走出战争阴影，玛莎拉蒂公司开始投产新车型，先是开发出一种新型高性能轿车 A6 1500，之后又推出 A6 GCS 跑车，而 1958 年 3500 GT 的发布，标志着玛莎拉蒂公司开始把注意力由竞赛用汽车转移到量产的汽车身上，工厂规模也相应开始扩大。

玛莎拉蒂的官方标准颜色叫做 Blue Victory，即“胜利之蓝”，其车标造型取自海神的三叉戟标志，这一切仿佛都在暗示玛莎拉蒂拥有海洋般汹涌澎湃的力量：它曾经在意大利车手大奖赛中战胜过法拉利，它是唯一一家连夺两届美国印地安纳波利斯 500 英里大赛冠军的意大利车商；它的四门豪华运动车“总裁”在 1976 年被意大利总统选为国务专用车……

在欧洲，玛莎拉蒂具有很高知名度，其外观造型、机械性能、安全性等各方面的技术指标都堪称一流。与那些一味追求性能与速度的跑车商不同，玛莎拉蒂跑车“极速中不失优雅”的信念满足了高端人士“适度张扬个性”的需要，因为只有将个性与高品质相

▲在汽车领域，GT 是高性能轿车的代名词，而 2008 年玛莎拉蒂 GT 足以成为载入其品牌史册的伟大轿跑车。作为肩负复兴家族重任的战将，定位于豪华轿跑车身份的玛莎拉蒂 GT 具有优雅且运动的线条，拥有出色的操控性和舒适的乘坐性。

结合才是彰显身份和地位的真正途径，因此它不仅赢得了车王舒马赫的欢心，还成为贝克汉姆与麦当娜等名人的私人座驾。

每一辆玛莎拉蒂都非常与众不同，因为它们具有无法模仿的特殊气质，代表着非凡的品质、永恒的风格和强烈的情感，拥有卓越的性能和尖端的技术，并将运动元素与优雅个性完美结合。

作为豪华轿车，新款“总裁”车配置的 V8 发动机是玛莎拉蒂最新一代的动力系统，而电子液压 6 挡变速系统可以让驾驶者轻松换挡，其车载多媒体系统包括车载计算机、卫星导航等。此外，该车的舒适性和功能性同样出色，购买这款车意味着花一份钱同时买到了一辆四门豪华轿车外加一部高性能跑车，因此尽管其 150 万元人民币的售价超过了同级别的宝马 7 系、奔驰 S 级等，但还是有很多人对它情有独钟。

20 世纪 90 年代，为重新跨入世界汽车强国的行列，意大利政府提倡汽车工业内部采用跨公司甚至跨国的联合经营方式，互相交流生产技术，取长补短。在这种背景下，菲亚特公司于 1993 年收购了一直在财政困难中苦苦挣扎的玛莎拉蒂公司，使该品牌得以保留。1997 年 7 月 1 日，玛莎拉蒂与法拉利车厂合并，3200 GT 是两厂合并后生产的第一款跑车，融合了两大跑车生产厂的传统与科技，凭借其优异性能和乘坐舒适性在后来的巴黎汽车展上引起极大轰动，使玛莎拉蒂重新跨入世界顶级汽车的行列中来。

对不同的人来说，“玛莎拉蒂”这个名字有着不同的历史意义。喜欢研究汽车历史的人会了解玛莎拉蒂是第一家使用镁合金制造汽缸盖的制造商，也是第一个在赛车上使用液压制动系统的厂家，同时又是将空调设备定为房车标准的先行者之一；熟悉早期赛车比赛的人会知道阿尔菲力·玛莎拉蒂和欧内斯特·玛莎拉蒂这两位当年最优秀的赛车设计师和车手，他们带领着玛莎拉蒂共取得了 20 多项车赛大奖；对于那些既喜欢跑车又对轿车依依不舍的人来说，玛莎拉蒂代表了高性能 GT 轿车在六七十年代的辉煌成就，而 2003 年推出的新型“总裁”轿跑车系列则将纯粹的运动精神、宽敞的空间和舒适性融为一体，标志着玛莎拉蒂重新回归到豪华轿车领域。

如今，这个在 70 余年间生产了多辆传奇车型的意大利豪华品牌，依旧延续着近百年的品牌精髓和尊贵的历史血统，在外观造型、机械性能、舒适安全性等各方面都力争完美，并不断开发出极具现代感和突破创新精神的最新产品。

创始人：弗雷德里克·宝诗龙
创始时间：1858 年　创始地点：法国·巴黎

BOUCHERON

不为中产阶级而存在

翻开宝诗龙客户名册，那一个个尊贵夺目的名字，谱写着它长达一个半世纪的奢侈神话。19 世纪中后期，宝诗龙和巴黎埃菲尔铁塔相继诞生，今天的埃菲尔铁塔已经锈迹斑斑，但是宝诗龙依然焕发着迷人的魅力。

宝诗龙

巴黎，凡登广场，知名珠宝商的云集之处，全世界最珍贵的珠宝都在这里发光发亮。推开广场 26 号大门，便踏进了已有 100 多年历史的宝诗龙珠宝行，一旦置身于这一奢华的殿堂之中，你会感觉到宝诗龙的每一件商品都放射出耀眼的光芒。

1858 年，28 岁的设计师弗雷德里克·宝诗龙成立了自己的品牌，并设计了许多贵重的珠宝、腕表和香水。有着 14 年学艺经历的弗雷德里克才华横溢，他别出心裁的设计迅速征服了俄国女沙皇、法国国王路易十四的宫廷乐师波利尼亚克伯爵夫人等名人。

从创立伊始，宝诗龙的历史就与世界各地的王公贵族密不可分。自 1921 年起，英国皇后在所有正式拍照场合均佩戴着宝诗龙皇冠。1928 年，印度帕地亚拉国王将 7571 颗美钻、14 颗黑珍珠、两大批红宝石和 1432 颗祖母绿装在六个珠宝箱中，委托宝诗龙代为设计。宝诗龙不辱使命，将其化做一条巨型项链。据估计这一珍宝级作品的价值不会低于 20 亿法郎，它不仅外形美观，而且做工精湛。20 世纪 40 年代末期到 50 年代，宝诗龙设计出一款首饰别针，它能够不着痕迹地变身为项链、别针及耳环，伊丽莎白·泰勒、索菲亚·罗兰都曾经佩戴过它。

历经了五代的家族传承，宝诗龙始终坚持和保留着经典的手工工艺、完美的艺术时尚、丰富的历史内涵、昂贵稀有的材质和大

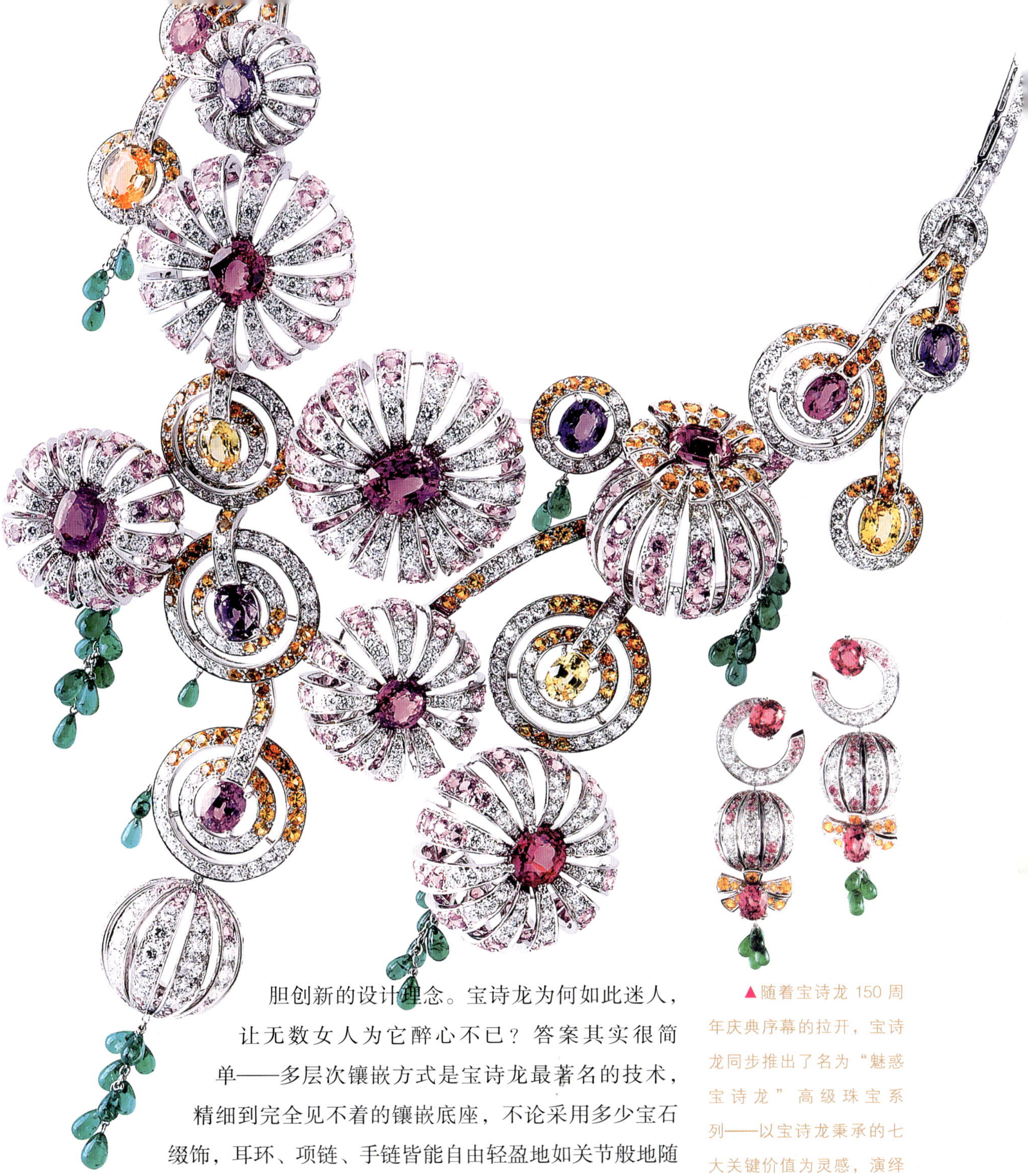

胆创新的设计理念。宝诗龙为何如此迷人，让无数女人为它醉心不已？答案其实很简单——多层次镶嵌方式是宝诗龙最著名的技术，精细到完全见不着的镶嵌底座，不论采用多少宝石缀饰，耳环、项链、手链皆能自由轻盈地如关节般地随意流动，甚至在移动的过程中还能产生轻颤效果，与主干合为一体，宛若天成，使人可以体验到珠宝的生命力，自然征服了世间无数女人心。

宝诗龙的魅力无人能挡，然而该品牌在定位上却称自己的奢华永远不属于中产阶级，只属于城市金字塔的塔尖人群，而王公贵族、明星名人们也始终对尊贵无比的宝诗龙情有独钟，约旦王

▲随着宝诗龙150周年庆典序幕的拉开，宝诗龙同步推出了名为“魅惑宝诗龙”高级珠宝系列——以宝诗龙秉承的七大关键价值为灵感，演绎出七组不同风格的珠宝作品。其中“美味”系列将鲜嫩多汁的水果幻化为各式珠宝，充满创意与巧思，毫无疑问地成为挑战人类智慧与技艺的巅峰之作。

▶宝诗龙在150周年华诞时由英国著名珠宝设计师尚恩·利尼特别打造了“神秘一日花”项链。尚恩·利尼以大马行空的想象力诠释出品牌秉承的创新精神。“神秘一日花”项链以黑金为主色调，让镶嵌蓝宝石、褐钻、白钻及红宝石的枝叶与花朵交织在一起，迸发出生长与纠缠的力量。“神秘一日花”项链的制作需耗费3200小时，嵌上精心雕琢的11朵能独立开合的启动式花苞，在一天之内可以神秘变幻出不同造型。

后的“树叶皇冠”、奥斯卡影后妮可·基德曼的黄金丝带头饰以及好莱坞巨星朱丽安·摩尔的祖母绿耳环等著名珠宝单品都是宝诗龙的杰作。此外，英国的戴安娜王妃、高贵优雅的葛莉丝·凯莉王妃，甚至是英国女皇伊丽莎白二世，都频频在公开场合配戴各式宝诗龙配饰，这无疑使其与皇室御用画上等号，充分证明了其魅力与品质的不同凡响。

时至今日，宝诗龙的尊贵之气依旧弥漫于各国王公贵族的衣香鬓影之间，在欧美各大时尚艺术颁奖盛会上，宝诗龙散发出的魅惑之色让人无法抵挡。

在漫长的岁月长河里，宝诗龙总是掌握着时代脉动，它从俄国芭蕾、立体派、装饰艺术、非洲艺术和波普艺术中汲取着灵感，其作品受到各个时期经典艺术风潮的影响，杰作层出不穷。

第一个将钻石运用于珠宝设计，第一个在巴黎凡登广场设立精品店，宝诗龙在珠宝界有着许多创举。创立伊始，宝诗龙即受到名流显贵的青睐，直到今天，它依然以完美的切割技术和优质的宝石质量闻名于世，它的每一款设计都引领着时尚潮流，而且始终坚持着品牌独特的传统内涵，成为大胆奢华的现代珠宝首饰的代名词。

宝诗龙一向以打造令人窒息的珠宝精品为理念，在设计上更是全心全意力求新颖脱俗。2009 年，宝诗龙推出的新品“欢乐巴黎”高级珠宝系列，以巴黎的花都风情及其华丽的生活方式为设计灵感，再次展现了其精湛的制作工艺与风格。该系列的珠宝设计灵感取材自约瑟芬·蓓克等 19 世纪最具代表性的女性，将每个女人的性格符号、特征和生活气息分别转化成七组独特的高级珠宝首饰。

宝诗龙制作的腕表也是时尚圈不可或缺的配饰。1947 年，宝诗龙获得一项特别专利，就是使用一种特别的滑针系统使表链或表带可即时替换到表壳上，这种随心所欲可以替换表带的设计满

▼宝诗龙“神圣动物寓言”腕表系列的防水深度为 50 米，表内的指针为白色珍珠母材质，而腕表的透视动力机械部分采用 17 钻陀飞轮旋转机构的机芯。该款腕表有两个版本，其中一个版本拥有红宝石、蓝宝石和多色石榴石共 282 颗，另一版本有上述三种宝石共 195 颗。这款限量发行的腕表全球仅有 8 只，十分珍贵。

▲宝诗龙高级珠宝以多层次镶嵌方式和可活动佩戴著称。古柯系列白金祖母绿钻石腕镯有可活动雌蕊的弹簧支撑，叶子和花瓣可以灵活转动，并由一粒重达5.09克拉的哥伦比亚梨形祖母绿制成。

足了女性爱美多变的需求，也让宝诗龙再次成为引领世界珠宝设计潮流的先锋。之后的钻石腕表系列、MEC腕表系列、高级珠宝腕表系列等都以精湛的工艺、奢华的贵族气质而闻名于世。除腕表之外，宝诗龙的香水也十分引人注目。1988年，宝诗龙推出第一款香水，瓶身设计融入了品牌的标志性宝石，缅甸蓝磨圆切割蓝宝石。宝诗龙香水因其独特的瓶身设计和特别芬芳的香味广受欢迎，成为香水收藏迷不可错过的梦幻佳品。为庆祝品牌成立150周年，宝诗龙与诺基亚沃图联手推出了全球限量版奢华手机沃图 Boucheron 150。这款手机的每一种金制配件都是在纯金锭上精雕细琢而成，蓝宝石水晶键盘的复杂凹面设计则是宝诗龙的手艺精湛的工匠们的杰作。这款售价约20万元人民币的手机是将最先进的技术与最完美的传统工艺完美整合的产物，为21世纪的尊贵升级写下全新的定义。

2000年，宝诗龙加入法国古驰集团后，开始了新的里程。宝诗龙——或许，这三个字恰好诠释了其深厚的底蕴：蓝血之“宝”、艺术之“诗”、业界之“龙”。直至今日，在世界各地，宝诗龙眩目的光芒，点缀着华美的白昼与浪漫的夜晚，也预示着更加美好的明天。

▲宝诗龙 Delilah 系列镶钻项链

创始人：威廉·里昂斯　威廉·威斯利
创始时间：1922 年　创始地：英国·布莱克普

JAGUAR

英伦贵族风尚

在身为英国皇家御用座驾的捷豹看来，奢华绝不是简单的豪华消费或是对资源的过度浪费，而是一种建立在对社会环境及自然资源保持充分尊重前提下的个性之选。

捷豹

任何一个傲立于潮流最前端的经典品牌都有其深厚的文化积淀和坚持不懈地挑战传统的品质，捷豹也是如此，这个世界顶级奢华品牌在豪华汽车领域不断地给世人带来引领潮流的奢华体验，同时又书写着一个个为世人称道的传奇故事。

1927 年，决心打造心中理想优质汽车的威廉·里昂斯在自己的汽车配件公司里开始进行汽车改装，他装配出的一款新车的销量出人意料的好，但是他并不甘于只是改装别人的汽车，而是深信唯有外形优美、制造精良的产品才是顾客所需要的。1935 年，在收购了生产摩托车和汽车的 SS 汽车公司后，这位富有远见的企业家决定生产自己的汽车。他希望自己的新公司有一个充满阳光和希望的未来，因此为其取了一个在多种语言中发音都清脆响亮又十分形象的名字——“捷豹”（jaguar，又名美洲虎），并一直沿用至今。

捷豹最初的产品包括超豪华车、敞篷车和跑车。在经历了第二次世界大战与经济萧条之后，捷豹是英国首家恢复生产的车厂。1945 年，捷豹战后第一辆车出厂，车型代号为 XK。之后捷豹不断对 XK 系列加以改良，其生产出来的多款跑车在参加勒芒 24 小时耐力赛时都取得优异的成绩，为捷豹的历史写下了光辉的一页。1956 年英国女王伊丽莎白二世为奖励捷豹公司在赛车场上为

英国缔造的丰功伟业，特别授予其创始人威廉·里昂斯爵士荣衔。

自从捷豹创立以来，在历史发展的不同时期涌现出了 SS100 型、XK 型、XJ 型、E 型、S 型、X 型等多款经典车型，奠定了这一品牌引领时尚潮流的地位。从连续多年登顶勒芒赛场的捷豹 D-Type，到被纽约现代艺术博物馆列为永久珍藏品的 E-Type，再到被人们称为所能想象得到的最美观汽车的 XJ13，从畅销 10 年的捷豹 XK8，再到全新捷豹 XK，无论在哪个时期，捷豹始终以其优雅迷人的设计和卓越不凡的技术引领着豪华车市场的新潮流，成为了代表时尚的奢华标志，在全球吸引了无数的追随者。

START
STOP
Radio: FM 2
Radio
SAT radio
My music
TV / My video
Rear media
Radio 1
107.9 MHz
Pop
Settings
Station list
Freq. input
Radio 1
Radio 2
Preset 3
KERRANG
MERCIA
Heart FM
Audio TV
Climate
Phone
Nav
MENU
MODE
AUTO
A/C
DEF
AUTO

2008年3月26日，福特公司以23亿美元的价格把旗下的高档汽车品牌捷豹与越野路虎出售给印度最大的塔塔车厂。尽管再次易主，但是现在的捷豹始终坚持其独特的基因，它在向全世界传达着激情和自信的同时，也兑现着对舒适性、运动性和灵活操纵性的承诺，并凭借其个性化的外形、豪华的内饰和设备以及不俗的性能表现在汽车世界中占据着重要的地位。

捷豹服务的人群是富裕之后的贵族，这种富裕不仅仅是物质的，更代表着一种高品质的优雅生活方式。

在2005年的美国波士顿美术馆的名为“速度、时尚与美”的车展中，16辆古典名车吸引了无数慕名而来的参观者。这些堪称世界上最漂亮的汽车均来自时装大师拉尔夫·劳伦的收藏，其中囊括了1950年产的捷豹XK120 Alloy Roadster、1955年产的捷豹D-Type。从1950年开始，XK120 Alloy Roadster诱人的雪茄形车身成为捷豹的标志特征，1955年产的D-Type因身形酷似战斗机，也成为捷豹载入史册的车款之一。这两部车都被认为是无价之宝，一直被拉尔夫·劳伦所珍藏。

英国车在世界车坛一直占有重要地位，“买日本车，买的是工具；选德国车，选的是机器；而拥有英国车，拥有的是艺术”。捷豹享有“贵族之车”的美誉，是真正体现英伦绅士文化的主流品牌，加之时尚不失典雅的车身线条，更使其散发出无可替代的魅力。翻开捷豹的车主名单，你一定会惊得目瞪口呆，在名单上，长长的一串都是政要和明星，包括英国皇室、迷人的玛丽莲·梦露、美国时装界领袖拉尔夫·劳伦、政界名人卡尔·罗夫……

英国前首相托尼·布莱尔是英国历史上最年轻的首相，这位英伦绅士兴趣涉猎十分广泛，生活品位也十分独到，他的官方座驾既不是劳斯莱斯，也不是宾利，而是更为优雅低调的捷豹XJ8，它没有劳斯莱斯的华丽，也没有凯迪拉克的霸气，但是其独具的英国古典贵族气质是其他品牌无法比拟的。

奥斯卡影帝尼古拉斯·凯奇最大的爱好是收集摩托车和跑车。在他的所有收藏中，最昂贵的当属一部1955年出品的捷豹D-Type XKD 546。后来，热衷于慈善事业的凯奇忍痛将这辆捷豹推上了拍卖台，以93.5万美元的高价转手。2000年，凯奇在电影《极速60秒》中担当主演。片中不但有40分钟的追车镜头，更有一场90辆车连环大撞击的好戏。一番狂飙之后，凯奇入戏太深，购车的念头蠢蠢欲动。2001年影片上映时，凯奇的坐骑已换成一部簇新的捷豹。捷豹载着这个神秘男子，从大银幕到大千世界，一路飞驰。

蒂姆·亨曼被看做是英国网球的一面旗帜，有人说，一身贵族气息的他代表了英伦网球的全部。英国有句俚语叫做“车如其人”，亨曼的银色捷豹跑车 XKR 无疑表现了他在赛场上动感与优雅并存的气质。亨曼是最早拥有 XKR 的车主之一。银色车身、黑色车顶的 XKR，彰显着比前辈 XJ-S、E-Type 更为华美的气息。“在我没看到新款 XKR 之前，我认为 XK8 是最好的车，不过，真正感受了 XKR 之后，我深深被它震撼了。”亨曼如是说。

不知应该说是捷豹成就了驾驶人的非凡品位，还是名人们成就了捷豹的高贵形象，80 多年来，捷豹历史上出现的名人不计其数，只有捷豹的主人才懂得如何掌控自己的人生，不会墨守成规，或被他人左右。

▼豪华车大体上分两种：要么是用来标榜身份、地位，要么是用来彰显个性。捷豹 XJ8 显然属于后者。这部身价超百万的豪华车的外表不算张扬，但那种恪守传统的设计风格以及带给乘客的无微不至的关怀俨然像一位老到的英式管家，透露着一种与生俱来的贵族气质。

创始人：瓦伦蒂诺·加拉瓦尼
创始时间：1960 年　创始地：意大利·罗马

VALENTINO
奢华、优雅的曼妙化身

无论何时，瓦伦蒂诺始终是奢华、优雅的曼妙化身，洋溢着梦幻般的视觉隐喻，一经融入平和的现实生活，便幻化为完美的代表，传播着成千上万人心中的梦想……

瓦伦蒂诺

由马特·泰尔劳导演的纪录片《瓦伦蒂诺·末代王尊》讲述了意大利设计师瓦伦蒂诺·加拉瓦尼荣耀背后的历程，该影片首映的第一周就打破了美国 2009 年纪录片票房纪录，此片在第 65 届威尼斯电影节高调上映后，又在芝加哥获选为最佳纪录片。

在罗马西班牙广场附近有一栋如同 18 世纪西班牙王公贵族宫殿的三层建筑，它外观典雅别致，楼内的陈设十分讲究。墙上挂着主人收藏的油画名作，地面上镶嵌的是由英国小方石块铺砌的地板。这里便是意大利高级时装设计师瓦伦蒂诺·加拉瓦尼罗马的设计总部。瓦伦蒂诺·加拉瓦尼于 1932 年出生在意大利北部，早在上高中时就已表现出一种超前的艺术气质，17 岁时他移居巴黎学习时装设计。20 世纪 50 年代末，踌躇满志的瓦伦蒂诺·加拉瓦尼从巴黎回到意大利，决定在罗马独自创业。

创业伊始，瓦伦蒂诺·加拉瓦尼遇到了无情的竞争，当时遍及大街小巷的时装店都拥有自己的主顾，他的小店几乎被挤垮。历经了 8 年的磨练，瓦伦蒂诺·加拉瓦尼在 20 世纪 60 年代中期举行了一场时装发布会，这场被命名为“无色彩”的发布会成为时装史上的辉煌篇章，以极具时代感的白色系列震动时尚界，瓦伦蒂诺·加拉瓦尼终于获得世人的认可。

作为一个意大利设计师，瓦伦蒂诺·加拉瓦尼打破了法国对手曾经的垄断局面，让罗马成为了时尚界新的“罗马王国”。可以说，罗马之所以能成为世界时装中心，瓦伦蒂诺·加拉瓦尼功不可没，他是时装史上公认的最重要的设计师和革新者之一。他的设计室从最原始的工作室发展到今天的时尚王国神奇般的历史进程，就是一部树立“意大利制造”战略意识的商业改革史。从1962年在皮济广场上令人难忘的首次时尚秀，到2000年获得由美国时尚设计师委员会颁发的终生成就奖，他以充满罗马式的高贵华丽气息的高级时装，展现了意大利人独特的生活品位，成为时尚界无可置疑的佼佼者。

▲在众多奢侈品品牌中，瓦伦蒂诺的新颖设计搭配大胆的色调，常常会达到令人惊艳的效果。2009春季瓦伦蒂诺女士玫瑰手包系列更将其美艳灼人的风格发挥到了极致，一朵层层叠叠的大玫瑰花即是一个美轮美奂的手提包，宛如一件绝美的“艺术品”。

一直以来，瓦伦蒂诺·加拉瓦尼的尊贵客户永远是公主级别的名人，他自己也曾坦言他的衣服绝对不是为出入百货公司的女孩所设计的，的确如此，毕竟瓦伦蒂诺以35万美元起价的高级手工成衣不是什么人都能买得起的。

瓦伦蒂诺在意大利语中是“情圣”之意，以这个名字为代表的时装也专与贵不可及的女性结缘。早在1965年，瓦伦蒂诺·加拉瓦尼就已被时尚界权威刊物《妇装日报》誉为罗马最富明星色彩的设计师。成为上流社会中社交生活的制造者是瓦伦蒂诺·加拉瓦尼保持成功的一大原因，与那些灵感来自街头或是自然的设计师不同，他的顾客永远都是高贵女性。除了这些成熟稳定的顾客，明星是时尚界里最亮眼的风景，当她们身穿优雅的礼服出现在奥斯卡颁奖典礼之上时，灿烂的星光与华美的时装同时向世界的镜头绽放。对设计师而言，这比任何品牌代言人都更具影响力。伊丽莎白·泰勒是第一个被瓦伦蒂诺·加拉瓦尼的设计所吸引的影星，她为《斯巴达克斯》一片的首映式定制的白色礼服为瓦伦蒂诺这一品牌打开了好莱坞之门。此后，著名影星索菲娅·罗兰在洛杉矶领取奥斯卡终身成就奖时穿的是瓦伦蒂诺时装，而朱莉娅·罗伯茨领取最佳女主角奖时上台穿的也是瓦伦蒂诺·加拉瓦尼亲自设计的经典时装。

也许有人会认为瓦伦蒂诺·加拉瓦尼的设计保守，但他的高级定制服装的确有本事将女人打造得高贵华丽，因此瓦伦蒂诺这一品牌不仅吸引了诸多明星主顾，也吸引了名人贵族。20 世纪 60 年代，美国前总统肯尼迪遗孀杰奎琳出访柬埔寨时穿的每件服装都出自这一品牌。1968 年 10 月，杰奎琳下嫁船王奥纳西斯所穿的婚纱便是出自瓦伦蒂诺·加拉瓦尼之手。其照片登上《生活》杂志没几天，瓦伦蒂诺总部就收到 40 个女顾客的电话，要求订购同一款。这在讲究质高量少的高级时装业中绝无先例。此外，西班牙皇室、希腊公主、美国第一夫人等都是瓦伦蒂诺优雅设计的追随者，她们对瓦伦蒂诺十分热爱，以至于被赋予“Vals Gals（瓦伦蒂诺的女人）”的称号。

近两年，瓦伦蒂诺的服装风格以浓郁的异国风情为主旋律，每年总有意想不到的服装款式问世，而且充满罗马式的高贵华丽气息，从整体到每一个小细节，都力求做得尽善尽美，处处表现出意大利人独特的生活品位。瓦伦蒂诺·加拉瓦尼在时尚界的地位没有人可以替代，虽然有不少明星哀叹又一个伟大的意大利时尚纪元的结束，但是这位设计大师所创立的瓦伦蒂诺这一品牌被欧洲最大的并购公司 Permira 收购后，仍旧以考究的工艺和经典的设计名传于世，其标志性鲜红色礼服和品位不凡的高级定制服装在缤纷的时尚界中仍旧吸引着诸多名流的目光。

种植时间：18 世纪
产地：印度尼西亚

咖啡杯中的黄金

对喜爱咖啡的人来说，喝上一杯牙买加的蓝山咖啡算是幸事，但倘若能喝到一杯麝香猫咖啡，那可真是此生无憾了。

麝香猫咖啡

国际咖啡界“绯闻”最多的，当属印度尼西亚的麝香猫咖啡，国际传媒CNN、ABC、CBS、BBC、路透社、美联社、《纽约时报》、《华盛顿邮报》等都曾对其进行过报导。牙买加的蓝山、夏威夷的科纳、苏门答腊的曼特宁等咖啡都以稀有的产量和优质的品味而价格不菲，然而麝香猫咖啡可称为“咖啡杯中的黄金”，它以独特的口味和昂贵的价格将上列诸多顶级咖啡一一击败，是富人们的终极目标。

在印度尼西亚文中，麝香猫咖啡的名字叫做“Kopi Luwak”，Kopi 意指咖啡，而 Luwak 是麝香猫的一种，也叫棕榈猫，是印度尼西亚的独有动物品种。在咖啡浆果成熟的季节，当地农民会将这种猫放入咖啡种植园中，让它们大肆饕餮。待它们吃饱后，当地农民便弓腰捂鼻，像考古学家一样跪在地上挖掘，幸运的话，他们能找到几颗没有被猫消化掉的完整咖啡豆。麝香猫天生是选咖啡果实的专家，它们在夜间“寻宝”时，只会寻找成熟咖啡果吃，所以其排泄出来的咖啡豆全是“精英”。经彻底清洗后，这些劫后余生的咖啡豆就可以为人的味蕾服务了。

一般采摘下来的咖啡果实均以日晒法或水洗法处理，麝香猫咖啡的处理则完全不同。咖啡果中的蛋白质会被麝香猫的胃酸及酵素分解，而蛋白质正是咖啡苦味的来源，所以麝香猫咖啡味道香醇甘甜，并无苦味。

此外，经麝香猫排泄的咖啡豆还会沾染其生殖器官分泌出来的麝香油，所以麝香猫咖啡会散发出似蜜糖与巧克力的香味，不需添加糖及奶精即有香甜、滑润的浓郁口感，即使放冷了，口感依然甘醇。一般的咖啡豆只能冲泡一次，但因为麝香猫咖啡足够甘醇，即使冲泡三次也能保持风味。品尝完后，杯中仍旧留有甜甜的奶香味，是独具丰厚质感且有深度的咖啡，是独一无二的极品。

由于麝香猫是野生动物，行踪不定，加上因被大量捕杀而数量减少，导致麝香猫咖啡的年产量仅 500 磅，所以其价格居高不下，始终是全球最名贵的咖啡，身价要比蓝山咖啡高出 4 到 5 倍。而且煮麝香猫咖啡时，不仅使用的咖啡机需要由专门的公司定做，就连冲泡的水温、水压也有严格的规定。即使你愿意奢侈一饮，也要到美国或者日本才能喝到。有趣的是，即使能品尝到麝香猫咖啡的人，大多也无法接受它夸张的“出身”。有一次，众多名流在不知实情的情况下仔细品味着麝香猫咖啡的芬芳，并试图以最华丽的语言来形容自己的感官反应。然而，当他们了解到这种咖啡的由来后，却不约而同地感到了胃部的不适。看来，要享受麝香猫咖啡的美味，不仅要付出金钱，还要有足够的勇气。

品尝过麝香猫咖啡的专家对于其味道的品评可是走了两个极端，一种形容该咖啡是“人间极品”，味道非比寻常，而另一种评价则全然相反：“难以下咽，完全是噱头，不值得花钱买臭咖啡。”经专家测试，市面上 41% 号称麝香猫咖啡的咖啡掺杂了其他成分或者根本就是赝品。现时，全世界只有两个咖啡供应商供应麝香猫咖啡，一家是美国的 Mark Mountanos，但每年只有 110 磅的数量；另一家是 Cafe Liegeois。

创始人：奥古斯特·霍希

创始时间：1899 年　创始地：德国·茨维考

以四环带动世界

经典是在经久的沉淀和提炼之后瞬间迸发而成的。身世浮沉的奥迪，有足够的理由让世界相信，面对未来，这个百年汽车王国会用激情和活力再次书写 21 世纪的不朽神话。

奥迪

IN R 8081

19世纪末的汽车领域，就像20世纪末的网络一样如日中天。在德国，沿着戈特利布·戴姆勒、卡尔·本茨等先驱者开创的道路，无数年轻人满怀雄心壮志地投入到属于发动机和汽车的新纪元，奥古斯特·霍希就是其中一个。

虽然奥古斯特·霍希最初把自己的公司设在了科隆，但他始终希望能回到他曾求学过的萨克森，因为那里才是当时德国工商业最活跃的地方。1902年，当他终于把霍希公司迁移到了萨克森后，很快就用产品和发明展现出自己的天才，树立了“霍希（Horch）”作为汽车品牌的知名度。但是1909年6月一次发动机试验的失败，导致了奥古斯特·霍希和公司其他投资者的激烈争吵，生性桀骜的奥古斯特·霍希一怒之下离开了以自己名字命名的公司，并在不到一个月的时间内，在原有的霍希汽车公司马路对面开设了一家新的汽车公司。由于两家公司都是以霍希为名，因此很快对簿公堂，互告对方侵权，而奥古斯特·霍希本人居然败诉。

▲奥迪 R8 超级跑车拥有无比迷人的驾控感，全时四轮驱动系统和奥迪全铝车身空间框架结构，赋予了它无比出众的超凡动力表现。R8 是以奥迪勒芒 quattro 概念车为原型的量产车型，不仅外形出色，而且是奥迪车系中首次采用中置发动机的跑车。在充满动感的车身内部，以驾驶员为中心的驾驶舱结构为主导概念，它将驾驶员、仪表盘和高中控台融为一体，在奥迪品牌的运动车型中堪称翘楚。

1910 年，当霍希得知自己的公司必须改名时，他急忙召集自己的人马到他的合伙人菲肯彻尔家中开会商量怎样起名。正当他们为此绞尽脑汁之际，在一旁做拉丁文作业的菲肯彻尔的小儿子念出的“Audi”一词令父辈们为之一振。原来，“Horch”为德文“听”的命令式“听吧”的意思，而“听”的拉丁文则念做“Audi”（奥迪）。因此，奥古斯特·霍希立即决定采用 Audi，这个名字使新生的奥迪公司与霍希公司既有区别，又有联系。1910 年 4 月 25 日，公司名称从霍希改为奥迪时的招贴画中的人物做出“听”的姿式，似在告诉人们拉丁文“Audi”一词的含义。

从1910年7月第一辆以“奥迪”命名的汽车诞生开始，奥迪开始了漫长的汽车制造之路。在经历了“金色30年代”后，由于1939年第二次世界大战爆发，汽车联盟这个德国汽车工业的先驱之一、高档豪华车市场和赛车场上的领先者，在硝烟和废墟之中遭遇了灭顶之灾。但尊贵、动感、技术领先的基因所构成的高贵血统是如此顽强，使身为汽车联盟一员的奥迪注定有朝一日要获得新生。奥迪在二战后真正复兴的第一标志就是在其传统的造车理念、技术和经验的基础上自主研发出的“奥迪100”。这款高档的C级轿车（奥迪A6的前身）于1968年面世后取得了巨大成功，重新确立了奥迪品牌的地位，“四环标志”开始重新绽放光芒。

奥迪，高品质的代名词，百年来凭借其超凡领先的技术、顶级豪华的配置与尊贵精致的工艺，不断刷新高档豪华汽车的标准，继承着延续下来的豪华传统。

在世界飞速发展的今天，汽车已经演变成人们相互之间进行识别和自我定位的符号。作为一个古老的高档豪华汽车品牌，奥迪的尊贵、动感、技术领先的血脉源远流长、生生不息；作为一个历经辉煌、劫难和复兴的企业，奥迪在其波澜壮阔的百年历史中积淀出了一种独特的企业文化，具有了一种顽强进取而又不失内敛含蓄的非凡气质；作为一个国际高品质汽车开发商和制造商，奥迪现在虽然是大众公司的子公司，但是与大众分开进行品牌运作，具有独立的市场推广和品牌经营权，依然始终坚定不移地实践着100多年前霍希“无论在任何情况下都只制造高档豪华轿车”的理念。

遵循以人为本、领先科技与艺术气质完美结合的设计理念，奥迪的每款产品从内饰到工艺，从整车设计到车内空间，每一个细节都体现了奥迪品牌独有的风格和品位。如1998年推出的新奥迪A6成为“北美最佳进口车”等多项国际大奖的得主。卓越的动力、高级的配置、舒适的感受使得A6成为奥迪的一个主打车系。

奥迪近年来一直致力于新车型系列的开发，以进一步缩小与宝马、梅赛德斯－奔驰的差距。人们已经看到了凭借奥迪 Q7、R8、A5 以及 Q5 的问世，无论在产品线上，还是在销量及市场范围上，奥迪都成为了世界高档豪华车市场上屈指可数的领先品牌。当今风靡全球的奥迪 A8、A6、A4、TT 等车型，无不凭借其超凡领先的技术、顶级豪华的配置与尊贵精致的工艺，不断刷新着高档豪华汽车的标准。在 2009 年到 2013 年间，奥迪会不断推出崭新的车型系列，比如跑车方面，比 TT 更纯粹的 Clubsport-Roadster 已经决定投产，而柴油超跑 R8 TDI Le Mans 也有非常大的量产可能，R8 敞篷版和 V10 版本更是已经近在咫尺了。

无论是豪华，还是运动，只有技术领先才能真正出类拔萃。如今，奥迪公司秉承“突破科技，启迪未来”的传统理念，以全球顶尖的技术，不断刷新全球高档豪华汽车的标准。

▲2009 年是奥迪品牌成立 100 周年，作为全球增长最快的豪华车品牌，奥迪大胆创新，设计出外观更具越野活力，并且配备了最新高效发动机的奥迪 Q7。作为奥迪第一款顶级 SUV，奥迪 Q7 以全新外观设计、豪华配置以及完美的行驶表现展现了奥迪领先的技术水平和整车高效设计理念，重新确立了顶级 SUV 的最新基准。

创始人：威廉·格兰特
创始时间：1886 年　创始地：苏格兰

液体黄金

有品位的人都拒绝不了“液体黄金”格兰菲迪的诱惑，只要一开始从心底接受它，一辈子就会是苏格兰威士忌的信徒。

格兰菲迪

最好的威士忌是用百分之百的麦芽酿造的，称为麦芽型威士忌，而在麦芽威士忌中，只有在原厂酿造和装瓶的才能称为单一麦芽威士忌，是威士忌里的最高等级。格兰菲迪就是一款风靡世界且销量独占全球四分之一的单一麦芽威士忌。

格兰菲迪的创始人威廉·格兰特出生于苏格兰高地的一个小镇上。27 岁时，他开始在当地一家酿酒厂工作，并下定决心要造出世界上最好的威士忌。经历了漫长的 20 年，他终于实现了这个梦想。1886 年秋天，威廉·格兰特买下了乐比多泉水源头地区的一片土地，建立了格兰菲迪酒厂。高品质的水源就是威士忌的生命，而乐比多泉水清醇甘冽，完全符合酿造极品威士忌的要求。酒厂建成后，威廉·格兰特将大麦发芽、粉碎、发酵、蒸馏，在他的精心调配下，1887 年圣诞节那天，第一滴格兰菲迪麦芽威士忌从蒸馏器中缓缓流出。

清澈甘冽的乐比多泉水，金黄饱满的大麦，清新的高原空气，为酿造高品质格兰菲迪威士忌提供了完美的自然条件。完美的麦芽、精致的工艺、勤奋和对传统的执著使得格兰特家族生产的格兰菲迪威士忌异乎寻常地如水晶般纯净。格兰菲迪作为苏格兰最负盛名的威士忌，为英国王室贵族和全世界的苏格兰威士忌爱好者所热爱和追捧。

时至今日，格兰菲迪已成为全球最受欢

迎的麦芽威士忌。虽然销量不断增长，订单如雪片般飞来，但是格兰特家族依然不肯放松对品质的追求，使用同样的优质麦芽，1886 年的蒸馏器依然在使用，所有格兰菲迪产品仍然在百年前的原产地生产，依然遵循精致的传统工艺。此外，格兰菲迪的包装也尤为特别，它的瓶子是三角形的，与那些圆形酒瓶盛装的苏格兰威士忌相比，更引人注目。

100 多年的光阴荏苒，未曾对格兰菲迪威士忌产生一丝一毫的影响。在开启一瓶格兰菲迪苏格兰纯麦威士忌时，嗅到的酒香和品尝到的酒味，与 19 世纪那个花费了自己 20 年心血实现自己“酿造最好的威士忌”梦想的苏格兰人酿出的第一滴美酒完全一样。这是一种怎样的奇妙感受？也许只有真正经历过生活中的繁华和落寞的人，才能体味到格兰菲迪的那种柔和圆润的细致。

创始人：王薇薇
创始时间：1990 年　创始地：美国·纽约

VERA WANG
FINE PAPERS

美丽新娘的梦

在美国有着这样一句流行语："未婚的女人想要一套 Vera Wang，离婚的女人想念那套 Vera Wang，再婚的女人庆幸自己可以再拥有一套 Vera Wang。"而很多梦想着结婚时能穿上一套最漂亮的婚纱的女孩则发出宣言："没有 Vera Wang，我就不嫁。"

王薇薇

在时尚界，被全世界目光聚焦的华裔女性，可谓屈指可数，而首位获得时尚界最高荣誉的华裔女设计师王薇薇则以自己的智慧和创造力震动了国际时尚界。

王薇薇 1949 年出生于纽约曼哈顿，19 岁随父母移居时尚之都巴黎。1989 年，王薇薇与相识多年的高尔夫球商亚瑟·贝克结婚，她找遍美国各大婚纱店却挑不出一套令自己满意的婚纱，于是她决定亲自设计，她先是手绘了婚纱的草图，之后委托给一位裁缝为自己缝制嫁衣。这套成本高达 10000 美元的婚纱，令当时参加王薇薇婚礼的 400 多位来自媒体和时尚界的人士赞不绝口。

1990 年，王薇薇用家族赞助的 400 万美元资金在曼哈顿开设了第一间门店，专门负责制作高档新娘婚纱礼服，并以现代、简单、尊贵的设计风格打破了繁复、华丽的传统风格。由于她所设计的婚纱无论是面料还是剪裁和手工，都绝对可以称为经典，因此引起了时尚界的一场婚纱革命，并逐渐在上流社会打响了知名度，王薇薇因而被誉为"婚纱女王"。

梦想成为一名杰出的艺术家的王薇薇让婚纱成为一种艺术品，Vera Wang 这一品牌也因此享誉世界各地。虽然每一套 Vera Wang 礼服都价值不菲，基本款的上等 Vera Wang 系列从 6000 美元起价，有些特别的婚纱可高达上万美元甚至更高，以至足可买下

一辆名车，但对于很多女人来说，Vera Wang 意味着华贵、典雅以及美好的开始。在女性的梦幻世界里，Vera Wang 的婚纱代表着幸福的国际语言，因此拥有 Vera Wang 的礼服是让任何肤色、国籍、年龄的女人最骄傲的事情。

Vera Wang 婚纱以剪裁精致、质料独特著称，款式更是独一无二的。除了在美丽的婚礼殿堂中装扮出一个个美丽的新娘以外，Very Wang 在礼服设计方面也有着独树一帜的风采。王薇薇推出的高级成衣品牌没有繁复的设计，都很简洁大方，但又不失高雅，同自己的婚纱品牌一样取得了不俗的成绩。诸多影视明星、国际超模都选择了 Vera Wang，因为它的风格无所不包，也无所不容，不会受时代的限制，在每年的奥斯卡金像奖星光大道上，王薇薇设计的礼服就是永不会出错的品质保证。

如今，王薇薇将自己的产品系列扩大到了包括成衣、晚装、内衣、毛皮、鞋、眼部化妆品、香水、瓷器和水晶、银器、礼品、以及珠宝在内的多个领域，其中手提袋、披肩、围巾等配饰只在麦迪逊大街的旗舰店出售。除了婚纱受到时尚名流与高级贵族的喜爱之外，王薇薇设计的香水也充满着浪漫、性感，还有一点点的异想天开，是让人浓情迷醉的现代经典之作。目前已推出“梦幻公主（Vera Wang Princess）”、“魅力新郎男香（Vera Wang For Men）”等，在全球各大香水网站及香水专卖店都一直有着不错的口碑。

▶王薇薇 2006 年推出的“梦幻公主”是一款充满着浓醇鲜果花香的香水，香草的浓香与外域花卉和多汁的水果散发的丰盈果香，搭配典雅可爱的公主后冠设计。这是一款从现代女孩身上得到启迪而创作的香水，现代女孩独立、自信、对生活充满热情，是上帝派来的“公主”。这款香水的消费人群主要是 18 到 24 岁的喜欢时尚的女孩子，该款香水一问世就在全球香水界掀起了一阵时尚风潮。

Born to Rule
VERA WANG
princess

创始人：路易斯·勃兰特
创始时间：1848 年　创始地：瑞士·拉绍德封

OMEGA

卓越人生的品位之选

在男人眼里，欧米茄是钢做的；在女人眼里，欧米茄是水做的。他们都没有错，因为他们看到的是不一样的欧米茄。

欧米茄

公元 1848 年，在那个欧洲革命如火如荼的岁月里，瑞士联邦诞生了。也正是在这一年漫长的冬季里，23 岁的路易斯·勃兰特开始踏入钟表行业。对于勃兰特家族来说，1894 年是改变命运的一年，这一年勃兰特钟表公司生产了精密准确的 19 钻机芯，当时一个银行家把这个大获成功的机芯命名为“Omega”，同希腊字母表中最后一个字母“Ω”发音一样，含有无穷大的意思，以此表明这种机芯有着完美的表现。19 钻机芯在 1896 年瑞士日内瓦国家展览会上被授予金质奖章，并获纽沙尔特、日内瓦和特丁顿天文台签发的天文台证书。欧米茄一举成名，勃兰特公司也因此把“欧米茄”一名作为公司名。

欧米茄公司很快壮大起来，成为瑞士最大的几家钟表制造企业之一。1900 年，巴黎世界博览会上，在埃菲尔铁塔下，新世纪交接之际，欧米茄以其出色的表现获得了国际评委会所颁发的最高荣誉。1909 年，欧米茄便以无与伦比的精确性能跨进世界体坛，此后在帆船、田径、游泳等世界级赛事中作为标准计时器，大显身手。

欧米茄的历史上有无数里程碑式的杰作，包括世界上第一只能够报时、报刻、报分的三问报时表，第一只中置陀飞轮手表等。由于其计时精确可靠，因此常在各类体育赛事中充当计时工具，并获得奥林匹克荣

誉勋章，还被确定为美国宇航局指定计时器。只有精良的工艺才能成就这样的品牌神话，不但如此，为了确保其完美无瑕，欧米茄的材质和零件都必须通过严格的品质检测，才能投入生产。欧米茄不只写下无数个第一，更在无数表展、军事用途、官方计时、体育竞赛等方面拥有杰出的傲人表现。

100多年以来，欧米茄稳占世界制表业先锋的位置，如今归属于世界最大制表集团公司——瑞士斯沃琪集团。作为全球销量最好的高档表品牌之一，欧米茄拥有世界著名的四大系列产品：其“超霸专业系列”成为美国国家航空和航天局载人太空任务指定计时器，“海马系列（Seamaster）”陪美籍探险家毕伯潜至140米深的海底，典雅的“碟飞系列（De Ville）”装配有同轴擒纵机芯，“星座系列（Constellation）”则吸引了各界时尚男女……各个领域、各种款式，欧米茄仿佛无所不在，无所不能。经过100多年的历史，欧米茄表似乎已不再是一个简单的记录时间的机械产品，而是一种生活、品位、身份的象征，它向世界证明了：无论做什么，都要做到最好！

“Ω”是希腊文的第24个，也是最后一个字母，代表了“完美、极致、卓越、成就”的非凡品质，它诠释出欧米茄追寻“卓越品质”的经营理念和“崇尚传统，并勇于创新”的精神风范。

1965年3月1日，欧米茄瑞士总部接到来自美国宇航局的通知，宣布欧米茄的“超霸系列”表成功通过严格测试，入选太空任务指定用表。这对欧米茄来说是个意外的惊喜。在制造商一无所知的情况下，瑞士来的欧米茄表是怎样在一组精选出来的手表中被美国宇航局选中，这本身就是一个传奇。而对于欧米茄来说，故事才刚刚开始。当喜讯刚一传到瑞士总部，欧米茄立即把“超霸系列”更名为“超霸专业系列”，以专业太空计时形象出现。1969年7月21日，“阿波罗11号”登月成功，宇航员阿姆斯特朗被誉为“第一个登上月球的人”，他佩戴的欧米茄“超霸表”则记录下格林威治时间1969年7月21日2时56分这一历史时刻。此后，欧米茄的广告随即宣传“欧米茄是第一只登上月球的手表”。正是这次活动，使欧米茄跃居全球最尊贵

▼在“007系列”影片《皇家赌场》中，新版詹姆斯·邦德将以全新面孔重出江湖。秉承欧米茄海马詹姆斯·邦德手表的传统，欧米茄新推出的海马詹姆斯·邦德限量版系列带有十足的007风格——表圈和表盘都采用经典的詹姆斯·邦德蓝色为主调，表面上的螺旋纹压花更是电影开场时出现的图案，邦德迷一定会过目难忘。

欧米茄中置陀飞轮腕表是目前世界上第一只将陀飞轮装置安放于腕表中央的腕表，内置的欧米茄自动上链陀飞轮机芯，拥有54小时动力储存功能，整个机芯结构表现出制表大师的精湛工艺，包括打磨细致的日内瓦波纹、机械组件及夹板桥，加上铂金转陀更现尊贵气派，价值约为28万美元。

OMEGA
SWISS MADE

的钟表品牌行列。

1970 年 4 月 17 日，“阿波罗 13 号”发生爆炸，毁坏了整个计时系统，当时唯一赖以与陆地上对时的，只有宇航员腕上的欧米茄手表。正是这款欧米茄“超霸表”的精确计时，使飞船准确点燃火箭，进而回到地球轨道，得以安全返回。欧米茄因此而荣获美国国家航空和航天局颁发的最高荣誉——史努比奖。如今这个来自美国国家航空和航天局的宝贵的史努比奖被设计成特定图案刻在欧米茄“超霸月球表”的后盖上，以纪念那段骄傲的宇航历险。

▲速度与时间如孪生子的关系一样密不可分，每逢大型运动会，欧米茄都会推出精密计算时间的腕表。作为向北京 2008 年奥运会致敬的非凡之作，欧米茄“北京 2008 奥运会每日限量版”腕表在北京奥运会举办期间限量发售。自奥运会开幕日 2008 年 8 月 8 日起至闭幕日，此珍藏系列每日仅限量发售 88 只，尊贵品质不言而喻。

从 1848 年与瑞士联邦同年诞生到 1894 年以著名的 19 钻机芯命名为“欧米茄”，从 1969 年欧米茄“超霸表”随着宇航员阿姆斯特朗登上月球再到 2008 年在北京奥运会第 23 次担任奥运会的指定计时工具，自诞生 100 多年来，欧米茄不仅以先进的制表技术记录了时间，为世人呈现非凡的钟表珍品，也在体育计时、太空探险、精准科技和产品设计等诸多方面创造了新的历史。

没有哪个钟表品牌比欧米茄更像个传奇，在闪烁的镁光灯下，欧米茄陪伴着世界超级名模辛迪·克劳馥、世界网坛神女库尔尼科娃、一级方程式赛车冠军德国赛车手舒马赫等名流一路走来……之所以有这么多名人选戴欧米茄，缘于其品质和价位的双重象征意义。作为行业的领导者，他们时时刻刻反映着欧米茄的精髓所在——勇于探索、功成名就、温文尔雅、魅力四射。无论是他们的性格、谈吐或举止，都能折射出欧米茄所蕴含的典雅气质、缜密心思和辉煌成就。全球各界顶尖人物在各种场合不断告诉大家：欧米茄就是“The best choice”。

图书在版编目(CIP)数据

奢侈品 / 张玉斌，李鹏，叶轻舟编著.—哈尔滨：哈尔滨出版社，2010.7
ISBN 978-7-5484-0191-9

Ⅰ. ①奢... Ⅱ. ①张… ②李… ③叶… Ⅲ. ①消费资料-简介-世界
Ⅳ. ①F76

中国版本图书馆 CIP 数据核字(2010)第 096322 号

世 界 品 牌 研 究 课 题 组
World Brand Research Laboratory
垂询热线 / 024 8639 7772

书　　名: 奢侈品

作　　者: 张玉斌　李　鹏　叶轻舟　编著
责任编辑: 王　放　李金秋
责任审校: 陈大霞
封面设计: 远流图文工作室　王晓庆
版式设计: 远流图文工作室　王晓庆　杨利伟　赵兴华

出版发行: 哈尔滨出版社(Harbin Publishing House)
社　　址: 哈尔滨市香坊区泰山路 82-9 号　　**邮编:** 150090
经　　销: 全国新华书店
印　　刷: 沈阳天择彩色广告印刷有限公司
网　　址: www.hrbcbs.com　　www.mifengniao.com
E-mail: hrbcbs@yeah.net
编辑版权热线: (0451)87900272　87900273
邮购热线: (0451)87900345　87900299　87900220(传真)　或登录**蜜蜂鸟**网站购买
销售热线: (0451)87900201　87900202　87900203

开　　本: 787×1092　　1/16　　**印张:** 30　　**字数:** 430 千字
版　　次: 2010 年 7 月第 1 版
印　　次: 2012 年 6 月第 7 次印刷
书　　号: ISBN 978-7-5484-0191-9
定　　价: 158.00 元